2016년

법조윤리 법령집

Korean Legal Ethics: Codes&Rules

박영사

목　차

Ⅰ 변호사의 윤리

Ⅱ 법관의 윤리

Ⅲ 검사의 윤리

I

변호사의 윤리

변호사윤리장전

선   포 1962. 6. 30.
개   정 1973. 5. 26.
개   정 1993. 5. 24.
개   정 1995. 2. 25.
전문개정 2000. 7. 4.
전문개정 2014. 2. 24.

윤 리 강 령

1. 변호사는 기본적 인권의 옹호와 사회정의의 실현을 사명으로 한다.
2. 변호사는 성실·공정하게 직무를 수행하며 명예와 품위를 보전한다.
3. 변호사는 법의 생활화 운동에 헌신함으로써 국가와 사회에 봉사한다.
4. 변호사는 용기와 예지와 창의를 바탕으로 법률문화향상에 공헌한다.
5. 변호사는 민주적 기본질서의 확립에 힘쓰며 부정과 불의를 배격한다.
6. 변호사는 우애와 신의를 존중하며, 상호부조·협동정신을 발휘한다.
7. 변호사는 국제 법조 간의 친선을 도모함으로써 세계 평화에 기여한다.

윤 리 규 약

제 1 장   일반적 윤리

제 1 조(사명) ① 변호사는 인간의 자유와 권리를 보호하고 향상시키며, 법을 통한 정의의 실현을 위하여 노력한다.

② 변호사는 공공의 이익을 위하여 봉사하며, 법령과 제도의 민주적 개선에 노력한다.

제 2 조(기본 윤리) ① 변호사는 공정하고 성실하게 독립하여 직무를 수행한다.

② 변호사는 그 직무를 행함에 있어서 진실을 왜곡하거나 허위진술을 하지 아니한다.

③ 변호사는 서로 존중하고 예의를 갖춘다.

④ 변호사는 법률전문직으로서 필요한 지식을 탐구하고 윤리와 교양을 높이기 위하여 노력한다.

제 2 장   직무에 관한 윤리

제 3 조(회칙 준수 등) 변호사는 법령과 대한변호사협회 및 소속 지방변호사회의 회칙·

규칙·규정 등을 준수하고, 그 구성과 활동에 적극 참여한다.

제4조(공익 활동 등) ① 변호사는 공익을 위한 활동을 실천하며 그에 참여한다.

② 변호사는 국선변호 등 공익에 관한 직무를 위촉받았을 때에는 공정하고 성실하게 직무를 수행하며, 이해관계인 등으로부터 부당한 보수를 받지 아니한다.

제5조(품위유지의무) 변호사는 품위를 유지하고, 명예를 손상하는 행위를 하지 아니한다.

제6조(겸직 제한) ① 변호사는 보수를 받는 공무원을 겸하지 아니한다. 다만, 법령이 허용하는 경우와 공공기관에서 위촉한 업무를 행하는 경우에는 그러하지 아니하다.

② 변호사는 소속 지방변호사회의 허가 없이 상업 기타 영리를 목적으로 하는 업무를 경영하거나, 이를 경영하는 자의 사용인이 되거나, 또는 영리법인의 업무집행사원·이사 또는 사용인이 될 수 없다.

③ 제1항 및 제2항의 규정은 변호사가 휴업한 때에는 이를 적용하지 아니한다.

제7조(이중 사무소 금지) 변호사는 어떠한 명목으로도 둘 이상의 법률사무소를 둘 수 없다. 다만, 사무공간 부족 등 부득이한 사유가 있어 대한변호사협회가 정하는 바에 따라 인접한 장소에 별도의 사무실을 두고 변호사가 주재하는 경우에는, 본래의 법률사무소와 함께 하나의 사무소로 본다.

제8조(사무직원) ① 변호사는 사건의 유치를 주된 임무로 하는 사무직원을 채용하지 아니한다.

② 변호사는 사무직원에게 사건유치에 대한 대가를 지급하지 아니한다.

③ 변호사는 사무직원을 채용함에 있어서 다른 변호사와 부당하게 경쟁하거나 신의에 어긋나는 행위를 하지 아니한다.

④ 변호사는 사무직원이 법령과 대한변호사협회 및 소속 지방변호사회의 회칙, 규칙 등을 준수하여 성실히 사무에 종사하도록 지휘·감독한다.

제9조(부당한 사건유치 금지 등) ① 변호사는 사건의 알선을 업으로 하는 자로부터 사건의 소개를 받거나, 이러한 자를 이용하거나, 이러한 자에게 자기의 명의를 이용하게 하는 일체의 행위를 하지 아니한다.

② 변호사는 어떠한 경우를 막론하고 사건의 소개·알선 또는 유인과 관련하여 소개비, 기타 이와 유사한 금품이나 이익을 제공하지 아니한다.

제10조(상대방 비방 금지 등) ① 변호사는 상대방 또는 상대방 변호사를 유혹하거나 비방하지 아니한다.

② 변호사는 수임하지 않은 사건에 개입하지 아니하고, 그에 대한 경솔한 비판을 삼간다.

제11조(위법행위 협조 금지 등) ① 변호사는 의뢰인의 범죄행위, 기타 위법행위에 협조하지 아니한다. 직무수행 중 의뢰인의 행위가 범죄행위, 기타 위법행위에 해당된다고 판단된 때에는 즉시 그에 대한 협조를 중단한다.

② 변호사는 범죄혐의가 희박한 사건의 고소, 고발 또는 진정 등을 종용하지 아니한다.

③ 변호사는 위증을 교사하거나 허위의 증거를 제출하게 하거나 이러한 의심을 받을 행위를 하지 아니한다.

제12조(개인정보의 보호) 변호사는 업무를 수행함에 있어서 개인정보의 보호에 유의한다.

제3장 의뢰인에 대한 윤리

제1절 일반규정

제13조(성실의무) ① 변호사는 의뢰인에게 항상 친절하고 성실하여야 한다.

② 변호사는 업무처리에 있어서 직업윤리의 범위 안에서 가능한 한 신속하게 의뢰인의 위임목적을 최대한 달성할 수 있도록 노력한다.

제14조(금전거래의 금지) 변호사는 그 지위를 부당하게 이용하여 의뢰인과 금전대여, 보증, 담보제공 등의 금전거래를 하지 아니한다.

제15조(동의 없는 소 취하 등 금지) 변호사는 의뢰인의 구체적인 수권 없이 소 취하, 화해, 조정 등 사건을 종결시키는 소송행위를 하지 아니한다.

제16조(수임 거절 등) ① 변호사는 의뢰인이나 사건의 내용이 사회 일반으로부터 비난을 받는다는 이유만으로 수임을 거절하지 아니한다.

② 변호사는 노약자, 장애인, 빈곤한 자, 무의탁자, 외국인, 소수자, 기타 사회적 약자라는 이유만으로 수임을 거절하지 아니한다.

③ 변호사는 법원을 비롯한 국가기관 또는 대한변호사협회나 소속 지방변호사회로부터 국선변호인, 국선대리인, 당직변호사 등의 지정을 받거나 기타 임무의 위촉을 받은 때에는, 신속하고 성실하게 이를 처리하고 다른 일반 사건과 차별하지 아니한다. 그 선임된 사건 또는 위촉받은 임무가 이미 수임하고 있는 사건과 이해관계가 상반되는 등 정당한 사유가 있는 경우에는, 그 취지를 알리고 이를 거절한다.

제17조[국선변호인 등) ① 국선변호인 등 관련 법령에 따라 국가기관에 의하여 선임된 변호사는 그 사건을 사선으로 전환하기 위하여 부당하게 교섭하지 아니한다.

② 의뢰인의 요청에 의해 국선변호인 등이 사선으로 전환한 경우에는 별도로 소송위임장, 변호사선임신고서 등을 제출한다.

제18조(비밀유지 및 의뢰인의 권익보호) ① 변호사는 직무상 알게 된 의뢰인의 비밀을 누설하거나 부당하게 이용하지 아니한다.

② 변호사는 직무와 관련하여 의뢰인과 의사교환을 한 내용이나 의뢰인으로부터 제출받은 문서 또는 물건을 외부에 공개하지 아니한다.

③ 변호사는 직무를 수행하면서 작성한 서류, 메모, 기타 유사한 자료를 외부에 공개하지 아니한다.

④ 제1항 내지 제3항의 경우에 중대한 공익상의 이유가 있거나, 의뢰인의 동의가 있

는 경우 또는 변호사 자신의 권리를 방어하기 위하여 필요한 경우에는, 최소한의 범위에서 이를 공개 또는 이용할 수 있다.

제 2 절 사건의 수임 및 처리

제19조(예상 의뢰인에 대한 관계) ① 변호사는 변호사로서의 명예와 품위에 어긋나는 방법으로 예상 의뢰인과 접촉하거나 부당하게 소송을 부추기지 아니한다.

② 변호사는 사무직원이나 제 3 자가 사건유치를 목적으로 제 1 항의 행위를 하지 않도록 주의한다.

제20조(수임 시의 설명 등) ① 변호사는 의뢰인이 사건 위임 여부를 결정할 수 있도록 의뢰인으로부터 제공받은 정보를 기초로 사건의 전체적인 예상 진행과정, 수임료와 비용, 기타 필요한 사항을 설명한다.

② 변호사는 의뢰인이 기대하는 결과를 얻을 가능성이 없거나 희박한 사건을 그 가능성이 높은 것처럼 설명하거나 장담하지 아니한다.

③ 변호사는 상대방 또는 상대방 대리인과 친족관계 등 특수한 관계가 있을 때에는, 이를 미리 의뢰인에게 알린다.

④ 변호사는 사건의 수임을 위하여 재판이나 수사업무에 종사하는 공무원과의 연고 등 사적인 관계를 드러내며 영향력을 미칠 수 있는 것처럼 선전하지 아니한다.

제21조(부당한 사건의 수임금지) 변호사는 위임의 목적 또는 사건처리의 방법이 현저하게 부당한 경우에는 당해 사건을 수임하지 아니한다.

제22조(수임 제한) ① 변호사는 다음 각 호의 어느 하나에 해당하는 사건을 수임하지 아니한다. 다만, 제 3 호의 경우 수임하고 있는 사건의 의뢰인이 양해하거나, 제 4 호의 경우 의뢰인이 양해하거나, 제 5 호 및 제 6 호의 경우 관계되는 의뢰인들이 모두 동의하고 의뢰인의 이익이 침해되지 않는다는 합리적인 사유가 있는 경우에는 그러하지 아니하다.

    1. 과거 공무원·중재인·조정위원 등으로 직무를 수행하면서 취급 또는 취급하게 된 사건이거나, 공정증서 작성사무에 관여한 사건

    2. 동일한 사건에 관하여 상대방을 대리하고 있는 경우

    3. 수임하고 있는 사건의 상대방이 위임하는 다른 사건

    4. 상대방 또는 상대방 대리인과 친족관계에 있는 경우

    5. 동일 사건에서 둘 이상의 의뢰인의 이익이 서로 충돌하는 경우

    6. 현재 수임하고 있는 사건과 이해가 충돌하는 사건

② 변호사는 위임사무가 종료된 경우에도 종전 사건과 실질적으로 동일하거나 본질적으로 관련된 사건에서 대립되는 당사자로부터 사건을 수임하지 아니한다. 다만, 종전 사건과 실질적으로 동일하지 않고 종전 의뢰인이 양해한 경우에는 그러하지 아니하다.

③ 변호사는 의뢰인과 대립되는 상대방으로부터 사건의 수임을 위해 상담하였으나 수임

에 이르지 아니하였거나 기타 그에 준하는 경우로서, 상대방의 이익이 침해되지 않는다고 합리적으로 여겨지는 경우에는, 상담 등의 이유로 수임이 제한되지 아니한다.

제23조(위임장 등의 제출 및 경유) ① 변호사는 사건을 수임하였을 때에는 소송위임장이나 변호인선임신고 등을 해당 기관에 제출한다. 이를 제출하지 아니하고는 전화, 문서, 방문, 기타 어떠한 방법으로도 변론활동을 하지 아니한다.

② 변호사는 법률사건 또는 법률사무에 관한 소송위임장이나 변호인선임신고서 등을 공공기관에 제출할 때에는, 사전에 소속 지방변호사회를 경유한다. 다만, 사전에 경유할 수 없는 급박한 사정이 있는 경우에는 사후에 지체 없이 경유 절차를 보완한다.

제24조(금전 등의 수수) 변호사는 예납금, 보증금 등의 금전 및 증거서류 등의 수수를 명백히 하고, 이로 인한 분쟁이 발생하지 아니하도록 주의한다.

제25조(다른 변호사의 참여) ① 변호사는 의뢰인이 다른 변호사에게 해당 사건을 의뢰하는 것을 방해하지 아니한다.

② 변호사는 의뢰인이 변호사를 바꾸고자 할 경우에는 업무의 인수인계가 원활하게 이루어질 수 있도록 합리적인 범위 내에서 협조한다.

제26조(공동 직무수행) ① 변호사는 동일한 의뢰인을 위하여 공동으로 직무를 수행하는 경우에는, 의뢰인의 이익을 위해 서로 협력한다.

② 변호사는 공동으로 직무를 수행하는 다른 변호사와 의견이 맞지 아니하여 의뢰인에게 불이익을 미칠 수 있는 경우에는, 지체 없이 의뢰인에게 이를 알린다.

제27조(의뢰인 간의 이해 대립) 수임 이후에 변호사가 대리하는 둘 이상의 의뢰인 사이에 이해의 대립이 발생한 경우에는, 변호사는 의뢰인들에게 이를 알리고 적절한 방법을 강구한다.

제28조(사건처리 협의 등) ① 변호사는 의뢰인에게 사건의 주요 경과를 알리고, 필요한 경우에는 의뢰인과 협의하여 처리한다.

② 변호사는 의뢰인의 요청이나 요구가 변호사의 품위를 손상시키거나 의뢰인의 이익에 배치된다고 인정하는 경우에는, 그 이유를 설명하고 이에 따르지 않을 수 있다.

제29조(사건처리의 종료) 변호사는 수임한 사건의 처리가 종료되면, 의뢰인에게 그 결과를 신속히 설명한다.

제30조(분쟁 조정) 변호사는 의뢰인과 직무와 관련한 분쟁이 발생한 경우에는, 소속 지방변호사회의 조정에 의하여 분쟁을 해결하도록 노력한다.

제 3 절 보　　수

제31조(원칙) ① 변호사는 직무의 공공성과 전문성에 비추어 부당하게 과다한 보수를 약정하지 아니한다.

② 변호사의 보수는 사건의 난이도와 소요되는 노력의 정도와 시간, 변호사의 경험과

능력, 의뢰인이 얻게 되는 이익의 정도 등 제반 사정을 고려하여 합리적으로 결정한다.

제32조(서면계약) 변호사는 사건을 수임할 경우에는 수임할 사건의 범위, 보수, 보수 지급방법, 보수에 포함되지 않는 비용 등을 명확히 정하여 약정하고, 가급적 서면으로 수임계약을 체결한다. 다만, 단순한 법률자문이나 서류의 준비, 기타 합리적인 이유가 있는 경우에는 그러하지 아니하다.

제33조(추가 보수 등) ① 변호사는 정당한 사유 없이 추가보수를 요구하지 아니한다.

② 변호사는 명백한 서면 약정 없이 공탁금, 보증금, 기타 보관금 등을 보수로 전환하지 아니한다. 다만, 의뢰인에게 반환할 공탁금 등을 미수령 채권과 상계할 수 있다.

③ 변호사는 담당 공무원에 대한 접대 등의 명목으로 보수를 정해서는 아니 되며, 그와 연관된 명목의 금품을 요구하지 아니한다.

제34조(보수 분배 금지 등) ① 변호사는 변호사 아닌 자와 공동의 사업으로 사건을 수임하거나 보수를 분배하지 아니한다. 다만, 외국법자문사법에서 달리 정하는 경우에는 그러하지 아니하다.

② 변호사는 소송의 목적을 양수하거나, 정당한 보수 이외의 이익분배를 약정하지 아니한다.

제 4 장 법원, 수사기관, 정부기관, 제 3 자 등에 대한 윤리

제 1 절 법원, 수사기관 등에 대한 윤리

제35조(사법권의 존중 및 적법 절차 실현) 변호사는 사법권을 존중하며, 공정한 재판과 적법 절차의 실현을 위하여 노력한다.

제36조(재판절차에서의 진실의무) ① 변호사는 재판절차에서 의도적으로 허위 사실에 관한 주장을 하거나 허위증거를 제출하지 아니한다.

② 변호사는 증인에게 허위의 진술을 교사하거나 유도하지 아니한다.

제37조(소송 촉진) 변호사는 소송과 관련된 기일, 기한 등을 준수하고, 부당한 소송지연을 목적으로 하는 행위를 하지 아니한다.

제38조(영향력 행사 금지) 변호사는 개인적 친분 또는 전관관계를 이용하여 직접 또는 간접으로 법원이나 수사기관 등의 공정한 업무 수행에 영향을 미칠 행위를 하지 아니한다.

제39조(사건 유치 목적의 출입 금지) 변호사는 사건을 유치할 목적으로 법원, 수사기관, 교정기관 및 병원 등에 직접 출입하거나 사무원 등으로 하여금 출입하게 하지 아니한다.

제40조(공무원으로부터의 사건 소개 금지) 변호사는 법원, 수사기관 등의 공무원으로부터 해당기관의 사건을 소개받지 아니한다.

제2절 정부기관에 대한 윤리

제41조(비밀 이용 금지) 변호사는 공무를 수행하면서 알게 된 정부기관의 비밀을 업무처리에 이용하지 아니한다.

제42조(겸직 시 수임 제한) 변호사는 공정을 해할 우려가 있을 때에는, 겸직하고 있는 당해 정부기관의 사건을 수임하지 아니한다.

제3절 제3자에 대한 윤리

제43조(부당한 이익 수령 금지) 변호사는 사건의 상대방 또는 상대방이었던 자로부터 사건과 관련하여 이익을 받거나 이를 요구 또는 약속받지 아니한다.

제44조(부당한 이익 제공 금지) 변호사는 사건의 상대방 또는 상대방이었던 자에게 사건과 관련하여 이익을 제공하거나 약속하지 아니한다.

제45조(대리인 있는 상대방 당사자와의 직접교섭 금지) 변호사는 수임하고 있는 사건의 상대방 당사자에게 변호사 또는 법정대리인이 있는 경우에는, 그 변호사 또는 법정대리인의 동의나 기타 다른 합리적인 이유가 없는 한 상대방 당사자와 직접 접촉하거나 교섭하지 아니한다.

제5장 업무 형태

제1절 법무법인 등

제46조(법무법인 등의 구성원, 소속 변호사의 규정 준수 의무) ① 변호사법에 의한 법무법인, 법무법인(유한), 법무조합 및 대한변호사협회 회칙에서 정한 공증인가합동법률사무소 및 공동법률사무소(이하 '법무법인 등'이라고 한다)의 구성원, 소속 변호사는 이 절의 규정을 준수한다.

② 구성원 변호사는 소속 변호사가 변호사 업무의 수행에 관련하여 이 절의 규정을 준수하도록 노력한다.

③ 변호사는 다른 변호사의 지시에 따라 업무를 수행하는 경우에도 이 절의 규정을 준수한다.

④ 소속 변호사는 그 업무수행이 이 절의 규정에 위반되는 것인지 여부에 관하여 이견이 있는 경우, 그 업무에 관하여 구성원 변호사의 합리적인 결론에 따른 때에는 이 절의 규정을 준수한 것으로 본다.

제47조(비밀유지의무) 법무법인 등의 구성원 변호사 및 소속 변호사는 정당한 이유가 없는 한 다른 변호사가 의뢰인과 관련하여 직무상 비밀유지의무를 부담하는 사항을 알게 된 경우에는, 이를 누설하거나 이용하지 아니한다. 이는 변호사가 해당 법무법인 등으

로부터 퇴직한 경우에도 같다.

제48조(수임 제한) ① 제22조 및 제42조의 규정은 법무법인 등이 사건을 수임하는 경우에 준용한다. 다만, 제2항에서 달리 정하는 경우는 제외한다.

② 법무법인 등의 특정 변호사에게만 제22조 제1항 제4호 또는 제42조에 해당하는 사유가 있는 경우, 당해 변호사가 사건의 수임 및 업무수행에 관여하지 않고 그러한 사유가 법무법인 등의 사건처리에 영향을 주지 아니할 것이라고 볼 수 있는 합리적 사유가 있는 때에는 사건의 수임이 제한되지 아니한다.

③ 법무법인 등은 제2항의 경우에 당해 사건을 처리하는 변호사와 수임이 제한되는 변호사들 사이에 당해 사건과 관련하여 비밀을 공유하는 일이 없도록 합리적인 조치를 취한다.

제49조(수임 관련 정보의 관리) 법무법인 등은 전조의 규정에 의해 수임이 제한되는 사건을 수임하지 않도록 의뢰인, 상대방 당사자, 사건명 등 사건 수임에 관한 정보를 관리하고, 필요한 합리적인 범위 내에서 사건 수임에 관한 정보를 구성원 변호사들이 공유할 수 있도록 적절한 조치를 취한다.

제50조(동일 또는 유사 명칭의 사용 금지) 변호사법에서 정한 바에 따라서 설립된 법무법인, 법무법인(유한), 법무조합이 아닌 변호사의 사무소는 그와 동일 또는 유사한 명칭을 사용하지 아니한다.

제2절 기 타

제51조(사내변호사의 독립성) 정부, 공공기관, 비영리단체, 기업, 기타 각종의 조직 또는 단체 등(단, 법무법인 등은 제외한다. 이하 '단체 등'이라 한다)에서 임원 또는 직원으로서 법률사무 등에 종사하는 변호사(이하 '사내변호사'라 한다)는 그 직무를 수행함에 있어 독립성의 유지가 변호사로서 준수해야 하는 기본 윤리임을 명심하고, 자신의 직업적 양심과 전문적 판단에 따라 업무를 성실히 수행한다.

제52조(사내변호사의 충실의무) 사내변호사는 변호사윤리의 범위 안에서 그가 속한 단체 등의 이익을 위하여 성실히 업무를 수행한다.

제53조(중립자로서의 변호사) ① 변호사는 자신의 의뢰인이 아닌 당사자들 사이의 분쟁 등의 해결에 관여하는 경우에 중립자로서의 역할을 수행한다. 중립자로서 변호사가 행하는 사무에는 중재자, 조정자로서 행하는 사무 등을 포함한다.

② 중립자로서 역할을 수행하는 변호사는 당사자들에게 자신이 그들을 대리하는 것이 아님을 적절히 설명한다.

제54조(증인으로서의 변호사) ① 변호사는 스스로 증인이 되어야 할 사건을 수임하지 아니한다. 다만, 다음 각 호의 1에 해당하는 경우에는 그러하지 아니하다.

　　1. 명백한 사항들과 관련된 증언을 하는 경우

  2. 사건과 관련하여 본인이 제공한 법률사무의 내용에 관한 증언을 하는 경우

  3. 사건을 수임하지 아니함으로써 오히려 의뢰인에게 불리한 영향을 미치는 경우

② 변호사는 그가 속한 법무법인 등의 다른 변호사가 증언함으로써 의뢰인의 이익이 침해되거나 침해될 우려가 있을 경우에는 당해 사건에서 변호사로서의 직무를 수행하지 아니한다.

부   칙

제1조(시행일) 이 윤리장전은 공포한 날부터 시행한다.

제2조(경과조치) 이 윤리장전은 종전의 윤리장전 위반을 이유로 하여 이 윤리장전 시행 당시 계속 중이거나 이 윤리장전 시행 후에 개시되는 징계사건에도 적용한다. 다만 종전의 규정이 징계혐의자에게 유리한 경우에는 그러하지 아니하다.

변호사법

제　　정 1949. 11. 7.　타법개정 2004. 1. 20.
일부개정 1962. 4. 3.　일부개정 2005. 1. 27.
일부개정 1962. 9. 24.　타법개정 2005. 3. 31.
일부개정 1971. 12. 28.　일부개정 2006. 3. 24.
일부개정 1973. 1. 25.　일부개정 2007. 1. 26.
일부개정 1973. 12. 20.　일부개정 2007. 3. 29.
전부개정 1982. 12. 31.　일부개정 2008. 3. 28.
타법개정 1985. 9. 14.　타법개정 2009. 2. 6.
타법개정 1987. 12. 4.　일부개정 2011. 4. 5.
일부개정 1993. 3. 10.　일부개정 2011. 5. 17.
일부개정 1995. 12. 29.　일부개정 2011. 7. 25.
일부개정 1996. 12. 12.　일부개정 2012. 1. 17.
타법개정 1997. 12. 13.　일부개정 2013. 5. 28.
타법개정 1999. 2. 5.　일부개정 2014. 5. 20.
전부개정 2000. 1. 28.　일부개정 2014. 12. 30.

제 1 장　변호사의 사명과 직무〈개정 2008. 3. 28〉

제 1 조(변호사의 사명)　① 변호사는 기본적 인권을 옹호하고 사회정의를 실현함을 사명으로 한다.

② 변호사는 그 사명에 따라 성실히 직무를 수행하고 사회질서 유지와 법률제도 개선에 노력하여야 한다.

[전문개정 2008. 3. 28]

제 2 조(변호사의 지위)　변호사는 공공성을 지닌 법률 전문직으로서 독립하여 자유롭게 그 직무를 수행한다.

[전문개정 2008. 3. 28]

제 3 조(변호사의 직무)　변호사는 당사자와 그 밖의 관계인의 위임이나 국가·지방자치단체와 그 밖의 공공기관(이하 "공공기관"이라 한다)의 위촉 등에 의하여 소송에 관한 행위 및 행정처분의 청구에 관한 대리행위와 일반 법률 사무를 하는 것을 그 직무로 한다.

[전문개정 2008. 3. 28]

제 2 장　변호사의 자격〈개정 2008. 3. 28〉

제 4 조(변호사의 자격)　다음 각 호의 어느 하나에 해당하는 자는 변호사의 자격이 있다. 〈개정 2011. 5. 17〉

1. 사법시험에 합격하여 사법연수원의 과정을 마친 자
2. 판사나 검사의 자격이 있는 자
3. 변호사시험에 합격한 자

[전문개정 2008. 3. 28]

제5조(변호사의 결격사유) 다음 각 호의 어느 하나에 해당하는 자는 변호사가 될 수 없
다. 〈개정 2014. 5. 20, 2014. 12. 30〉

1. 금고 이상의 형(刑)을 선고받고 그 집행이 끝나거나 그 집행을 받지 아니하기로
   확정된 후 5년이 지나지 아니한 자
2. 금고 이상의 형의 집행유예를 선고받고 그 유예기간이 지난 후 2년이 지나지 아
   니한 자
3. 금고 이상의 형의 선고유예를 받고 그 유예기간 중에 있는 자
4. 탄핵이나 징계처분에 의하여 파면되거나 이 법에 따라 제명된 후 5년이 지나지
   아니한 자
5. 징계처분에 의하여 해임된 후 3년이 지나지 아니한 자
6. 징계처분에 의하여 면직된 후 2년이 지나지 아니한 자
7. 피성년후견인 또는 피한정후견인
8. 파산선고를 받고 복권되지 아니한 자
9. 이 법에 따라 영구제명된 자

[전문개정 2008. 3. 28]

제6조 삭제 〈2008. 3. 28〉

제3장 변호사의 등록과 개업〈개정 2008. 3. 28〉

제7조(자격등록) ① 변호사로서 개업을 하려면 대한변호사협회에 등록을 하여야 한다.
② 제1항의 등록을 하려는 자는 가입하려는 지방변호사회를 거쳐 등록신청을 하여야
한다.
③ 지방변호사회는 제2항에 따른 등록신청을 받으면 해당 변호사의 자격 유무에 관한
의견서를 첨부할 수 있다.
④ 대한변호사협회는 제2항에 따른 등록신청을 받으면 지체 없이 변호사 명부에 등록
하고 그 사실을 신청인에게 통지하여야 한다.

[전문개정 2008. 3. 28]

제8조(등록거부) ① 대한변호사협회는 제7조 제2항에 따라 등록을 신청한 자가 다음
각 호의 어느 하나에 해당하면 제9조에 따른 등록심사위원회의 의결을 거쳐 등록을 거
부할 수 있다. 이 경우 제4호에 해당하여 등록을 거부할 때에는 제9조에 따른 등록심
사위원회의 의결을 거쳐 1년 이상 2년 이하의 등록금지기간을 정하여야 한다. 〈개정

2014. 5. 20〉

1. 제 4 조에 따른 변호사의 자격이 없는 자

2. 제 5 조에 따른 결격사유에 해당하는 자

3. 심신장애로 인하여 변호사의 직무를 수행하는 것이 현저히 곤란한 자

4. 공무원 재직 중의 위법행위로 인하여 형사소추(과실범으로 공소제기되는 경우는 제외한다) 또는 징계처분(파면, 해임 및 면직은 제외한다)을 받거나 그 위법행위와 관련하여 퇴직한 자로서 변호사 직무를 수행하는 것이 현저히 부적당하다고 인정되는 자

5. 제 4 호에 해당하여 등록이 거부되거나 제 4 호에 해당하여 제18조 제 2 항에 따라 등록이 취소된 후 등록금지기간이 지나지 아니한 자

6. 삭제 〈2014. 5. 20〉

② 대한변호사협회는 제 1 항에 따라 등록을 거부한 경우 지체 없이 그 사유를 명시하여 신청인에게 통지하여야 한다. 〈신설 2014. 5. 20〉

③ 대한변호사협회가 제 7 조 제 2 항에 따른 등록신청을 받은 날부터 3개월이 지날 때까지 등록을 하지 아니하거나 등록을 거부하지 아니할 때에는 등록이 된 것으로 본다. 〈개정 2014. 5. 20〉

④ 제 1 항에 따라 등록이 거부된 자는 제 1 항에 따른 통지를 받은 날부터 3개월 이내에 등록거부에 관하여 부당한 이유를 소명하여 법무부장관에게 이의신청을 할 수 있다. 〈개정 2014. 5. 20〉

⑤ 법무부장관은 제 4 항의 이의신청이 이유 있다고 인정할 때에는 대한변호사협회에 그 변호사의 등록을 명하여야 한다. 〈개정 2014. 5. 20〉

[전문개정 2008. 3. 28]

제 9 조(등록심사위원회의 설치) ① 다음 각 호의 사항을 심사하기 위하여 대한변호사협회에 등록심사위원회를 둔다.

1. 제 8 조 제 1 항에 따른 등록거부에 관한 사항

2. 제18조 제 1 항·제 2 항에 따른 등록취소에 관한 사항

② 대한변호사협회의 장은 제 8 조 제 1 항, 제18조 제 1 항 제 2 호 또는 같은 조 제 2 항에 따라 등록거부나 등록취소를 하려면 미리 그 안건을 등록심사위원회에 회부하여야 한다.

[전문개정 2008. 3. 28]

제10조(등록심사위원회의 구성) ① 등록심사위원회는 다음 각 호의 위원으로 구성한다.

1. 법원행정처장이 추천하는 판사 1명

2. 법무부장관이 추천하는 검사 1명

3. 대한변호사협회 총회에서 선출하는 변호사 4명

4. 대한변호사협회의 장이 추천하는, 법학 교수 1명 및 경험과 덕망이 있는 자로서 변호사가 아닌 자 2명

② 등록심사위원회에 위원장 1명과 간사 1명을 두며, 위원장과 간사는 위원 중에서 호선한다.

③ 제1항의 위원을 추천하거나 선출할 때에는 위원의 수와 같은 수의 예비위원을 함께 추천하거나 선출하여야 한다.

④ 위원 중에 사고나 결원이 생기면 위원장이 명하는 예비위원이 그 직무를 대행한다.

⑤ 위원과 예비위원의 임기는 각각 2년으로 한다.

[전문개정 2008. 3. 28]

제11조(심사) ① 등록심사위원회는 심사에 관하여 필요하다고 인정하면 당사자, 관계인 및 관계 기관·단체 등에 대하여 사실을 조회하거나 자료 제출 또는 위원회에 출석하여 진술하거나 설명할 것을 요구할 수 있다.

② 제1항에 따라 사실 조회, 자료 제출 등을 요구받은 관계 기관·단체 등은 그 요구에 협조하여야 한다.

③ 등록심사위원회는 당사자에게 위원회에 출석하여 의견을 진술하고 자료를 제출할 기회를 주어야 한다.

[전문개정 2008. 3. 28]

제12조(의결) ① 등록심사위원회의 회의는 재적위원 과반수의 찬성으로 의결한다.

② 대한변호사협회는 제1항에 따른 등록심사위원회의 의결이 있으면 이에 따라 등록이나 등록거부 또는 등록취소를 하여야 한다.

[전문개정 2008. 3. 28]

제13조(운영규칙) 등록심사위원회의 심사 절차와 운영에 관하여 필요한 사항은 대한변호사협회가 정한다.

[전문개정 2008. 3. 28]

제14조(소속 변경등록) ① 변호사는 지방변호사회의 소속을 변경하려면 새로 가입하려는 지방변호사회를 거쳐 대한변호사협회에 소속 변경등록을 신청하여야 한다.

② 제1항에 따라 소속이 변경된 변호사는 지체 없이 종전 소속 지방변호사회에 신고하여야 한다.

③ 제1항의 경우에는 제7조 제4항과 제8조를 준용한다.

[전문개정 2008. 3. 28]

제15조(개업신고 등) 변호사가 개업하거나 법률사무소를 이전한 경우에는 지체 없이 소속 지방변호사회와 대한변호사협회에 신고하여야 한다.

[전문개정 2008. 3. 28]

제16조(휴업) 변호사는 일시 휴업하려면 소속 지방변호사회와 대한변호사협회에 신고하

여야 한다.

[전문개정 2008. 3. 28]

제17조(폐업)　변호사는 폐업하려면 소속 지방변호사회를 거쳐 대한변호사협회에 등록취소를 신청하여야 한다.

[전문개정 2008. 3. 28]

제18조(등록취소)　① 대한변호사협회는 변호사가 다음 각 호의 어느 하나에 해당하면 변호사의 등록을 취소하여야 한다. 이 경우 지체 없이 등록취소 사유를 명시하여 등록이 취소되는 자(제1호의 경우는 제외한다)에게 통지하여야 하며, 제2호에 해당하여 변호사의 등록을 취소하려면 미리 등록심사위원회의 의결을 거쳐야 한다.

　　1. 사망한 경우

　　2. 제4조에 따른 변호사의 자격이 없거나 제5조에 따른 결격사유에 해당하는 경우

　　3. 제17조에 따른 등록취소의 신청이 있는 경우

　　4. 제19조에 따른 등록취소의 명령이 있는 경우

② 대한변호사협회는 변호사가 제8조 제1항 제3호·제4호에 해당하면 등록심사위원회의 의결을 거쳐 변호사의 등록을 취소할 수 있다. 이 경우 제8조 제1항 제4호에 해당하여 등록을 취소할 때에는 등록심사위원회의 의결을 거쳐 1년 이상 2년 이하의 등록금지기간을 정하여야 한다. 〈개정 2014. 5. 20〉

③ 대한변호사협회는 제2항에 따라 등록을 취소하는 경우 지체 없이 그 사유를 명시하여 등록이 취소되는 자에게 통지하여야 한다. 〈신설 2014. 5. 20〉

④ 제1항과 제2항의 경우에는 제8조 제4항 및 제5항을 준용한다. 〈개정 2014. 5. 20〉

⑤ 지방변호사회는 소속 변호사에게 제1항의 사유가 있다고 인정하면 지체 없이 대한변호사협회에 이를 보고하여야 한다. 〈개정 2014. 5. 20〉

[전문개정 2008. 3. 28]

제19조(등록취소명령)　법무부장관은 변호사 명부에 등록된 자가 제4조에 따른 변호사의 자격이 없거나 제5조에 따른 결격사유에 해당한다고 인정하는 경우 대한변호사협회에 그 변호사의 등록취소를 명하여야 한다.

[전문개정 2008. 3. 28]

제20조(보고 등)　대한변호사협회는 변호사의 등록 및 등록거부, 소속 변경등록 및 그 거부, 개업, 사무소 이전, 휴업 및 등록취소에 관한 사항을 지체 없이 소속 지방변호사회에 통지하고 법무부장관에게 보고하여야 한다.

[전문개정 2008. 3. 28]

제4장　변호사의 권리와 의무〈개정 2008. 3. 28〉

제21조(법률사무소)　① 변호사는 법률사무소를 개설할 수 있다.

② 변호사의 법률사무소는 소속 지방변호사회의 지역에 두어야 한다.

③ 변호사는 어떠한 명목으로도 둘 이상의 법률사무소를 둘 수 없다. 다만, 사무공간의 부족 등 부득이한 사유가 있어 대한변호사협회가 정하는 바에 따라 인접한 장소에 별도의 사무실을 두고 변호사가 주재(駐在)하는 경우에는 본래의 법률사무소와 함께 하나의 사무소로 본다.

[전문개정 2008. 3. 28]

제21조의2(법률사무소 개설 요건 등) ① 제 4 조 제 3 호에 따른 변호사는 통산(通算)하여 6개월 이상 다음 각 호의 어느 하나에 해당하는 기관 등(이하 "법률사무종사기관"이라 한다)에서 법률사무에 종사하거나 연수(제 6 호에 한정한다)를 마치지 아니하면 단독으로 법률사무소를 개설하거나 법무법인, 법무법인(유한) 및 법무조합의 구성원이 될 수 없다. 다만, 제 3 호 및 제 4 호는 통산하여 5년 이상 「법원조직법」 제42조 제 1 항 각 호의 어느 하나에 해당하는 직에 있었던 자 1명 이상이 재직하는 기관 중 법무부장관이 법률사무에 종사가 가능하다고 지정한 곳에 한정한다.

1. 국회, 법원, 헌법재판소, 검찰청
2. 「법률구조법」에 따른 대한법률구조공단, 「정부법무공단법」에 따른 정부법무공단
3. 법무법인, 법무법인(유한), 법무조합, 법률사무소
4. 국가기관, 지방자치단체와 그 밖의 법인, 기관 또는 단체
5. 국제기구, 국제법인, 국제기관 또는 국제단체 중에서 법무부장관이 법률사무에 종사가 가능하다고 지정한 곳
6. 대한변호사협회

② 대한변호사협회는 제 1 항 제 3 호에 따라 지정된 법률사무종사기관에 대하여 대한변호사협회 회칙으로 정하는 바에 따라 연수를 위탁하여 실시할 수 있다.

③ 제 4 조 제 3 호에 따른 변호사가 제 1 항에 따라 단독으로 법률사무소를 최초로 개설하거나 법무법인, 법무법인(유한) 또는 법무조합의 구성원이 되려면 법률사무종사기관에서 제 1 항의 요건에 해당한다는 사실을 증명하는 확인서(제 1 항 제 6 호의 연수는 제외한다)를 받아 지방변호사회를 거쳐 대한변호사협회에 제출하여야 한다.

④ 법률사무종사기관은 제 1 항에 따른 종사 또는 연수의 목적을 달성하기 위하여 종사하거나 연수를 받는 변호사의 숫자를 적정하게 하는 등 필요한 조치를 하여야 한다.

⑤ 법무부장관은 제 1 항 단서에 따라 지정된 법률사무종사기관에 대하여 필요하다고 인정하면 종사 현황 등에 대한 서면조사 또는 현장조사를 실시할 수 있고, 조사 결과 원활한 법률사무 종사를 위하여 필요하다고 인정하면 개선 또는 시정을 명령할 수 있다.

⑥ 법무부장관은 제 5 항에 따른 서면조사 또는 현장조사를 대한변호사협회에 위탁하여 실시할 수 있고, 대한변호사협회의 장은 그 조사 결과를 법무부장관에게 보고하고 같은

항에 따른 개선 또는 시정을 건의할 수 있다. 이 경우 수탁 사무의 처리에 관한 사항은 대한변호사협회의 회칙으로 정하고 법무부장관의 인가를 받아야 한다.

⑦ 법무부장관은 제 1 항 단서에 따라 지정된 법률사무종사기관이 다음 각 호의 어느 하나에 해당하면 그 지정을 취소할 수 있다. 다만, 제 1 호에 해당하는 경우에는 취소하여야 한다.

　1. 거짓이나 그 밖의 부정한 방법으로 지정받은 경우

　2. 제 1 항 단서의 지정 요건을 갖추지 못한 경우로서 3개월 이내에 보충하지 아니한 경우. 이 경우 제 4 조 제 3 호에 따른 변호사가 법률사무에 계속하여 종사한 경우 보충될 때까지의 기간은 법률사무종사기관에서 법률사무에 종사한 기간으로 본다.

　3. 거짓으로 제 3 항의 확인서를 발급한 경우

　4. 제 5 항의 개선 또는 시정 명령을 통산하여 3회 이상 받고 이에 따르지 아니한 경우

⑧ 법무부장관은 제 7 항에 따라 지정을 취소하려면 청문을 실시하여야 한다.

⑨ 제 1 항 제 6 호에 따른 연수의 방법, 절차, 비용과 그 밖에 필요한 사항은 대한변호사협회의 회칙으로 정하고 법무부장관의 인가를 받아야 한다.

⑩ 법무부장관은 대통령령으로 정하는 바에 따라 제 1 항 제 6 호에 따라 대한변호사협회가 실시하는 연수과정에 대한 지원을 할 수 있다.

⑪ 제 1 항 단서에 따라 지정된 같은 항 제 3 호의 법률사무종사기관은 같은 항 제 6 호에 따른 대한변호사협회의 연수에 필요한 요구에 협조하여야 한다.

⑫ 제 1 항부터 제11항까지의 규정 외에 법률사무종사기관의 지정 및 취소의 절차와 방법, 지도·감독 등 필요한 사항은 대통령령으로 정한다.

[본조신설 2011. 5. 17]

제22조(사무직원) ① 변호사는 법률사무소에 사무직원을 둘 수 있다.

② 변호사는 다음 각 호의 어느 하나에 해당하는 자를 제 1 항에 따른 사무직원으로 채용할 수 없다. 〈개정 2014. 12. 30〉

　1. 이 법 또는 「형법」제129조부터 제132조까지, 「특정범죄가중처벌 등에 관한 법률」제 2 조 또는 제 3 조, 그 밖에 대통령령으로 정하는 법률에 따라 유죄 판결을 받은 자로서 다음 각 목의 어느 하나에 해당하는 자

　　가. 징역 이상의 형을 선고받고 그 집행이 끝나거나 그 집행을 받지 아니하기로 확정된 후 3년이 지나지 아니한 자

　　나. 징역형의 집행유예를 선고받고 그 유예기간이 지난 후 2년이 지나지 아니한 자

　　다. 징역형의 선고유예를 받고 그 유예기간 중에 있는 자

　2. 공무원으로서 징계처분에 의하여 파면되거나 해임된 후 3년이 지나지 아니한 자

　3. 피성년후견인 또는 피한정후견인

③ 사무직원의 신고, 연수(研修), 그 밖에 필요한 사항은 대한변호사협회가 정한다.

④ 지방변호사회의 장은 관할 지방검찰청 검사장에게 소속 변호사의 사무직원 채용과 관련하여 제2항에 따른 전과(前科) 사실의 유무에 대한 조회를 요청할 수 있다.

⑤ 제4항에 따른 요청을 받은 지방검찰청 검사장은 전과 사실의 유무를 조회하여 그 결과를 회신할 수 있다.

[전문개정 2008. 3. 28]

제23조(광고) ① 변호사ㆍ법무법인ㆍ법무법인(유한) 또는 법무조합(이하 이 조에서 "변호사등"이라 한다)은 자기 또는 그 구성원의 학력, 경력, 주요 취급 업무, 업무 실적, 그 밖에 그 업무의 홍보에 필요한 사항을 신문ㆍ잡지ㆍ방송ㆍ컴퓨터통신 등의 매체를 이용하여 광고할 수 있다.

② 변호사등은 다음 각 호의 어느 하나에 해당하는 광고를 하여서는 아니 된다.

　　1. 변호사의 업무에 관하여 거짓된 내용을 표시하는 광고

　　2. 국제변호사를 표방하거나 그 밖에 법적 근거가 없는 자격이나 명칭을 표방하는 내용의 광고

　　3. 객관적 사실을 과장하거나 사실의 일부를 누락하는 등 소비자를 오도(誤導)하거나 소비자에게 오해를 불러일으킬 우려가 있는 내용의 광고

　　4. 소비자에게 업무수행 결과에 대하여 부당한 기대를 가지도록 하는 내용의 광고

　　5. 다른 변호사등을 비방하거나 자신의 입장에서 비교하는 내용의 광고

　　6. 부정한 방법을 제시하는 등 변호사의 품위를 훼손할 우려가 있는 광고

　　7. 그 밖에 광고의 방법 또는 내용이 변호사의 공공성이나 공정한 수임(受任) 질서를 해치거나 소비자에게 피해를 줄 우려가 있는 것으로서 대한변호사협회가 정하는 광고

③ 변호사등의 광고에 관한 심사를 위하여 대한변호사협회와 각 지방변호사회에 광고심사위원회를 둔다.

④ 광고심사위원회의 운영과 그 밖에 광고에 관하여 필요한 사항은 대한변호사협회가 정한다.

[전문개정 2008. 3. 28]

제24조(품위유지의무 등) ① 변호사는 그 품위를 손상하는 행위를 하여서는 아니 된다.

② 변호사는 그 직무를 수행할 때에 진실을 은폐하거나 거짓 진술을 하여서는 아니 된다.

[전문개정 2008. 3. 28]

제25조(회칙준수의무) 변호사는 소속 지방변호사회와 대한변호사협회의 회칙을 지켜야 한다.

[전문개정 2008. 3. 28]

제26조(비밀유지의무 등) 변호사 또는 변호사이었던 자는 그 직무상 알게 된 비밀을 누설하여서는 아니 된다. 다만, 법률에 특별한 규정이 있는 경우에는 그러하지 아니하다.

[전문개정 2008. 3. 28]

제27조(공익활동 등 지정업무 처리의무) ① 변호사는 연간 일정 시간 이상 공익활동에 종사하여야 한다.

② 변호사는 법령에 따라 공공기관, 대한변호사협회 또는 소속 지방변호사회가 지정한 업무를 처리하여야 한다.

③ 공익활동의 범위와 그 시행 방법 등에 관하여 필요한 사항은 대한변호사협회가 정한다.

[전문개정 2008. 3. 28]

제28조(장부의 작성·보관) ① 변호사는 수임에 관한 장부를 작성하고 보관하여야 한다.

② 제1항의 장부에는 수임받은 순서에 따라 수임일, 수임액, 위임인 등의 인적사항, 수임한 법률사건이나 법률사무의 내용, 그 밖에 대통령령으로 정하는 사항을 기재하여야 한다.

③ 제1항에 따른 장부의 보관 방법, 보존 기간, 그 밖에 필요한 사항은 대통령령으로 정한다.

[전문개정 2008. 3. 28]

제28조의2(수임사건의 건수 및 수임액의 보고) 변호사는 매년 1월 말까지 전년도에 처리한 수임사건의 건수와 수임액을 소속 지방변호사회에 보고하여야 한다.

[전문개정 2008. 3. 28]

제29조(변호인선임서 등의 지방변호사회 경유) 변호사는 법률사건이나 법률사무에 관한 변호인선임서 또는 위임장 등을 공공기관에 제출할 때에는 사전에 소속 지방변호사회를 경유하여야 한다. 다만, 사전에 경유할 수 없는 급박한 사정이 있는 경우에는 변호인선임서나 위임장 등을 제출한 후 지체 없이 공공기관에 소속 지방변호사회의 경유확인서를 제출하여야 한다.

[전문개정 2008. 3. 28]

제29조의2(변호인선임서 등의 미제출 변호 금지) 변호사는 법원이나 수사기관에 변호인선임서나 위임장 등을 제출하지 아니하고는 다음 각 호의 사건에 대하여 변호하거나 대리할 수 없다.

　　1. 재판에 계속(係屬) 중인 사건

　　2. 수사 중인 형사사건[내사(內査) 중인 사건을 포함한다]

[전문개정 2008. 3. 28]

제30조(연고 관계 등의 선전금지) 변호사나 그 사무직원은 법률사건이나 법률사무의 수임을 위하여 재판이나 수사업무에 종사하는 공무원과의 연고(緣故) 등 사적인 관계를

드러내며 영향력을 미칠 수 있는 것으로 선전하여서는 아니 된다.

[전문개정 2008. 3. 28]

제31조(수임제한) ① 변호사는 다음 각 호의 어느 하나에 해당하는 사건에 관하여는 그 직무를 수행할 수 없다. 다만, 제2호 사건의 경우 수임하고 있는 사건의 위임인이 동의한 경우에는 그러하지 아니하다.

　　1. 당사자 한쪽으로부터 상의(相議)를 받아 그 수임을 승낙한 사건의 상대방이 위임하는 사건

　　2. 수임하고 있는 사건의 상대방이 위임하는 다른 사건

　　3. 공무원·조정위원 또는 중재인으로서 직무상 취급하거나 취급하게 된 사건

② 제1항 제1호 및 제2호를 적용할 때 법무법인·법무법인(유한)·법무조합이 아니면서도 변호사 2명 이상이 사건의 수임·처리나 그 밖의 변호사 업무 수행 시 통일된 형태를 갖추고 수익을 분배하거나 비용을 분담하는 형태로 운영되는 법률사무소는 하나의 변호사로 본다.

③ 법관, 검사, 장기복무 군법무관, 그 밖의 공무원 직에 있다가 퇴직(재판연구원, 사법연수생과 병역의무를 이행하기 위하여 군인·공익법무관 등으로 근무한 자는 제외한다)하여 변호사 개업을 한 자(이하 "공직퇴임변호사"라 한다)는 퇴직 전 1년부터 퇴직한 때까지 근무한 법원, 검찰청, 군사법원, 금융위원회, 공정거래위원회, 경찰관서 등 국가기관(대법원, 고등법원, 지방법원 및 지방법원 지원과 그에 대응하여 설치된 「검찰청법」 제3조 제1항 및 제2항의 대검찰청, 고등검찰청, 지방검찰청, 지방검찰청 지청은 각각 동일한 국가기관으로 본다)이 처리하는 사건을 퇴직한 날부터 1년 동안 수임할 수 없다. 다만, 국선변호 등 공익목적의 수임과 사건당사자가 「민법」 제767조에 따른 친족인 경우의 수임은 그러하지 아니하다. 〈신설 2011. 5. 17, 2013. 5. 28〉

④ 제3항의 수임할 수 없는 경우는 다음 각 호를 포함한다. 〈신설 2011. 5. 17〉

　　1. 공직퇴임변호사가 법무법인, 법무법인(유한), 법무조합(이하 이 조에서 "법무법인 등"이라 한다)의 담당변호사로 지정되는 경우

　　2. 공직퇴임변호사가 다른 변호사, 법무법인등으로부터 명의를 빌려 사건을 실질적으로 처리하는 등 사실상 수임하는 경우

　　3. 법무법인등의 경우 사건수임계약서, 소송서류 및 변호사의견서 등에는 공직퇴임변호사가 담당변호사로 표시되지 않았으나 실질적으로는 사건의 수임이나 수행에 관여하여 수임료를 받는 경우

⑤ 제3항의 법원 또는 검찰청 등 국가기관의 범위, 공익목적 수임의 범위 등 필요한 사항은 대통령령으로 정한다. 〈신설 2011. 5. 17〉

[전문개정 2008. 3. 28]

제31조의2(변호사시험합격자의 수임제한) ① 제4조 제3호에 따른 변호사는 법률사무

종사기관에서 통산하여 6개월 이상 법률사무에 종사하거나 연수를 마치지 아니하면 사건을 단독 또는 공동으로 수임[제50조 제1항, 제58조의16 또는 제58조의30에 따라 법무법인·법무법인(유한) 또는 법무조합의 담당변호사로 지정하는 경우를 포함한다]할 수 없다.

② 제4조 제3호에 따른 변호사가 최초로 단독 또는 공동으로 수임하는 경우에 관하여는 제21조의2 제3항을 준용한다.

[본조신설 2011. 5. 17]

제32조(계쟁권리의 양수 금지) 변호사는 계쟁권리(係爭權利)를 양수하여서는 아니 된다.

[전문개정 2008. 3. 28]

제33조(독직행위의 금지) 변호사는 수임하고 있는 사건에 관하여 상대방으로부터 이익을 받거나 이를 요구 또는 약속하여서는 아니 된다.

[전문개정 2008. 3. 28]

제34조(변호사가 아닌 자와의 동업 금지 등) ① 누구든지 법률사건이나 법률사무의 수임에 관하여 다음 각 호의 행위를 하여서는 아니 된다.

    1. 사전에 금품·향응 또는 그 밖의 이익을 받거나 받기로 약속하고 당사자 또는 그 밖의 관계인을 특정한 변호사나 그 사무직원에게 소개·알선 또는 유인하는 행위

    2. 당사자 또는 그 밖의 관계인을 특정한 변호사나 그 사무직원에게 소개·알선 또는 유인한 후 그 대가로 금품·향응 또는 그 밖의 이익을 받거나 요구하는 행위

② 변호사나 그 사무직원은 법률사건이나 법률사무의 수임에 관하여 소개·알선 또는 유인의 대가로 금품·향응 또는 그 밖의 이익을 제공하거나 제공하기로 약속하여서는 아니 된다.

③ 변호사나 그 사무직원은 제109조 제1호, 제111조 또는 제112조 제1호에 규정된 자로부터 법률사건이나 법률사무의 수임을 알선받거나 이러한 자에게 자기의 명의를 이용하게 하여서는 아니 된다.

④ 변호사가 아닌 자는 변호사를 고용하여 법률사무소를 개설·운영하여서는 아니 된다.

⑤ 변호사가 아닌 자는 변호사가 아니면 할 수 없는 업무를 통하여 보수나 그 밖의 이익을 분배받아서는 아니 된다.

[전문개정 2008. 3. 28]

제35조(사건 유치 목적의 출입금지 등) 변호사나 그 사무직원은 법률사건이나 법률사무를 유상으로 유치할 목적으로 법원·수사기관·교정기관 및 병원에 출입하거나 다른 사람을 파견하거나 출입 또는 주재하게 하여서는 아니 된다.

[전문개정 2008. 3. 28]

제36조(재판·수사기관 공무원의 사건 소개 금지) 재판기관이나 수사기관의 소속 공무원은 대통령령으로 정하는 자기가 근무하는 기관에서 취급 중인 법률사건이나 법률사

무의 수임에 관하여 당사자 또는 그 밖의 관계인을 특정한 변호사나 그 사무직원에게 소개·알선 또는 유인하여서는 아니 된다. 다만, 사건 당사자나 사무 당사자가 「민법」 제767조에 따른 친족인 경우에는 그러하지 아니하다.

[전문개정 2008. 3. 28]

제37조(직무취급자 등의 사건 소개 금지) ① 재판이나 수사 업무에 종사하는 공무원은 직무상 관련이 있는 법률사건 또는 법률사무의 수임에 관하여 당사자 또는 그 밖의 관계인을 특정한 변호사나 그 사무직원에게 소개·알선 또는 유인하여서는 아니 된다.

② 제1항에서 "직무상 관련"이란 다음 각 호의 어느 하나에 해당하는 경우를 말한다.

   1. 재판이나 수사 업무에 종사하는 공무원이 직무상 취급하고 있거나 취급한 경우

   2. 제1호의 공무원이 취급하고 있거나 취급한 사건에 관하여 그 공무원을 지휘·감독하는 경우

[전문개정 2008. 3. 28]

제38조(겸직 제한) ① 변호사는 보수를 받는 공무원을 겸할 수 없다. 다만, 국회의원이나 지방의회 의원 또는 상시 근무가 필요 없는 공무원이 되거나 공공기관에서 위촉한 업무를 수행하는 경우에는 그러하지 아니하다.

② 변호사는 소속 지방변호사회의 허가 없이 다음 각 호의 행위를 할 수 없다. 다만, 법무법인·법무법인(유한) 또는 법무조합의 구성원이 되거나 소속 변호사가 되는 경우에는 그러하지 아니하다.

   1. 상업이나 그 밖에 영리를 목적으로 하는 업무를 경영하거나 이를 경영하는 자의 사용인이 되는 것

   2. 영리를 목적으로 하는 법인의 업무집행사원·이사 또는 사용인이 되는 것

③ 변호사가 휴업한 경우에는 제1항과 제2항을 적용하지 아니한다.

[전문개정 2008. 3. 28]

제39조(감독) 변호사는 소속 지방변호사회, 대한변호사협회 및 법무부장관의 감독을 받는다.

[전문개정 2008. 3. 28]

제5장 법무법인〈개정 2008. 3. 28〉

제40조(법무법인의 설립) 변호사는 그 직무를 조직적·전문적으로 수행하기 위하여 법무법인을 설립할 수 있다.

[전문개정 2008. 3. 28]

제41조(설립 절차) 법무법인을 설립하려면 구성원이 될 변호사가 정관을 작성하여 주사무소(主事務所) 소재지의 지방변호사회와 대한변호사협회를 거쳐 법무부장관의 인가를 받아야 한다. 정관을 변경할 때에도 또한 같다.

[전문개정 2008. 3. 28]

제42조(정관의 기재사항) 법무법인의 정관에는 다음 각 호의 사항이 포함되어야 한다.

　　1. 목적, 명칭, 주사무소 및 분사무소(分事務所)의 소재지

　　2. 구성원의 성명·주민등록번호 및 법무법인을 대표할 구성원의 주소

　　3. 출자(出資)의 종류와 그 가액(價額) 또는 평가의 기준

　　4. 구성원의 가입·탈퇴와 그 밖의 변경에 관한 사항

　　5. 구성원 회의에 관한 사항

　　6. 법무법인의 대표에 관한 사항

　　7. 자산과 회계에 관한 사항

　　8. 존립 시기나 해산 사유를 정한 경우에는 그 시기 또는 사유

[전문개정 2008. 3. 28]

제43조(등기) ① 법무법인은 설립인가를 받으면 2주일 이내에 설립등기를 하여야 한다. 등기사항이 변경되었을 때에도 또한 같다.

　② 제1항의 등기사항은 다음 각 호와 같다.

　　1. 목적, 명칭, 주사무소 및 분사무소의 소재지

　　2. 구성원의 성명·주민등록번호 및 법무법인을 대표할 구성원의 주소

　　3. 출자의 종류·가액 및 이행 부분

　　4. 법무법인의 대표에 관한 사항

　　5. 둘 이상의 구성원이 공동으로 법무법인을 대표할 것을 정한 경우에는 그 규정

　　6. 존립 시기나 해산 사유를 정한 경우에는 그 시기 또는 사유

　　7. 설립인가 연월일

　③ 법무법인은 그 주사무소의 소재지에서 설립등기를 함으로써 성립한다.

[전문개정 2008. 3. 28]

제44조(명칭) ① 법무법인은 그 명칭 중에 법무법인이라는 문자를 사용하여야 한다.

　② 법무법인이 아닌 자는 법무법인 또는 이와 유사한 명칭을 사용하지 못한다.

[전문개정 2008. 3. 28]

제45조(구성원) ① 법무법인은 3명 이상의 변호사로 구성하며, 그중 1명 이상이 통산하여 5년 이상 「법원조직법」 제42조 제1항 각 호의 어느 하나에 해당하는 직에 있었던 자이어야 한다. 〈개정 2011. 5. 17〉

　② 법무법인은 제1항에 따른 구성원의 요건을 충족하지 못하게 된 경우에는 3개월 이내에 보충하여야 한다.

[전문개정 2008. 3. 28]

제46조(구성원의 탈퇴) ① 구성원은 임의로 탈퇴할 수 있다.

　② 구성원은 다음 각 호의 어느 하나에 해당하는 사유가 있으면 당연히 탈퇴한다.

1. 사망한 경우
2. 제18조에 따라 등록이 취소된 경우
3. 제102조 제2항에 따라 업무정지명령을 받은 경우
4. 이 법이나 「공증인법」에 따라 정직(停職) 이상의 징계처분을 받은 경우
5. 정관에 정한 사유가 발생한 경우

[전문개정 2008. 3. 28]

제47조(구성원 아닌 소속 변호사) 법무법인은 구성원 아닌 소속 변호사를 둘 수 있다. 〈개정 2009. 2. 6〉

[전문개정 2008. 3. 28]

제48조(사무소) ① 법무법인은 분사무소를 둘 수 있다. 분사무소의 설치기준에 대하여는 대통령령으로 정한다.

② 법무법인이 사무소를 개업 또는 이전하거나 분사무소를 둔 경우에는 지체 없이 주사무소 소재지의 지방변호사회와 대한변호사협회를 거쳐 법무부장관에게 신고하여야 한다.

③ 법무법인의 구성원과 구성원 아닌 소속 변호사는 법무법인 외에 따로 법률사무소를 둘 수 없다.

[전문개정 2008. 3. 28]

제49조(업무) ① 법무법인은 이 법과 다른 법률에 따른 변호사의 직무에 속하는 업무를 수행한다. 〈개정 2009. 2. 6〉

② 법무법인은 다른 법률에서 변호사에게 그 법률에 정한 자격을 인정하는 경우 그 구성원이나 구성원 아닌 소속 변호사가 그 자격에 의한 직무를 수행할 수 있을 때에는 그 직무를 법인의 업무로 할 수 있다.

[전문개정 2008. 3. 28]

제50조(업무 집행 방법) ① 법무법인은 법인 명의로 업무를 수행하며 그 업무를 담당할 변호사를 지정하여야 한다. 다만, 구성원 아닌 소속 변호사에 대하여는 구성원과 공동으로 지정하여야 한다.

② 법무법인이 제49조 제2항에 따른 업무를 할 때에는 그 직무를 수행할 수 있는 변호사 중에서 업무를 담당할 자를 지정하여야 한다.

③ 법무법인이 제1항에 따라 업무를 담당할 변호사(이하 "담당변호사"라 한다)를 지정하지 아니한 경우에는 구성원 모두를 담당변호사로 지정한 것으로 본다.

④ 법무법인은 담당변호사가 업무를 담당하지 못하게 된 경우에는 지체 없이 제1항에 따라 다시 담당변호사를 지정하여야 한다. 다시 담당변호사를 지정하지 아니한 경우에는 구성원 모두를 담당변호사로 지정한 것으로 본다.

⑤ 법무법인은 제1항부터 제4항까지의 규정에 따라 담당변호사를 지정한 경우에는 지체 없이 이를 수임사건의 위임인에게 서면으로 통지하여야 한다. 담당변호사를 변경

한 경우에도 또한 같다.

⑥ 담당변호사는 지정된 업무를 수행할 때에 각자가 그 법무법인을 대표한다.

⑦ 법무법인이 그 업무에 관하여 작성하는 문서에는 법인명의를 표시하고 담당변호사가 기명날인하거나 서명하여야 한다. 〈개정 2009. 2. 6〉

[전문개정 2008. 3. 28]

제51조(업무 제한) 법무법인은 그 법인이 인가공증인으로서 공증한 사건에 관하여는 변호사 업무를 수행할 수 없다. 다만, 대통령령으로 정하는 경우에는 그러하지 아니하다. 〈개정 2009. 2. 6〉

[전문개정 2008. 3. 28]

제52조(구성원 등의 업무 제한) ① 법무법인의 구성원 및 구성원 아닌 소속 변호사는 자기나 제3자의 계산으로 변호사의 업무를 수행할 수 없다.

② 법무법인의 구성원이었거나 구성원 아닌 소속 변호사이었던 자는 법무법인의 소속 기간 중 그 법인이 상의를 받아 수임을 승낙한 사건에 관하여는 변호사의 업무를 수행할 수 없다.

[전문개정 2008. 3. 28]

제53조(인가취소) ① 법무부장관은 법무법인이 다음 각 호의 어느 하나에 해당하면 그 설립인가를 취소할 수 있다.

  1. 제45조 제2항을 위반하여 3개월 이내에 구성원을 보충하지 아니한 경우

  2. 업무 집행에 관하여 법령을 위반한 경우

② 법무부장관은 제1항에 따라 법무법인의 설립인가를 취소하려면 청문을 하여야 한다.

[전문개정 2008. 3. 28]

제54조(해산) ① 법무법인은 다음 각 호의 어느 하나에 해당하는 사유가 있을 때에는 해산한다.

  1. 정관에 정한 해산 사유가 발생하였을 때

  2. 구성원 전원의 동의가 있을 때

  3. 합병하였을 때

  4. 파산하였을 때

  5. 설립인가가 취소되었을 때

② 법무법인이 해산한 경우에는 청산인은 지체 없이 주사무소 소재지의 지방변호사회와 대한변호사협회를 거쳐 법무부장관에게 그 사실을 신고하여야 한다.

[전문개정 2008. 3. 28]

제55조(합병) ① 법무법인은 구성원 전원이 동의하면 다른 법무법인과 합병할 수 있다.

② 제1항의 경우에는 제41조부터 제43조까지의 규정을 준용한다.

[전문개정 2008. 3. 28]

제55조의2(조직변경) ① 법무법인(유한) 또는 법무조합의 설립요건을 갖춘 법무법인은 구성원 전원의 동의가 있으면 법무부장관의 인가를 받아 법무법인(유한) 또는 법무조합으로 조직변경을 할 수 있다.

② 법무법인이 제1항에 따라 법무부장관으로부터 법무법인(유한)의 인가를 받은 때에는 2주일 이내에 주사무소 소재지에서 법무법인의 해산등기 및 법무법인(유한)의 설립등기를 하여야 하고, 법무조합의 인가를 받은 때에는 2주일 이내에 주사무소 소재지에서 법무법인의 해산등기를 하여야 한다.

③ 제1항에 따른 조직변경의 경우 법무법인에 현존하는 순재산액이 새로 설립되는 법무법인(유한)의 자본총액보다 적은 때에는 제1항에 따른 동의가 있을 당시의 구성원들이 연대하여 그 차액을 보충하여야 한다.

④ 제1항에 따라 설립된 법무법인(유한) 또는 법무조합의 구성원 중 종전의 법무법인의 구성원이었던 자는 제2항에 따른 등기를 하기 전에 발생한 법무법인의 채무에 대하여 법무법인(유한)의 경우에는 등기 후 2년이 될 때까지, 법무조합의 경우에는 등기 후 5년이 될 때까지 법무법인의 구성원으로서 책임을 진다.

[본조신설 2008. 3. 28]

제56조(통지) 법무부장관은 법무법인의 인가 및 그 취소, 해산 및 합병이 있으면 지체 없이 주사무소 소재지의 지방변호사회와 대한변호사협회에 통지하여야 한다.

[전문개정 2008. 3. 28]

제57조(준용규정) 법무법인에 관하여는 제22조, 제27조, 제28조, 제28조의2, 제29조, 제29조의2, 제30조, 제31조 제1항, 제32조부터 제37조까지, 제39조 및 제10장을 준용한다.

[전문개정 2008. 3. 28]

제58조(다른 법률의 준용) ① 법무법인에 관하여 이 법에 정한 것 외에는 「상법」 중 합명회사에 관한 규정을 준용한다.

② 삭제 〈2009. 2. 6〉

[전문개정 2008. 3. 28]

제5장의2 법무법인(유한) 〈신설 2005. 1. 27〉

제58조의2(설립) 변호사는 그 직무를 조직적·전문적으로 수행하기 위하여 법무법인(유한)을 설립할 수 있다.

[전문개정 2008. 3. 28]

제58조의3(설립 절차) 법무법인(유한)을 설립하려면 구성원이 될 변호사가 정관을 작성하여 주사무소 소재지의 지방변호사회와 대한변호사협회를 거쳐 법무부장관의 인가를 받아야 한다. 정관을 변경할 때에도 또한 같다.

[전문개정 2008. 3. 28]

제58조의4(정관의 기재 사항) 법무법인(유한)의 정관에는 다음 각 호의 사항이 포함되어야 한다.

    1. 목적, 명칭, 주사무소 및 분사무소의 소재지

    2. 구성원의 성명·주민등록번호 및 법무법인(유한)을 대표할 구성원의 주소

    3. 자본의 총액과 각 구성원의 출자좌수

    4. 구성원의 가입·탈퇴와 그 밖의 변경에 관한 사항

    5. 구성원 회의에 관한 사항

    6. 법무법인(유한)의 대표에 관한 사항

    7. 자산과 회계에 관한 사항

    8. 존립 기간이나 해산 사유를 정한 경우에는 그 기간 또는 사유

[전문개정 2008. 3. 28]

제58조의5(등기) ① 법무법인(유한)은 설립인가를 받으면 2주일 이내에 설립등기를 하여야 한다. 등기 사항이 변경되었을 때에도 또한 같다.

② 제1항의 등기 사항은 다음 각 호와 같다.

    1. 목적, 명칭, 주사무소 및 분사무소의 소재지

    2. 출좌 1좌의 금액, 자본 총액 및 이행 부분

    3. 이사의 성명 및 주민등록번호

    4. 법무법인(유한)을 대표할 이사의 성명 및 주소

    5. 둘 이상의 이사가 공동으로 법무법인(유한)을 대표할 것을 정한 경우에는 그 규정

    6. 존립 기간이나 해산 사유를 정한 경우에는 그 기간 또는 사유

    7. 감사가 있을 때에는 그 성명·주민등록번호 및 주소

    8. 설립인가 연월일

③ 법무법인(유한)은 그 주사무소의 소재지에서 설립등기를 함으로써 성립한다.

[전문개정 2008. 3. 28]

제58조의6(구성원 등) ① 법무법인(유한)은 7명 이상의 변호사로 구성하며, 그중 2명 이상이 통산하여 10년 이상 「법원조직법」 제42조 제1항 각 호의 어느 하나에 해당하는 직에 있었던 자이어야 한다.

② 법무법인(유한)은 구성원 아닌 소속 변호사를 둘 수 있다.

③ 법무법인(유한)이 제1항에 따른 구성원의 요건을 충족하지 못하게 된 경우에는 3개월 이내에 보충하여야 한다.

④ 법무법인(유한)은 3명 이상의 이사를 두어야 한다. 이 경우 다음 각 호의 어느 하나에 해당하는 자는 이사가 될 수 없다.

    1. 구성원이 아닌 자

    2. 설립인가가 취소된 법무법인(유한)의 이사이었던 자(취소 사유가 발생하였을 때의

이사이었던 자로 한정한다)로서 그 취소 후 3년이 지나지 아니한 자

3. 제102조에 따른 업무정지 기간 중에 있는 자

⑤ 법무법인(유한)에는 한 명 이상의 감사를 둘 수 있다. 이 경우 감사는 변호사이어야 한다.

[전문개정 2008. 3. 28]

제58조의7(자본 총액 등) ① 법무법인(유한)의 자본 총액은 5억원 이상이어야 한다.

② 출자 1좌의 금액은 1만원으로 한다.

③ 각 구성원의 출자좌수는 3천좌 이상이어야 한다.

④ 법무법인(유한)은 직전 사업연도 말 대차대조표의 자산 총액에서 부채 총액을 뺀 금액이 5억원에 미달하면 부족한 금액을 매 사업연도가 끝난 후 6개월 이내에 증자를 하거나 구성원의 증여로 보전(補塡)하여야 한다.

⑤ 제4항에 따른 증여는 이를 특별이익으로 계상한다.

⑥ 법무부장관은 법무법인(유한)이 제4항에 따른 증자나 보전을 하지 아니하면 기간을 정하여 증자나 보전을 명할 수 있다.

[전문개정 2008. 3. 28]

제58조의8(다른 법인에의 출자 제한 등) ① 법무법인(유한)은 자기자본에 100분의 50의 범위에서 대통령령으로 정하는 비율을 곱한 금액을 초과하여 다른 법인에 출자하거나 타인을 위한 채무보증을 하여서는 아니 된다.

② 제1항에 규정된 자기자본은 직전 사업연도 말 대차대조표의 자산 총액에서 부채 총액을 뺀 금액을 말한다. 새로 설립된 법무법인(유한)으로서 직전 사업연도의 대차대조표가 없는 경우에는 설립 당시의 납입자본금을 말한다.

[전문개정 2008. 3. 28]

제58조의9(회계처리 등) ① 법무법인(유한)은 이 법에 정한 것 외에는 「주식회사의 외부감사에 관한 법률」 제13조에 따른 회계처리기준에 따라 회계처리를 하여야 한다.

② 법무법인(유한)은 제1항의 회계처리기준에 따른 대차대조표를 작성하여 매 사업연도가 끝난 후 3개월 이내에 법무부장관에게 제출하여야 한다.

③ 법무부장관은 필요하다고 인정하면 제2항에 따른 대차대조표가 적정하게 작성되었는지를 검사할 수 있다.

[전문개정 2008. 3. 28]

제58조의10(구성원의 책임) 법무법인(유한)의 구성원의 책임은 이 법에 규정된 것 외에는 그 출자금액을 한도로 한다.

[전문개정 2008. 3. 28]

제58조의11(수임사건과 관련된 손해배상책임) ① 담당변호사(담당변호사가 지정되지 아니한 경우에는 그 법무법인(유한)의 구성원 모두를 말한다)는 수임사건에 관하여 고의

나 과실로 그 수임사건의 위임인에게 손해를 발생시킨 경우에는 법무법인(유한)과 연대하여 그 손해를 배상할 책임이 있다.

② 담당변호사가 제1항에 따른 손해배상책임을 지는 경우 그 담당변호사를 직접 지휘·감독한 구성원도 그 손해를 배상할 책임이 있다. 다만, 지휘·감독을 할 때에 주의를 게을리하지 아니하였음을 증명한 경우에는 그러하지 아니하다.

③ 법무법인(유한)은 제1항과 제2항에 따른 손해배상책임에 관한 사항을 대통령령으로 정하는 바에 따라 사건수임계약서와 광고물에 명시하여야 한다.

[전문개정 2008. 3. 28]

제58조의12(손해배상 준비금 등) ① 법무법인(유한)은 수임사건과 관련한 제58조의11에 따른 손해배상책임을 보장하기 위하여 대통령령으로 정하는 바에 따라 사업연도마다 손해배상 준비금을 적립하거나 보험 또는 대한변호사협회가 운영하는 공제기금에 가입하여야 한다.

② 제1항에 따른 손해배상 준비금, 손해배상보험 또는 공제기금은 법무부장관의 승인 없이는 손해배상 외의 다른 용도로 사용하거나 그 보험계약 또는 공제계약을 해제 또는 해지하여서는 아니 된다.

[전문개정 2008. 3. 28]

제58조의13(인가취소) 법무부장관은 법무법인(유한)이 다음 각 호의 어느 하나에 해당하면 그 설립인가를 취소할 수 있다.

1. 제58조의6 제3항을 위반하여 3개월 이내에 구성원을 보충하지 아니한 경우
2. 이사 중에 제58조의6 제4항 각 호의 어느 하나에 해당하는 자가 있는 경우. 다만, 해당 사유가 발생한 날부터 3개월 이내에 그 이사를 개임(改任)한 경우에는 그러하지 아니하다.
3. 제58조의8 제1항을 위반하여 다른 법인에 출자하거나 타인의 채무를 보증한 경우
4. 제58조의9 제1항을 위반하여 회계처리를 한 경우
5. 제58조의12 제1항을 위반하여 손해배상 준비금을 적립하지 아니하거나 보험 또는 는 공제기금에 가입하지 아니한 경우
6. 업무 집행에 관하여 법령을 위반한 경우

[전문개정 2008. 3. 28]

제58조의14(해산) ① 법무법인(유한)은 다음 각 호의 어느 하나에 해당하는 사유가 있을 때에는 해산한다.

1. 정관에 정한 해산사유가 발생하였을 때
2. 구성원 과반수와 총 구성원의 의결권의 4분의 3 이상을 가진 자가 동의하였을 때
3. 합병하였을 때
4. 파산하였을 때

　　5. 설립인가가 취소되었을 때

　　6. 존립 기간을 정한 경우에는 그 기간이 지났을 때

　② 법무법인(유한)이 해산한 경우에는 청산인은 지체 없이 주사무소 소재지의 지방변호사회와 대한변호사협회를 거쳐 법무부장관에게 그 사실을 신고하여야 한다.

　[전문개정 2008. 3. 28]

제58조의15(통지) 법무부장관은 법무법인(유한)의 인가 및 그 취소, 해산 및 합병이 있으면 지체 없이 주사무소 및 분사무소 소재지의 지방변호사회와 대한변호사협회에 그 사실을 통지하여야 한다.

　[전문개정 2008. 3. 28]

제58조의16(준용규정) 법무법인(유한)에 관하여는 제22조, 제27조, 제28조, 제28조의2, 제29조, 제29조의2, 제30조, 제31조 제1항, 제32조부터 제37조까지, 제39조, 제44조, 제46조부터 제52조까지, 제53조 제2항 및 제10장을 준용한다.

　[전문개정 2008. 3. 28]

제58조의17(다른 법률의 준용) ① 법무법인(유한)에 관하여 이 법에 정한 것 외에는 「상법」 중 유한회사에 관한 규정(「상법」 제545조는 제외한다)을 준용한다.

　② 삭제 〈2009. 2. 6〉

　[전문개정 2008. 3. 28]

제5장의3 법무조합〈신설 2005. 1. 27〉

제58조의18(설립) 변호사는 그 직무를 조직적 · 전문적으로 수행하기 위하여 법무조합을 설립할 수 있다.

　[전문개정 2008. 3. 28]

제58조의19(설립 절차) ① 법무조합을 설립하려면 구성원이 될 변호사가 규약을 작성하여 주사무소 소재지의 지방변호사회와 대한변호사협회를 거쳐 법무부장관의 인가를 받아야 한다. 규약을 변경하려는 경우에도 또한 같다.

　② 법무부장관은 제1항에 따라 법무조합의 설립을 인가한 경우에는 관보에 고시하여야 한다.

　③ 법무조합은 제2항에 따른 고시가 있을 때에 성립한다.

　[전문개정 2008. 3. 28]

제58조의20(규약의 기재 사항) 법무조합의 규약에는 다음 각 호의 사항이 포함되어야 한다.

　　1. 목적, 명칭, 주사무소 및 분사무소의 소재지

　　2. 구성원의 성명 · 주민등록번호 및 법무조합을 대표할 구성원의 주소

　　3. 구성원의 가입 · 탈퇴와 그 밖의 변경에 관한 사항

    4. 출자의 종류 및 그 가액과 평가기준에 관한 사항

    5. 손익분배에 관한 사항

    6. 법무조합의 대표에 관한 사항

    7. 자산과 회계에 관한 사항

    8. 존립 기간이나 해산 사유를 정한 경우에는 그 기간 또는 사유

[전문개정 2008. 3. 28]

제58조의21(규약의 제출 등) ① 법무조합은 설립인가를 받으면 2주일 이내에 주사무소 및 분사무소 소재지의 지방변호사회에 규약과 다음 각 호의 사항을 적은 서면을 제출하여야 한다. 규약이나 기재 사항을 변경한 경우에도 또한 같다.

    1. 목적, 명칭, 주사무소 및 분사무소의 소재지

    2. 구성원의 성명·주민등록번호 및 법무조합을 대표할 구성원의 주소

    3. 출자금액의 총액

    4. 법무조합의 대표에 관한 사항

    5. 존립 기간이나 해산 사유를 정한 경우에는 그 기간 또는 사유

    6. 설립인가 연월일

② 법무조합의 주사무소 및 분사무소 소재지의 지방변호사회는 대통령령으로 정하는 바에 따라 다음 각 호의 서면을 비치하여 일반인이 열람할 수 있도록 하여야 한다.

    1. 제1항 각 호의 사항이 적힌 서면

    2. 제58조의29에 따른 설립인가 및 그 취소와 해산에 관한 서면

    3. 제58조의30에 따라 준용되는 제58조의12에 따른 손해배상 준비금을 적립하였거나 보험 또는 공제기금에 가입하였음을 증명하는 서면

[전문개정 2008. 3. 28]

제58조의22(구성원 등) ① 법무조합은 7명 이상의 변호사로 구성하며, 그중 2명 이상이 통산하여 10년 이상 「법원조직법」 제42조 제1항 각 호의 어느 하나에 해당하는 직에 있었던 자이어야 한다.

② 법무조합은 구성원 아닌 소속 변호사를 둘 수 있다.

③ 법무조합이 제1항에 따른 구성원의 요건을 충족하지 못하게 된 경우에는 3개월 이내에 보충하여야 한다.

[전문개정 2008. 3. 28]

제58조의23(업무 집행) ① 법무조합의 업무 집행은 구성원 과반수의 결의에 의한다. 다만, 둘 이상의 업무집행구성원을 두는 경우에는 그 과반수의 결의에 의한다.

② 법무조합은 규약으로 정하는 바에 따라 업무집행구성원 전원으로 구성된 운영위원회를 둘 수 있다.

[전문개정 2008. 3. 28]

제58조의24(구성원의 책임) 구성원은 법무조합의 채무(제58조의25에 따른 손해배상책임과 관련한 채무는 제외한다)에 대하여 그 채무 발생 당시의 손실분담 비율에 따라 책임을 진다.

[전문개정 2008. 3. 28]

제58조의25(수임사건과 관련된 손해배상책임) ① 담당변호사(담당변호사가 지정되지 아니한 경우에는 그 법무조합의 구성원 모두를 말한다)가 수임사건에 관하여 고의나 과실로 그 수임사건의 위임인에게 손해를 발생시킨 경우 담당변호사는 그 손해를 배상할 책임이 있다.

② 담당변호사가 제1항에 따른 손해배상책임을 지는 경우 그 담당변호사를 직접 지휘·감독한 구성원도 그 손해를 배상할 책임이 있다. 다만, 지휘·감독을 할 때에 주의를 게을리하지 아니하였음을 증명한 경우에는 그러하지 아니하다.

③ 제1항 및 제2항에 따른 책임을 지지 아니하는 구성원은 제1항에 따른 손해배상책임에 대하여는 조합재산의 범위 내에서 그 책임을 진다.

④ 법무조합은 제1항과 제2항에 따른 손해배상책임에 관한 사항을 대통령령으로 정하는 바에 따라 사건수임계약서와 광고물에 명시하여야 한다.

[전문개정 2008. 3. 28]

제58조의26(소송당사자능력) 법무조합은 소송의 당사자가 될 수 있다.

[전문개정 2008. 3. 28]

제58조의27(인가취소) 법무부장관은 법무조합이 다음 각 호의 어느 하나에 해당하면 그 설립인가를 취소할 수 있다.

  1. 제58조의22 제3항을 위반하여 3개월 이내에 구성원을 보충하지 아니한 경우
  2. 제58조의30에 따라 준용되는 제58조의12 제1항을 위반하여 손해배상 준비금을 적립하지 아니하거나 보험 또는 공제기금에 가입하지 아니한 경우
  3. 업무 집행에 관하여 법령을 위반한 경우

[전문개정 2008. 3. 28]

제58조의28(해산) ① 법무조합은 다음 각 호의 어느 하나에 해당하는 사유가 있을 때에는 해산한다.

  1. 규약에 정한 해산사유가 발생하였을 때
  2. 구성원 과반수의 동의가 있을 때. 다만, 규약으로 그 비율을 높게 할 수 있다.
  3. 설립인가가 취소되었을 때
  4. 존립 기간을 정한 경우에는 그 기간이 지났을 때

② 법무조합이 해산한 경우 청산인은 지체 없이 주사무소 소재지의 지방변호사회와 대한변호사협회를 거쳐 법무부장관에게 그 사실을 신고하여야 한다.

[전문개정 2008. 3. 28]

제58조의29(통지) 법무부장관은 법무조합의 설립인가 및 그 취소나 해산이 있으면 지체 없이 주사무소 및 분사무소 소재지의 지방변호사회와 대한변호사협회에 통지하여야 한다.

[전문개정 2008. 3. 28]

제58조의30(준용규정) 법무조합에 관하여는 제22조, 제27조, 제28조, 제28조의2, 제29조, 제29조의2, 제30조, 제31조 제 1 항, 제32조부터 제37조까지, 제39조, 제44조, 제46조부터 제52조까지, 제53조 제 2 항, 제58조의9 제 1 항, 제58조의12 및 제10장을 준용한다.

[전문개정 2008. 3. 28]

제58조의31(다른 법률의 준용) ① 법무조합에 관하여 이 법에 정한 것 외에는 「민법」 중 조합에 관한 규정(「민법」 제713조는 제외한다)을 준용한다.

② 삭제 〈2009. 2. 6〉

[전문개정 2008. 3. 28]

제 6 장 삭   제〈2005. 1. 27〉

제59조 삭제 〈2005. 1. 27〉
제60조 삭제 〈2004. 1. 27〉
제61조 삭제 〈2005. 1. 27〉
제62조 삭제 〈2005. 1. 27〉
제63조 삭제 〈2005. 1. 27〉

제 7 장 지방변호사회〈개정 2008. 3. 28〉

제64조(목적 및 설립) ① 변호사의 품위를 보전하고, 변호사 사무의 개선과 발전을 도모하며, 변호사의 지도와 감독에 관한 사무를 하도록 하기 위하여 지방법원 관할 구역마다 1개의 지방변호사회를 둔다. 다만, 서울특별시에는 1개의 지방변호사회를 둔다.

② 지방변호사회는 법인으로 한다.

[전문개정 2008. 3. 28]

제65조(설립 절차) 지방변호사회를 설립할 때에는 회원이 될 변호사가 회칙을 정하여 대한변호사협회를 거쳐 법무부장관의 인가를 받아야 한다. 회칙을 변경할 때에도 또한 같다.

[전문개정 2008. 3. 28]

제66조(회칙의 기재 사항) 지방변호사회의 회칙에는 다음 각 호의 사항이 포함되어야 한다. 〈개정 2011. 4. 5〉

1. 명칭과 사무소의 소재지

  2. 회원의 가입 및 탈퇴에 관한 사항

  3. 총회, 이사회, 그 밖의 기관의 구성·권한 및 회의에 관한 사항

  4. 임원의 구성·수·선임·임기 및 직무에 관한 사항

  5. 회원의 권리 및 의무에 관한 사항

  6. 회원의 지도 및 감독에 관한 사항

  7. 자산과 회계에 관한 사항

[전문개정 2008. 3. 28]

제67조(고시) 법무부장관은 지방변호사회의 설립을 인가하였을 때에는 그 명칭, 사무소의 소재지 및 설립 연월일을 고시하여야 한다. 명칭이나 사무소 소재지가 변경되었을 때에도 또한 같다.

[전문개정 2008. 3. 28]

제68조(가입 및 탈퇴) ① 제7조에 따른 등록을 한 변호사는 가입하려는 지방변호사회의 회원이 된다.

② 제14조에 따른 소속 변경등록을 한 변호사는 새로 가입하려는 지방변호사회의 회원이 되고, 종전 소속 지방변호사회를 당연히 탈퇴한다.

③ 제18조에 따라 등록이 취소된 변호사는 소속 지방변호사회를 당연히 탈퇴한다.

[전문개정 2008. 3. 28]

제69조(임원) ① 지방변호사회에는 다음 각 호의 임원을 둔다. 〈개정 2011. 4. 5〉

  1. 회장

  2. 부회장

  3. 상임이사

  4. 이사

  5. 감사

② 제1항 각 호의 임원의 구성·수·선임·임기 및 직무에 관한 사항은 지방변호사회 회칙으로 정한다. 〈개정 2014. 12. 30〉

[전문개정 2008. 3. 28]

제69조의2(회장) 지방변호사회의 장은 지방변호사회를 대표하고, 지방변호사회의 업무를 총괄한다.

[본조신설 2011. 4. 5]

제70조(총회) ① 지방변호사회에 총회를 둔다.

② 총회는 개업신고를 한 변호사로 구성한다. 다만, 회원수가 200명 이상인 경우에는 회칙으로 정하는 바에 따라 회원이 선출하는 대의원으로 구성할 수 있다.

③ 다음 각 호의 사항은 총회의 결의를 거쳐야 한다.

  1. 회칙의 변경

2. 예산 및 결산

[전문개정 2008. 3. 28]

제71조(이사회) ① 지방변호사회에 이사회를 둔다.

② 이사회는 지방변호사회 업무에 관한 중요 사항을 결의한다.

[전문개정 2008. 3. 28]

제72조(국선변호 협력의무 등) ① 지방변호사회는 법원에 국선변호인 예정자 명단을 제출하고 국선변호인의 변호 활동을 지원하는 등 국선변호인제도의 효율적인 운영에 적극 협력하여야 한다.

② 지방변호사회는 재정결정(裁定決定)에 따라 법원의 심판에 부쳐진 사건에 대한 공소유지 변호사의 추천, 「민사조정법」에 따른 조정위원의 추천 등 사법제도의 건전한 운영에 성실히 협력하여야 한다.

[전문개정 2008. 3. 28]

제73조(사법연수생의 지도) 지방변호사회는 사법연수원장의 위촉에 따라 사법연수생의 변호사 실무 수습을 담당한다.

[전문개정 2008. 3. 28]

제74조(분쟁의 조정) 지방변호사회는 그 회원인 변호사 상호간 또는 그 회원인 변호사와 위임인 사이에 직무상 분쟁이 있으면 당사자의 청구에 의하여 이를 조정할 수 있다.

[전문개정 2008. 3. 28]

제75조(자문과 건의) 지방변호사회는 공공기관에서 자문받은 사항에 관하여 회답하여야 하며, 법률사무나 그 밖에 이와 관련된 사항에 대하여 공공기관에 건의할 수 있다.

[전문개정 2008. 3. 28]

제75조의2(사실조회 등) 지방변호사회는 회원인 변호사가 수임사건과 관련하여 공공기관에 조회하여 필요한 사항의 회신이나 보관 중인 문서의 등본 또는 사본의 송부를 신청하는 경우에는 그 신청이 적당하지 아니하다고 인정할 만한 특별한 사유가 있는 경우가 아니면 그 신청에 따라 공공기관에 이를 촉탁하고 회신 또는 송부 받은 결과물을 신청인에게 제시하여야 한다.

[본조신설 2008. 3. 28]

제76조(회원들에 관한 정보제공의무) ① 지방변호사회는 의뢰인의 변호사 선임의 편의를 도모하고 법률사건이나 법률사무 수임의 투명성을 확보하기 위하여 회원들의 학력, 경력, 주요 취급 업무, 업무 실적 등 사건 수임을 위한 정보를 의뢰인에게 제공하여야 한다.

② 제1항에 따른 정보의 제공 범위, 제공 방법, 그 밖에 필요한 사항은 각 지방변호사회가 정한다.

[전문개정 2008. 3. 28]

제77조(감독) ① 지방변호사회는 대한변호사협회와 법무부장관의 감독을 받는다.

② 지방변호사회는 총회의 결의 내용을 지체 없이 대한변호사협회와 법무부장관에게 보고하여야 한다.

③ 법무부장관은 제 2 항의 결의가 법령이나 회칙에 위반된다고 인정하면 대한변호사협회의 장의 의견을 들어 취소할 수 있다.

[전문개정 2008. 3. 28]

제77조의2(비밀 준수) 지방변호사회의 임직원이거나 임직원이었던 자는 법률에 특별한 규정이 있는 경우가 아니면 제28조의2, 제89조의4 제 1 항 및 제89조의5 제 1 항에 관한 업무처리와 관련하여 알게 된 비밀을 누설하여서는 아니 된다.

[본조신설 2008. 3. 28]

제 8 장 대한변호사협회〈개정 2008. 3. 28〉

제78조(목적 및 설립) ① 변호사의 품위를 보전하고, 법률사무의 개선과 발전, 그 밖의 법률문화의 창달을 도모하며, 변호사 및 지방변호사회의 지도 및 감독에 관한 사무를 하도록 하기 위하여 대한변호사협회를 둔다.

② 대한변호사협회는 법인으로 한다.

[전문개정 2008. 3. 28]

제79조(설립 절차) 지방변호사회는 연합하여 회칙을 정하고 법무부장관의 인가를 받아 대한변호사협회를 설립하여야 한다. 회칙을 변경할 때에도 또한 같다.

[전문개정 2008. 3. 28]

제80조(회칙의 기재 사항) 대한변호사협회의 회칙에는 다음 각 호의 사항이 포함되어야 한다.

    1. 제66조 각 호의 사항

    2. 법률구조사업에 관한 사항

    3. 변호사의 연수에 관한 사항

    4. 변호사의 징계에 관한 사항

    5. 변호사와 지방변호사회의 지도 및 감독에 관한 사항

[전문개정 2008. 3. 28]

제80조의2(협회장) 대한변호사협회의 장은 대한변호사협회를 대표하고, 대한변호사협회의 업무를 총괄한다.

[본조신설 2011. 4. 5]

제81조(임원) ① 대한변호사협회에는 다음 각 호의 임원을 둔다.〈개정 2011. 4. 5〉

    1. 협회장

    2. 부협회장

　　3. 상임이사

　　4. 이사

　　5. 감사

② 제1항 각 호의 임원의 구성·수·선임·임기 및 직무에 관한 사항은 대한변호사협회 회칙으로 정한다.〈신설 2011. 4. 5〉

[전문개정 2008. 3. 28]

제82조(총회)　① 대한변호사협회에 총회를 둔다.

② 총회의 구성에 관한 사항은 회칙으로 정한다.〈개정 2011. 4. 5〉

[전문개정 2008. 3. 28]

제83조(분담금)　지방변호사회는 대한변호사협회가 정하는 바에 따라 대한변호사협회의 운영에 필요한 경비를 내야 한다.

[전문개정 2008. 3. 28]

제84조(법률구조기구)　대한변호사협회에 법률구조사업을 하도록 하기 위하여 법률구조기구를 두며, 지방변호사회에는 그 지부를 둘 수 있다.

[전문개정 2008. 3. 28]

제85조(변호사의 연수)　① 변호사는 변호사의 전문성과 윤리의식을 높이기 위하여 대한변호사협회가 실시하는 연수교육(이하 "연수교육"이라 한다)을 대통령령으로 정하는 시간 이상 받아야 한다. 다만, 다음 각 호의 어느 하나에 해당하는 경우에는 그러하지 아니하다.

　　1. 질병 등으로 정상적인 변호사 업무를 수행할 수 없는 경우

　　2. 휴업 등으로 연수교육을 받을 수 없는 정당한 사유가 있는 경우

　　3. 고령으로 연수교육을 받기에 적당하지 아니한 경우로서 대한변호사협회가 정하는 경우

② 대한변호사협회는 연수교육을 지방변호사회에 위임하거나 기관 또는 단체를 지정하여 위탁할 수 있다.

③ 대한변호사협회는 변호사가 법학 관련 학술대회 등에 참여한 경우에는 대한변호사협회가 정하는 바에 따라 연수교육을 받은 것으로 인정할 수 있다.

④ 연수교육에는 법조윤리 과목이 포함되어야 한다.

⑤ 연수교육의 방법·절차, 연수교육을 위탁받을 수 있는 기관·단체의 지정 절차 및 지정 기준 등에 관하여 필요한 사항은 대한변호사협회가 정한다.

[전문개정 2008. 3. 28]

제86조(감독)　① 대한변호사협회는 법무부장관의 감독을 받는다.

② 대한변호사협회는 총회의 결의 내용을 지체 없이 법무부장관에게 보고하여야 한다.

③ 법무부장관은 제2항의 결의가 법령이나 회칙에 위반된다고 인정하면 이를 취소할

수 있다.

제87조(준용규정) 대한변호사협회에 관하여는 제70조 제3항, 제71조 및 제75조를 준용
한다. 〈개정 2011. 4. 5〉

[전문개정 2008. 3. 28]

제9장 법조윤리협의회 및 수임자료 제출〈개정 2008. 3. 28〉

제88조(법조윤리협의회) 법조윤리를 확립하고 건전한 법조풍토를 조성하기 위하여 법조
윤리협의회(이하 "윤리협의회"라 한다)를 둔다.

[전문개정 2007. 1. 26]

제89조(윤리협의회의 기능 및 권한) ① 윤리협의회는 다음 각 호의 업무를 수행한다.

1. 법조윤리의 확립을 위한 법령·제도 및 정책에 관한 협의
2. 법조윤리 실태의 분석과 법조윤리 위반행위에 대한 대책
3. 법조윤리와 관련된 법령을 위반한 자에 대한 징계개시(懲戒開始)의 신청 또는 수
   사 의뢰
4. 그 밖에 법조윤리의 확립을 위하여 필요한 사항에 대한 협의

② 윤리협의회는 제1항 제3호에 따른 징계개시의 신청 또는 수사 의뢰 등 업무수행을
위하여 필요하다고 인정하면 관계인 및 관계 기관·단체 등에 대하여 관련 사실을 조회
하거나 자료 제출 또는 윤리협의회에 출석하여 진술하거나 설명할 것을 요구할 수 있
다. 이 경우 요구를 받은 자 및 기관·단체 등은 이에 따라야 한다. 〈개정 2013. 5. 28〉

[전문개정 2008. 3. 28]

제89조의2(윤리협의회의 구성) ① 윤리협의회는 다음 각 호의 어느 하나에 해당하는 자
중에서 법원행정처장, 법무부장관 및 대한변호사협회의 장이 각 3명씩 지명하거나 위촉
하는 9명의 위원으로 구성한다. 이 경우 법원행정처장, 법무부장관 및 대한변호사협회
의 장은 제4호나 제5호에 해당하는 자를 1명 이상 위원으로 위촉하여야 한다.

1. 경력 10년 이상의 판사
2. 경력 10년 이상의 검사
3. 경력 10년 이상의 변호사
4. 법학 교수 또는 부교수
5. 경험과 덕망이 있는 자

② 위원장은 대한변호사협회의 장이 지명하거나 위촉하는 위원 중에서 재적위원 과반수
의 동의로 선출한다.

③ 위원장과 위원의 임기는 2년으로 하되, 연임할 수 있다.

④ 제1항 제1호부터 제4호까지의 요건에 따라 지명되거나 위촉된 위원이 임기 중 지
명 또는 위촉의 요건을 상실하면 위원의 신분을 상실한다.

[전문개정 2008. 3. 28]

제89조의3(윤리협의회의 조직·운영 및 예산) ① 윤리협의회의 사무를 처리하기 위하여 윤리협의회에 간사 3명과 사무기구를 둔다.

② 간사는 법원행정처장이 지명하는 판사 1명, 법무부장관이 지명하는 검사 1명, 대한변호사협회의 장이 지명하는 변호사 1명으로 한다.

③ 위원장은 효율적으로 업무를 처리하기 위하여 간사 중에서 주무간사를 임명할 수 있다.

④ 정부는 윤리협의회의 업무를 지원하기 위하여 예산의 범위에서 윤리협의회에 보조금을 지급할 수 있다.

⑤ 윤리협의회의 조직과 운영에 관하여 필요한 사항은 대통령령으로 정한다.

[전문개정 2008. 3. 28]

제89조의4(공직퇴임변호사의 수임 자료 등 제출) ① 공직퇴임변호사는 퇴직일부터 2년 동안 수임한 사건에 관한 수임 자료와 처리 결과를 대통령령으로 정하는 기간마다 소속 지방변호사회에 제출하여야 한다. 〈개정 2013. 5. 28〉

② 공직퇴임변호사가 제50조·제58조의16 또는 제58조의30에 따라 법무법인·법무법인(유한) 또는 법무조합의 담당변호사로 지정된 경우에도 제1항과 같다.

③ 지방변호사회는 제1항에 따라 제출받은 자료를 윤리협의회에 제출하여야 한다.

④ 윤리협의회의 위원장은 공직퇴임변호사에게 제91조에 따른 징계사유나 위법의 혐의가 있는 것을 발견하였을 때에는 대한변호사협회의 장이나 지방검찰청 검사장에게 그 변호사에 대한 징계개시를 신청하거나 수사를 의뢰할 수 있다.

⑤ 공직퇴임변호사가 제출하여야 하는 수임 자료와 처리 결과의 기재사항, 제출 절차 등에 관하여 필요한 사항은 대통령령으로 정한다.

[전문개정 2008. 3. 28]

제89조의5(특정변호사의 수임 자료 등 제출) ① 지방변호사회는 대통령령으로 정하는 수 이상의 사건을 수임한 변호사[제50조, 제58조의16 및 제58조의30에 따른 법무법인·법무법인(유한)·법무조합의 담당변호사를 포함하며, 이하 "특정변호사"라 한다]의 성명과 사건 목록을 윤리협의회에 제출하여야 한다.

② 윤리협의회는 제30조, 제31조, 제34조 제2항·제3항 및 제35조 등 사건수임에 관한 규정의 위반 여부를 판단하기 위하여 수임 경위 등을 확인할 필요가 있다고 인정되면 특정변호사에게 제1항의 사건 목록에 기재된 사건에 관한 수임 자료와 처리 결과를 제출하도록 요구할 수 있다. 이 경우 특정변호사는 제출을 요구받은 날부터 30일 이내에 제출하여야 한다.

③ 특정변호사에 대하여는 제89조의4 제4항 및 제5항을 준용한다.

[전문개정 2008. 3. 28]

제89조의6(법무법인 등에서의 퇴직공직자 활동내역 등 제출) ① 「공직자윤리법」 제3조에 따른 재산등록의무자 및 대통령령으로 정하는 일정 직급 이상의 직위에 재직했던 변호사 아닌 퇴직공직자(이하 이 조에서 "퇴직공직자"라 한다)가 법무법인·법무법인(유한) 또는 법무조합(이하 이 조에서 "법무법인등"이라 한다)에 취업한 때에는, 법무법인등은 지체 없이 취업한 퇴직공직자의 명단을 법무법인등의 주사무소를 관할하는 지방변호사회에 제출하여야 하고, 매년 1월 말까지 업무활동내역 등이 포함된 전년도 업무내역서를 작성하여 법무법인등의 주사무소를 관할하는 지방변호사회에 제출하여야 한다.

② 제1항에 따른 취업이란 퇴직공직자가 근로 또는 서비스를 제공하고, 그 대가로 임금·봉급, 그 밖에 어떠한 명칭으로든지 금품 또는 경제적 이익을 받는 일체의 행위를 말한다.

③ 제1항은 법무법인등이 아니면서도 변호사 2명 이상이 사건의 수임·처리나 그 밖의 변호사 업무 수행 시 통일된 형태를 갖추고 수익을 분배하거나 비용을 분담하는 형태로 운영되는 법률사무소에도 적용한다.

④ 지방변호사회는 제1항에 따라 제출받은 자료를 윤리협의회에 제출하여야 한다.

⑤ 윤리협의회의 위원장은 제4항에 따라 제출받은 자료를 검토하여 관련자들에 대한 징계사유나 위법의 혐의가 있는 것을 발견하였을 때에는 대한변호사협회의 장에게 징계개시를 신청하거나 지방검찰청 검사장에게 수사를 의뢰할 수 있다.

⑥ 제1항에 따른 업무내역서에는 퇴직공직자가 관여한 사건·사무 등 업무활동내역 및 그 밖에 대통령령으로 정하는 사항을 기재하여야 한다.

[본조신설 2011. 5. 17]

[종전 제89조의6은 제89조의7로 이동 〈2011. 5. 17〉]

제89조의7(수임사건 처리 결과 등의 통지) ① 윤리협의회는 제89조의4 제3항과 제89조의5 제2항에 따라 자료를 제출받으면 지체 없이 그 사건 목록을 관할 법원·검찰청 등 사건을 관할하는 기관의 장에게 통지하여야 한다.

② 제1항에 규정된 각 기관의 장은 제1항의 통지를 받은 날부터 1개월 이내에 통지받은 사건에 대한 처리 현황이나 처리 결과를 윤리협의회에 통지하여야 한다. 다만, 사건이 종결되지 아니한 경우에는 사건이 종결된 때부터 1개월 이내에 통지하여야 한다.

[전문개정 2008. 3. 28]

[제89조의6에서 이동, 종전 제89조의7은 제89조의8로 이동 〈2011. 5. 17〉]

제89조의8(비밀 누설의 금지) 윤리협의회의 위원·간사·사무직원 또는 그 직에 있었던 자는 업무처리 중 알게 된 비밀을 누설하여서는 아니 된다.

[전문개정 2008. 3. 28]

[제89조의7에서 이동 〈2011. 5. 17〉]

제89조의9(국회에 대한 보고) ① 윤리협의회는 매년 제89조 제1항의 업무수행과 관련

한 운영상황을 국회에 보고하여야 한다.

② 윤리협의회는 제89조의8에도 불구하고 「인사청문회법」에 따른 인사청문회 또는 「국
정감사 및 조사에 관한 법률」에 따른 국정조사를 위하여 국회의 요구가 있을 경우에는
제89조의4 제 3 항 및 제89조의5 제 2 항에 따라 제출받은 자료 중 다음 각 호의 구분에
따른 자료를 국회에 제출하여야 한다.

　　1. 제89조의4 제 3 항에 따라 제출받은 자료: 공직퇴임변호사의 성명, 공직퇴임일, 퇴
　　　직 당시의 소속 기관 및 직위, 수임일자, 사건명, 수임사건의 관할 기관, 처리 결과

　　2. 제89조의5 제 2 항에 따라 제출받은 자료: 변호사의 성명, 사건목록(수임일자 및
　　　사건명에 한한다)

[본조신설 2013. 5. 28]

제10장 징계 및 업무정지 〈개정 2008. 3. 28〉

제90조(징계의 종류)　변호사에 대한 징계는 다음 다섯 종류로 한다.

　　1. 영구제명

　　2. 제명

　　3. 3년 이하의 정직

　　4. 3천만원 이하의 과태료

　　5. 견책

[전문개정 2008. 3. 28]

제91조(징계 사유)　① 제90조 제 1 호에 해당하는 징계 사유는 다음 각 호와 같다.

　　1. 변호사의 직무와 관련하여 2회 이상 금고 이상의 형을 선고받아(집행유예를 선고
　　　받은 경우를 포함한다) 그 형이 확정된 경우(과실범의 경우는 제외한다)

　　2. 이 법에 따라 2회 이상 정직 이상의 징계처분을 받은 후 다시 제 2 항에 따른 징계
　　　사유가 있는 자로서 변호사의 직무를 수행하는 것이 현저히 부적당하다고 인정되
　　　는 경우

② 제90조 제 2 호부터 제 5 호까지의 규정에 해당하는 징계사유는 다음 각 호와 같다.

　　1. 이 법을 위반한 경우

　　2. 소속 지방변호사회나 대한변호사협회의 회칙을 위반한 경우

　　3. 직무의 내외를 막론하고 변호사로서의 품위를 손상하는 행위를 한 경우

[전문개정 2008. 3. 28]

제92조(변호사징계위원회의 설치)　① 변호사의 징계는 변호사징계위원회가 한다.

② 대한변호사협회와 법무부에 각각 변호사징계위원회를 둔다.

[전문개정 2008. 3. 28]

제92조의2(조사위원회의 설치)　① 변호사의 징계혐의사실에 대한 조사를 위하여 대한변

호사협회에 조사위원회를 둔다.

② 조사위원회는 필요하면 관계 기관·단체 등에 자료 제출을 요청할 수 있으며, 당사자나 관계인을 면담하여 사실에 관한 의견을 들을 수 있다.

③ 조사위원회의 구성과 운영 등에 관하여 필요한 사항은 대한변호사협회가 정한다.

[전문개정 2008. 3. 28]

제93조(대한변호사협회 변호사징계위원회의 구성) ① 대한변호사협회 변호사징계위원회 (이하 "변협징계위원회"라 한다)는 다음 각 호의 위원으로 구성한다.

1. 법원행정처장이 추천하는 판사 2명
2. 법무부장관이 추천하는 검사 2명
3. 대한변호사협회 총회에서 선출하는 변호사 3명
4. 대한변호사협회의 장이 추천하는, 변호사가 아닌 법학 교수 및 경험과 덕망이 있는 자 각 1명

② 변협징계위원회에 위원장 1명과 간사 1명을 두며, 위원장과 간사는 위원 중에서 호선한다.

③ 제1항의 위원을 추천하거나 선출할 때에는 위원의 수와 같은 수의 예비위원을 함께 추천하거나 선출하여야 한다.

④ 변호사의 자격을 취득한 날부터 10년이 지나지 아니한 자는 위원장이나 판사·검사·변호사인 위원 또는 예비위원이 될 수 없다.

⑤ 위원과 예비위원의 임기는 각각 2년으로 한다.

⑥ 변협징계위원회의 위원 및 예비위원은 제94조에 따른 법무부징계위원회의 위원 및 예비위원을 겸할 수 없다.

[전문개정 2008. 3. 28]

제94조(법무부 변호사징계위원회의 구성) ① 법무부 변호사징계위원회(이하 "법무부징계위원회"라 한다)는 위원장 1명과 위원 8명으로 구성하며, 예비위원 8명을 둔다.

② 위원장은 법무부장관이 되고, 위원과 예비위원은 법원행정처장이 추천하는 판사 중에서 각 2명, 검사 중에서 각 2명, 대한변호사협회의 장이 추천하는 변호사 중에서 각 1명과 변호사가 아닌 자로서 법학 교수 또는 경험과 덕망이 있는 자 각 3명을 법무부장관이 임명 또는 위촉한다. 다만, 위원의 경우 검사 2명 중 1명은 법무부차관으로 할 수 있다.

③ 위원과 예비위원의 임기는 각각 2년으로 한다.

④ 위원장은 법무부징계위원회의 업무를 총괄하고 법무부징계위원회를 대표하며 회의를 소집하고 그 의장이 된다.

⑤ 위원장이 부득이한 사유로 그 직무를 수행할 수 없을 때에는 위원장이 미리 지명하는 위원이 그 직무를 대행한다.

[전문개정 2008. 3. 28]

제95조(변협징계위원회의 심의권) ① 변협징계위원회는 제91조에 따른 징계 사유에 해당하는 징계 사건을 심의한다.

② 변협징계위원회는 제1항의 심의를 위하여 필요하면 조사위원회에 징계혐의사실에 대한 조사를 요청할 수 있다.

[전문개정 2008. 3. 28]

제96조(법무부징계위원회의 심의권) 법무부징계위원회는 변협징계위원회의 징계 결정에 대한 이의신청 사건을 심의한다.

[전문개정 2008. 3. 28]

제97조(징계개시의 청구) 대한변호사협회의 장은 변호사가 제91조에 따른 징계 사유에 해당하면 변협징계위원회에 징계개시를 청구하여야 한다.

[전문개정 2008. 3. 28]

제97조의2(징계개시의 신청) ① 지방검찰청검사장은 범죄수사 등 검찰 업무의 수행 중 변호사에게 제91조에 따른 징계 사유가 있는 것을 발견하였을 때에는 대한변호사협회의 장에게 그 변호사에 대한 징계개시를 신청하여야 한다.

② 지방변호사회의 장이 소속 변호사에게 제91조에 따른 징계 사유가 있는 것을 발견한 경우에도 제1항과 같다.

[전문개정 2008. 3. 28]

제97조의3(징계개시의 청원 및 재청원) ① 의뢰인이나 의뢰인의 법정대리인·배우자·직계친족 또는 형제자매는 수임변호사나 법무법인[제58조의2에 따른 법무법인(유한)과 제58조의18에 따른 법무조합을 포함한다]의 담당변호사에게 제91조에 따른 징계 사유가 있으면 소속 지방변호사회의 장에게 그 변호사에 대한 징계개시의 신청을 청원할 수 있다.

② 지방변호사회의 장은 제1항의 청원을 받으면 지체 없이 징계개시의 신청 여부를 결정하고 그 결과와 이유의 요지를 청원인에게 통지하여야 한다.

③ 청원인은 지방변호사회의 장이 제1항의 청원을 기각하거나 청원이 접수된 날부터 3개월이 지나도 징계개시의 신청 여부를 결정하지 아니하면 대한변호사협회의 장에게 재청원할 수 있다. 이 경우 재청원은 제2항에 따른 통지를 받은 날 또는 청원이 접수되어 3개월이 지난 날부터 14일 이내에 하여야 한다.

[전문개정 2008. 3. 28]

제97조의4(대한변호사협회의 장의 결정) ① 대한변호사협회의 장은 제89조의4 제4항(제89조의5 제3항에 따라 준용되는 경우를 포함한다) 또는 제97조의2에 따른 징계개시의 신청이 있거나 제97조의3 제3항에 따른 재청원이 있으면 지체 없이 징계개시의 청구 여부를 결정하여야 한다.

② 대한변호사협회의 장은 징계개시의 청구 여부를 결정하기 위하여 필요하면 조사위원회로 하여금 징계혐의사실에 대하여 조사하도록 할 수 있다.

③ 대한변호사협회의 장은 제1항의 결정을 하였을 때에는 지체 없이 그 사유를 징계개시 신청인(징계개시를 신청한 윤리협의회 위원장이나 지방검찰청검사장을 말한다. 이하 같다)이나 재청원인에게 통지하여야 한다.

[전문개정 2008. 3. 28]

제97조의5(이의신청) ① 징계개시 신청인은 대한변호사협회의 장이 징계개시의 신청을 기각하거나 징계개시의 신청이 접수된 날부터 3개월이 지나도 징계개시의 청구 여부를 결정하지 아니하면 변협징계위원회에 이의신청을 할 수 있다. 이 경우 이의신청은 제97조의4 제3항에 따른 통지를 받은 날 또는 징계개시의 신청이 접수되어 3개월이 지난 날부터 14일 이내에 하여야 한다.

② 변협징계위원회는 제1항에 따른 이의신청이 이유 있다고 인정하면 징계절차를 개시하여야 하며, 이유 없다고 인정하면 이의신청을 기각하여야 한다.

③ 변협징계위원회는 제2항의 결정을 하였을 때에는 지체 없이 그 결과와 이유를 이의신청인에게 통지하여야 한다.

[전문개정 2008. 3. 28]

제98조(징계 결정 기간 등) ① 변협징계위원회는 징계개시의 청구를 받거나 제97조의5 제2항에 따라 징계 절차를 개시한 날부터 6개월 이내에 징계에 관한 결정을 하여야 한다. 다만, 부득이한 사유가 있을 때에는 그 의결로 6개월의 범위에서 기간을 연장할 수 있다.

② 법무부징계위원회는 변협징계위원회의 결정에 대한 이의신청을 받은 날부터 3개월 이내에 징계에 관한 결정을 하여야 한다. 다만, 부득이한 사유가 있는 때에는 그 의결로 3개월의 범위에서 기간을 연장할 수 있다.

③ 징계개시의 청구를 받거나 징계 절차가 개시되면 위원장은 지체 없이 징계심의 기일을 정하여 징계혐의자에게 통지하여야 한다.

[전문개정 2008. 3. 28]

제98조의2(징계혐의자의 출석·진술권 등) ① 변협징계위원회의 위원장은 징계심의의 기일을 정하고 징계혐의자에게 출석을 명할 수 있다.

② 징계혐의자는 징계심의기일에 출석하여 구술 또는 서면으로 자기에게 유리한 사실을 진술하거나 필요한 증거를 제출할 수 있다.

③ 변협징계위원회는 징계심의기일에 심의를 개시하고 징계혐의자에 대하여 징계 청구에 대한 사실과 그 밖의 필요한 사항을 심문할 수 있다.

④ 징계혐의자는 변호사 또는 학식과 경험이 있는 자를 특별변호인으로 선임하여 사건에 대한 보충 진술과 증거 제출을 하게 할 수 있다.

⑤ 변협징계위원회는 징계혐의자가 위원장의 출석명령을 받고 징계심의기일에 출석하지 아니하면 서면으로 심의할 수 있다.

⑥ 변협징계위원회의 위원장은 출석한 징계혐의자나 선임된 특별변호인에게 최종 의견을 진술할 기회를 주어야 한다.

⑦ 징계개시 신청인은 징계사건에 관하여 의견을 제시할 수 있다.

[전문개정 2008. 3. 28]

제98조의3(제척 사유) 위원장과 위원은 자기 또는 자기의 친족이거나 친족이었던 자에 대한 징계 사건의 심의에 관여하지 못한다.

[전문개정 2008. 3. 28]

제98조의4(징계 의결 등) ① 변협징계위원회는 사건 심의를 마치면 위원 과반수의 찬성으로써 의결한다.

② 변협징계위원회는 징계의 의결 결과를 징계혐의자와 징계청구자 또는 징계개시 신청인에게 각각 통지하여야 한다.

③ 징계혐의자가 징계 결정의 통지를 받은 후 제100조 제1항에 따른 이의신청을 하지 아니하면 이의신청 기간이 끝난 날부터 변협징계위원회의 징계의 효력이 발생한다.

[전문개정 2008. 3. 28]

제98조의5(징계의 집행) ① 징계는 대한변호사협회의 장이 집행한다.

② 제90조 제4호의 과태료 결정은 「민사집행법」에 따른 집행력 있는 집행권원과 같은 효력이 있으며, 검사의 지휘로 집행한다.

③ 대한변호사협회의 장은 징계처분을 하면 이를 지체 없이 대한변호사협회가 운영하는 인터넷 홈페이지에 3개월 이상 게재하는 등 공개하여야 한다. 〈개정 2011. 7. 25〉

④ 대한변호사협회의 장은 변호사를 선임하려는 자가 해당 변호사의 징계처분 사실을 알기 위하여 징계정보의 열람·등사를 신청하는 경우 이를 제공하여야 한다. 〈신설 2011. 7. 25〉

⑤ 징계처분의 공개 범위와 시행 방법, 제4항에 따른 변호사를 선임하려는 자의 해당 여부, 열람·등사의 방법 및 절차, 이에 소요되는 비용에 관하여 필요한 사항은 대통령령으로 정한다. 〈개정 2011. 7. 25〉

[전문개정 2008. 3. 28]

제98조의6(징계 청구의 시효) 징계의 청구는 징계 사유가 발생한 날부터 3년이 지나면 하지 못한다.

[전문개정 2008. 3. 28]

제99조(보고) 대한변호사협회의 장은 변협징계위원회에서 징계에 관한 결정을 하면 지체 없이 그 사실을 법무부장관에게 보고하여야 한다.

[전문개정 2008. 3. 28]

제100조(징계 결정에 대한 불복) ① 변협징계위원회의 결정에 불복하는 징계혐의자 및 징계개시 신청인은 그 통지를 받은 날부터 30일 이내에 법무부징계위원회에 이의신청을 할 수 있다.

② 법무부징계위원회는 제1항에 따른 이의신청이 이유 있다고 인정하면 변협징계위원회의 징계 결정을 취소하고 스스로 징계 결정을 하여야 하며, 이의신청이 이유 없다고 인정하면 기각하여야 한다. 이 경우 징계심의의 절차에 관하여는 제98조의2를 준용한다.

③ 제2항의 결정은 위원 과반수의 찬성으로 의결한다.

④ 법무부징계위원회의 결정에 불복하는 징계혐의자는 「행정소송법」으로 정하는 바에 따라 그 통지를 받은 날부터 90일 이내에 행정법원에 소(訴)를 제기할 수 있다.

⑤ 제4항의 경우 징계 결정이 있었던 날부터 1년이 지나면 소를 제기할 수 없다. 다만, 정당한 사유가 있는 경우에는 그러하지 아니하다.

⑥ 제4항에 따른 기간은 불변기간으로 한다.

[전문개정 2008. 3. 28]

제101조(위임) ① 법무부징계위원회의 운영이나 그 밖에 징계에 필요한 사항은 대통령령으로 정한다.

② 변협징계위원회의 운영 등에 필요한 사항은 대한변호사협회가 정한다.

[전문개정 2008. 3. 28]

제101조의2(「형사소송법」 등의 준용) 서류의 송달, 기일의 지정이나 변경 및 증인·감정인의 선서와 급여에 관한 사항에 대하여는 「형사소송법」과 「형사소송비용 등에 관한 법률」의 규정을 준용한다.

[본조신설 2007. 1. 26]

제102조(업무정지명령) ① 법무부장관은 변호사가 공소제기되거나 제97조에 따라 징계 절차가 개시되어 그 재판이나 징계 결정의 결과 등록취소, 영구제명 또는 제명에 이르게 될 가능성이 매우 크고, 그대로 두면 장차 의뢰인이나 공공의 이익을 해칠 구체적인 위험성이 있는 경우에는 법무부징계위원회에 그 변호사의 업무정지에 관한 결정을 청구할 수 있다. 다만, 약식명령이 청구된 경우와 과실범으로 공소제기된 경우에는 그러하지 아니하다.

② 법무부장관은 법무부징계위원회의 결정에 따라 해당 변호사에 대하여 업무정지를 명할 수 있다.

[전문개정 2008. 3. 28]

제103조(업무정지 결정기간 등) ① 법무부징계위원회는 제102조 제1항에 따라 청구를 받은 날부터 1개월 이내에 업무정지에 관한 결정을 하여야 한다. 다만, 부득이한 사유가 있는 때에는 그 의결로 1개월의 범위에서 그 기간을 연장할 수 있다.

② 업무정지에 관하여는 제98조 제3항 및 제98조의2 제2항부터 제6항까지의 규정을

준용한다.

[전문개정 2008. 3. 28]

제104조(업무정지 기간과 갱신) ① 업무정지 기간은 6개월로 한다. 다만, 법무부장관은 해당 변호사에 대한 공판 절차 또는 징계 절차가 끝나지 아니하고 업무정지 사유가 없어지지 아니한 경우에는 법무부징계위원회의 의결에 따라 업무정지 기간을 갱신할 수 있다.

② 제1항 단서에 따라 갱신할 수 있는 기간은 3개월로 한다.

③ 업무정지 기간은 갱신 기간을 합하여 2년을 넘을 수 없다.

[전문개정 2008. 3. 28]

제105조(업무정지명령의 해제) ① 법무부장관은 업무정지 기간 중인 변호사에 대한 공판 절차나 징계 절차의 진행 상황에 비추어 등록취소·영구제명 또는 제명에 이르게 될 가능성이 크지 아니하고, 의뢰인이나 공공의 이익을 침해할 구체적인 위험이 없어졌다고 인정할 만한 상당한 이유가 있으면 직권으로 그 명령을 해제할 수 있다.

② 대한변호사협회의 장, 검찰총장 또는 업무정지명령을 받은 변호사는 법무부장관에게 업무정지명령의 해제를 신청할 수 있다.

③ 법무부장관은 제2항에 따른 신청을 받으면 직권으로 업무정지명령을 해제하거나 법무부징계위원회에 이를 심의하도록 요청하여야 하며, 법무부징계위원회에서 해제를 결정하면 지체 없이 해제하여야 한다.

[전문개정 2008. 3. 28]

제106조(업무정지명령의 실효) 업무정지명령은 그 업무정지명령을 받은 변호사에 대한 해당 형사 판결이나 징계 결정이 확정되면 그 효력을 잃는다.

[전문개정 2008. 3. 28]

제107조(업무정지 기간의 통산) 업무정지명령을 받은 변호사가 공소제기된 해당 형사사건과 같은 행위로 징계개시가 청구되어 정직 결정을 받으면 업무정지 기간은 그 전부 또는 일부를 정직 기간에 산입한다.

[전문개정 2008. 3. 28]

제108조(업무정지명령에 대한 불복) 업무정지명령, 업무정지 기간의 갱신에 관하여는 제100조 제4항부터 제6항까지의 규정을 준용한다.

[전문개정 2008. 3. 28]

제11장 벌   칙〈개정 2008. 3. 28〉

제109조(벌칙) 다음 각 호의 어느 하나에 해당하는 자는 7년 이하의 징역 또는 5천만원 이하의 벌금에 처한다. 이 경우 벌금과 징역은 병과(倂科)할 수 있다.

1. 변호사가 아니면서 금품·향응 또는 그 밖의 이익을 받거나 받을 것을 약속하고

또는 제3자에게 이를 공여하게 하거나 공여하게 할 것을 약속하고 다음 각 목의 사건에 관하여 감정·대리·중재·화해·청탁·법률상담 또는 법률 관계 문서 작성, 그 밖의 법률사무를 취급하거나 이러한 행위를 알선한 자

　가. 소송 사건, 비송 사건, 가사 조정 또는 심판 사건

　나. 행정심판 또는 심사의 청구나 이의신청, 그 밖에 행정기관에 대한 불복신청 사건

　다. 수사기관에서 취급 중인 수사 사건

　라. 법령에 따라 설치된 조사기관에서 취급 중인 조사 사건

　마. 그 밖에 일반의 법률사건

2. 제33조 또는 제34조(제57조, 제58조의16 또는 제58조의30에 따라 준용되는 경우를 포함한다)를 위반한 자

[전문개정 2008. 3. 28]

제110조(벌칙) 변호사나 그 사무직원이 다음 각 호의 어느 하나에 해당하는 행위를 한 경우에는 5년 이하의 징역 또는 3천만원 이하의 벌금에 처한다. 이 경우 벌금과 징역은 병과할 수 있다.

1. 판사·검사, 그 밖에 재판·수사기관의 공무원에게 제공하거나 그 공무원과 교제한다는 명목으로 금품이나 그 밖의 이익을 받거나 받기로 한 행위

2. 제1호에 규정된 공무원에게 제공하거나 그 공무원과 교제한다는 명목의 비용을 변호사 선임료·성공사례금에 명시적으로 포함시키는 행위

[전문개정 2008. 3. 28]

제111조(벌칙) ① 공무원이 취급하는 사건 또는 사무에 관하여 청탁 또는 알선을 한다는 명목으로 금품·향응, 그 밖의 이익을 받거나 받을 것을 약속한 자 또는 제3자에게 이를 공여하게 하거나 공여하게 할 것을 약속한 자는 5년 이하의 징역 또는 1천만원 이하의 벌금에 처한다. 이 경우 벌금과 징역은 병과할 수 있다.

② 다른 법률에 따라 「형법」 제129조부터 제132조까지의 규정에 따른 벌칙을 적용할 때에 공무원으로 보는 자는 제1항의 공무원으로 본다.

[전문개정 2008. 3. 28]

제112조(벌칙) 다음 각 호의 어느 하나에 해당하는 자는 3년 이하의 징역 또는 2천만원 이하의 벌금에 처한다. 이 경우 벌금과 징역은 병과할 수 있다. 〈개정 2011. 5. 17〉

1. 타인의 권리를 양수하거나 양수를 가장하여 소송·조정 또는 화해, 그 밖의 방법으로 그 권리를 실행함을 업(業)으로 한 자

2. 변호사의 자격이 없이 대한변호사협회에 그 자격에 관하여 거짓으로 신청하여 등록을 한 자

3. 변호사가 아니면서 변호사나 법률사무소를 표시 또는 기재하거나 이익을 얻을 목

적으로 법률 상담이나 그 밖의 법률사무를 취급하는 뜻을 표시 또는 기재한 자

4. 대한변호사협회에 등록을 하지 아니하거나 제90조 제 3 호에 따른 정직 결정 또는 제102조 제 2 항에 따른 업무정지명령을 위반하여 변호사의 직무를 수행한 변호사

5. 제32조(제57조, 제58조의16 또는 제58조의30에 따라 준용되는 경우를 포함한다)를 위반하여 계쟁권리를 양수한 자

6. 제44조 제 2 항(제58조의16이나 제58조의30에 따라 준용되는 경우를 포함한다)을 위반하여 유사 명칭을 사용한 자

7. 제77조의2 또는 제89조의8을 위반하여 비밀을 누설한 자

[전문개정 2008. 3. 28]

제113조(벌칙) 다음 각 호의 어느 하나에 해당하는 자는 1년 이하의 징역 또는 1천만원 이하의 벌금에 처한다. 〈개정 2011. 5. 17〉

1. 제21조의2 제 1 항을 위반하여 법률사무소를 개설하거나 법무법인·법무법인(유한) 또는 법무조합의 구성원이 된 자

2. 제21조의2 제 3 항(제31조의2 제 2 항에 따라 준용하는 경우를 포함한다)에 따른 확인서를 거짓으로 작성하거나 거짓으로 작성된 확인서를 제출한 자

3. 제23조 제 2 항 제 1 호 및 제 2 호를 위반하여 광고를 한 자

4. 제31조 제 1 항 제 3 호(제57조, 제58조의16 또는 제58조의30에 따라 준용되는 경우를 포함한다)에 따른 사건을 수임한 변호사

5. 제31조의2 제 1 항을 위반하여 사건을 단독 또는 공동으로 수임한 자

6. 제37조 제 1 항(제57조, 제58조의16 또는 제58조의30에 따라 준용되는 경우를 포함한다)을 위반한 자

[전문개정 2008. 3. 28]

제114조(상습범) 상습적으로 제109조 제 1 호, 제110조 또는 제111조의 죄를 지은 자는 10년 이하의 징역에 처한다.

[전문개정 2008. 3. 28]

제115조(법무법인 등의 처벌) ① 법무법인·법무법인(유한) 또는 법무조합의 구성원이나 구성원 아닌 소속 변호사가 제51조를 위반하면 500만원 이하의 벌금에 처한다.

② 법무법인, 법무법인(유한) 또는 법무조합의 구성원이나 구성원이 아닌 소속 변호사가 그 법무법인, 법무법인(유한) 또는 법무조합의 업무에 관하여 제 1 항의 위반행위를 하면 그 행위자를 벌하는 외에 그 법무법인, 법무법인(유한) 또는 법무조합에게도 같은 항의 벌금형을 과(科)한다. 다만, 법무법인, 법무법인(유한) 또는 법무조합이 그 위반행위를 방지하기 위하여 해당 업무에 관하여 상당한 주의와 감독을 게을리하지 아니한 경우에는 그러하지 아니하다. 〈개정 2012. 1. 17〉

[전문개정 2008. 3. 28]

제116조(몰수·추징)　제34조(제57조, 제58조의16 또는 제58조의30에 따라 준용되는 경우를 포함한다)를 위반하거나 제109조 제 1 호, 제110조, 제111조 또는 제114조의 죄를 지은 자 또는 그 사정을 아는 제 3 자가 받은 금품이나 그 밖의 이익은 몰수한다. 이를 몰수할 수 없을 때에는 그 가액을 추징한다.

[전문개정 2008. 3. 28]

제117조(과태료)　① 제89조의4 제 1 항·제 2 항 및 제89조의5 제 2 항을 위반하여 수임 자료와 처리 결과에 대한 거짓 자료를 제출한 자에게는 2천만원 이하의 과태료를 부과한다. 〈신설 2013. 5. 28〉

② 다음 각 호의 어느 하나에 해당하는 자에게는 1천만원 이하의 과태료를 부과한다. 〈개정 2011. 5. 17, 2013. 5. 28〉

　　1. 제21조의2 제 5 항(제21조의2 제 6 항에 따라 위탁하여 사무를 처리하는 경우를 포함한다)에 따른 개선 또는 시정 명령을 받고 이에 따르지 아니한 자

　1의2. 제22조 제 2 항 제 1 호, 제28조의2, 제29조, 제35조 또는 제36조(제57조, 제58조의16 또는 제58조의30에 따라 준용되는 경우를 포함한다)를 위반한 자

　　2. 제28조에 따른 장부를 작성하지 아니하거나 보관하지 아니한 자

　　3. 정당한 사유 없이 제29조의2(제57조, 제58조의16 또는 제58조의30에 따라 준용되는 경우를 포함한다)를 위반하여 변호하거나 대리한 자

　　4. 제54조 제 2 항, 제58조의14 제 2 항 또는 제58조의28 제 2 항을 위반하여 해산신고를 하지 아니한 자

　　5. 제58조의9 제 2 항을 위반하여 대차대조표를 제출하지 아니한 자

　　6. 제58조의21 제 1 항을 위반하여 규약 등을 제출하지 아니한 자

　　7. 제58조의21 제 2 항에 따른 서면을 비치하지 아니한 자

　　8. 제89조의4 제 1 항·제 2 항 및 제89조의5 제 2 항을 위반하여 수임 자료와 처리 결과를 제출하지 아니한 자

③ 다음 각 호의 어느 하나에 해당하는 자에게는 500만원 이하의 과태료를 부과한다. 〈개정 2013. 5. 28〉

　　1. 제85조 제 1 항을 위반하여 연수교육을 받지 아니한 자

　　2. 제89조 제 2 항에 따른 윤리협의회의 요구에 정당한 이유 없이 따르지 아니한 자

④ 제 1 항부터 제 3 항까지에 따른 과태료는 대통령령으로 정하는 바에 따라 지방검찰청검사장이 부과·징수한다. 〈개정 2013. 5. 28〉

⑤ 제 4 항에 따른 과태료 처분에 불복하는 자는 그 처분을 고지받은 날부터 30일 이내에 그 처분을 한 지방검찰청검사장에게 이의를 제기할 수 있다. 〈개정 2013. 5. 28〉

⑥ 제 4 항에 따른 과태료 처분을 받은 자가 제 5 항에 따라 이의를 제기하면 그 처분을 한 지방검찰청검사장은 지체 없이 관할 법원에 그 사실을 통보하여야 하며, 그 통보를

받은 관할 법원은 「비송사건절차법」에 따른 과태료 재판을 한다. 〈개정 2013. 5. 28〉

⑦ 제5항에 따른 기간에 이의를 제기하지 아니하고 과태료를 내지 아니하면 국세 체납처분의 예에 따라 징수한다. 〈개정 2013. 5. 28〉

[전문개정 2008. 3. 28]

부　　칙〈제11825호, 2013. 5. 28〉

이 법은 공포한 날부터 시행한다.

부　　칙〈제12589호, 2014. 5. 20〉

제1조(시행일) 이 법은 공포한 날부터 시행한다.

제2조(변호사의 결격사유에 관한 적용례) 제5조 제6호의 개정규정은 이 법 시행 후 면직되는 자부터 적용한다.

제3조(변호사의 등록거부 사유에 관한 경과조치) 이 법 시행 전에 형사소추 또는 징계처분을 받거나 퇴직한 자에 대한 변호사의 등록거부에 대해서는 제8조 제1항 제4호의 개정규정에도 불구하고 종전의 규정에 따른다.

부　　칙〈제12887호, 2014. 12. 30〉

제1조(시행일) 이 법은 공포 후 6개월이 경과한 날부터 시행한다.

제2조(임원에 대한 경과조치) 이 법 시행 당시 재임 중에 있는 지방변호사회 임원은 이 법에 따른 임원으로 보며, 그 임기는 종전의 규정에 따른다.

제3조(금치산자 등에 대한 경과조치) 제5조 제7호 및 제22조 제2항 제3호의 개정규정에 따른 피성년후견인 또는 피한정후견인에는 법률 제10429호 민법 일부개정법률 부칙 제2조에 따라 금치산 또는 한정치산 선고의 효력이 유지되는 사람을 포함하는 것으로 본다.

변호사법 시행령

제   정 1968. 3. 20.   일부개정 2008. 9. 3.
전부개정 1970. 4. 15.   타법개정 2010. 11. 2.
일부개정 1974. 6. 7.   타법개정 2010. 2. 4.
전부개정 1983. 2. 23.   타법개정 2010. 5. 4.
일부개정 1993. 12. 31.   타법개정 2010. 11. 2.
전부개정 2000. 7. 27.   일부개정 2011. 10. 26.
타법개정 2004. 3. 17.   타법개정 2013. 12. 30.
일부개정 2005. 7. 27.   타법개정 2014. 11. 19.
일부개정 2007. 7. 27.

제 1 조(목적) 이 영은 「변호사법」에서 위임된 사항과 그 시행에 필요한 사항을 규정함을 목적으로 한다.

[전문개정 2008. 9. 3]

제 2 조(법무법인 등의 법률사무종사기관 지정) ① 「변호사법」(이하 "법"이라 한다) 제21조의2 제 1 항 단서에 따라 같은 조에 따른 법률사무종사기관(이하 "법률사무종사기관"이라 한다)으로 지정받으려는 기관 등(이하 이 조에서 "지정신청기관"이라 한다)은 다음 각 호의 사항을 적은 법률사무종사기관 지정신청서에 필요한 증명서류를 붙여 법무부장관에게 제출하여야 한다.

1. 지정신청기관의 명칭, 주소 및 대표자 인적사항
2. 제 2 항 각 호의 지정요건을 갖추었다는 취지
3. 법 제21조의2 제 1 항에 따라 법률사무에 종사하는 변호사(이하 "법률사무종사 변호사"라 한다)를 위한 별도의 수련과정이 있는 경우에는 그 취지 및 개요

② 법무부장관은 지정신청기관이 다음 각 호의 요건을 모두 갖춘 경우에는 해당 지정신청기관을 법 제21조의2 제 1 항 단서에 따른 법률사무종사기관으로 지정하여야 한다.

1. 통산하여 5년 이상 「법원조직법」 제42조 제 1 항 각 호의 어느 하나에 해당하는 직에 있었던 사람 1명 이상이 재직할 것. 이 경우 「법원조직법」 제42조 제 1 항 각 호에 규정된 직 중에서 둘 이상의 직에 재직한 사람의 재직기간은 합산한다.
2. 법률사무종사 변호사를 제외한 변호사의 수가 법률사무종사 변호사의 수 이상일 것
3. 소송에 관한 행위, 행정처분의 청구에 관한 대리행위 또는 일반 법률 사무를 주로 취급하는 부서 또는 담당자가 있을 것
4. 법률사무종사 변호사에 대한 관리를 담당할 변호사가 1명 이상 지정되어 있을 것
5. 사무실 공간 등 시설 여건이 법률사무 종사에 적합할 것

③ 법무부장관은 제 2 항에 따른 지정 여부를 결정하기 위하여 필요하면 지정신청기관에 자료의 제출을 요구하거나 지정신청기관 또는 대한변호사협회의 장의 의견을 들을 수 있다.

④ 법무부장관은 제 2 항에 따라 법률사무종사기관을 지정하였을 때에는 지정신청기관에 법률사무종사기관 지정서를 발급하여야 한다.

⑤ 법무부장관은 필요하면 제 1 항에 따른 지정신청이 없는 경우에도 법 제21조의2 제 1 항 제 3 호 또는 제 4 호의 기관ㆍ법인ㆍ조합ㆍ단체나 사무소 중에서 제 2 항의 요건을 갖추었다고 인정되는 곳을 법 제21조의2 제 1 항 단서에 따른 법률사무종사기관으로 지정할 수 있다. 이 경우 법무부장관은 사전에 해당 기관 등의 의견을 들어야 한다.

⑥ 제 5 항에 따른 법률사무종사기관의 지정 요건 및 절차 등에 관하여는 제 2 항부터 제 4 항까지의 규정을 준용한다.

[본조신설 2011. 10. 26]

제 3 조(국제기구등의 법률사무종사기관 지정) ① 법무부장관은 직권으로 또는 다음 각 호의 자의 신청에 의하여 국제기구, 국제법인, 국제기관 또는 국제단체(이하 "국제기구등"이라 한다)를 법 제21조의2 제 1 항 제 5 호에 따른 법률사무종사기관으로 지정할 수 있다.

　　1. 법 제 4 조 제 3 호의 변호사

　　2. 국제기구등

② 제 1 항 각 호에 규정된 자가 제 1 항에 따른 지정을 신청하는 경우에는 해당 국제기구의 구성원, 취급업무, 사무실 시설 등이 법률사무 종사에 적합하다는 것을 증명하는 서류를 법무부장관에게 제출하여야 한다.

[본조신설 2011. 10. 26]

제 4 조(법률사무종사기관의 취소) ① 법무부장관은 법 제21조의2 제 7 항에 따라 법률사무종사기관의 지정을 취소하려는 경우 필요하면 대한변호사협회의 장의 의견을 들을 수 있다.

② 법 제21조의2 제 7 항에 따라 법률사무종사기관의 지정이 취소된 경우 해당 법률사무종사기관은 지체 없이 제 2 조 제 4 항에 따라 발급받은 지정서를 법무부장관에게 반납하여야 한다.

[본조신설 2011. 10. 26]

제 5 조(대한변호사협회 연수에 대한 지원) 법무부장관은 대한변호사협회가 법 제21조의2 제 1 항에 따른 연수과정을 설치하고 그 운영에 필요한 지원을 요청한 경우 법 제21조의2 제10항에 따라 그에 필요한 비용, 시설 및 인력 등에 대하여 지원을 할 수 있다.

[본조신설 2011. 10. 26]

제 5 조의2(법률사무종사 또는 연수 기간의 합산) 법 제21조의2 제 1 항에 따른 법률사무

종사 또는 연수 기간을 계산할 때 둘 이상의 법률사무종사기관에서 종사 또는 연수한
자에 대하여는 법률사무 종사 또는 연수 기간이 중첩되지 아니하는 범위에서 그 기간을
합산하여 계산한다.

[본조신설 2011. 10. 26]

제 6 조(사무직원의 채용제한) 법 제22조 제 2 항 제 1 호 각 목 외의 부분에서 "그 밖에
대통령령으로 정하는 법률"이란 「특정경제범죄 가중처벌 등에 관한 법률」 제 3 조 제 1
항, 「형법」 제347조, 제347조의2, 제348조, 제348조의2, 제349조부터 제352조까지, 제355
조부터 제357조까지 및 제359조, 「폭력행위 등 처벌에 관한 법률」 제 4 조, 제 5 조 및 제
6 조(같은 법 제 2 조, 제 3 조의 경우는 제외한다), 「마약류 관리에 관한 법률」 제58조부
터 제64조까지의 규정을 말한다. 〈개정 2011. 10. 26, 2012. 6. 7〉

[전문개정 2008. 9. 3]

제 7 조(장부의 작성 · 보관) ① 법 제28조에 따라 변호사는 법률사건 또는 법률사무에 관
한 수임계약을 체결한 때부터 1개월 이내에 수임에 관한 장부를 작성하고, 그 작성일부
터 3년간 법률사무소에 보관하여야 한다.

② 법 제28조 제 2 항에 따라 장부에 적어야 할 사항은 다음 각 호와 같다.

  1. 수임일

  2. 수임액

  3. 위임인 · 당사자 · 상대방의 성명과 주소

  4. 수임한 법률사건 또는 법률사무의 내용

  5. 수임사건의 관할기관 · 사건번호 및 사건명

  6. 처리 결과

③ 제 2 항에 따른 장부의 작성 방법, 작성 범위, 그 밖에 필요한 사항은 대한변호사협회
가 정한다.

[전문개정 2008. 9. 3]

제 7 조의2(수임제한 대상 국가기관의 범위) ① 법 제31조 제 3 항에 따라 공직퇴임변호
사의 수임이 제한되는 국가기관은 해당 변호사가 퇴직 전 1년부터 퇴직할 때까지 「국가
공무원법」에 따른 국가공무원으로 근무한 모든 국가기관으로 한다.

② 다음 각 호의 각 국가기관은 이를 별도의 국가기관으로 보아 법 제31조 제 3 항을 적
용한다. 다만, 법 제31조 제 3 항 본문에 따라 동일한 국가기관으로 보는 경우에는 그러
하지 아니하다.

  1. 「법원조직법」 제 3 조에 따른 대법원, 고등법원, 특허법원, 지방법원, 가정법원, 행
    정법원, 지방법원 지원, 가정법원 지원, 가정지원, 시 · 군법원 및 「법원조직법」 제
    27조 제 4 항에 따라 관할구역의 지방법원 소재지에서 사무를 처리하는 고등법원
    의 부. 다만, 「법원조직법」 제 3 조 제 2 항 단서에 따라 지방법원 및 가정법원의 지

원 2개를 합하여 1개의 지원으로 하는 경우에 그 지방법원 및 가정법원의 지원은 이를 동일한 국가기관으로 보아 법 제31조 제3항을 적용한다.

2. 「검찰청법」 제3조에 따른 대검찰청, 고등검찰청, 지방검찰청, 지방검찰청 지청 및 「검찰청법」 제19조 제2항에 따라 관할구역의 지방검찰청 소재지에서 사무를 처리하는 고등검찰청의 지부

3. 「군사법원법」 제5조 각 호에 따른 고등군사법원 및 보통군사법원

4. 「군사법원법」 제36조 제2항에 따른 고등검찰부 및 보통검찰부

5. 「경찰법」 제2조에 따른 경찰청, 지방경찰청 및 경찰서

6. 「정부조직법」 및 그 밖의 다른 법률에 따른 각 중앙행정기관

7. 제6호에 따른 중앙행정기관에 그 소속의 행정기관이 있는 경우에는 각각의 행정기관

③ 파견, 직무대리, 교육훈련, 휴직, 출산휴가 또는 징계 등으로 인하여 실제로 근무하지 아니한 국가기관은 법 제31조 제3항을 적용할 때 수임제한 대상 국가기관으로 보지 아니한다.

④ 겸임발령 등으로 인하여 둘 이상의 기관에 소속된 경우에 실제로 근무하지 아니한 국가기관은 법 제31조 제3항을 적용할 때 수임제한 대상 국가기관으로 보지 아니한다.

⑤ 퇴직 전 1년부터 퇴직한 때까지 일시적 직무대리, 겸임발령 등으로 인하여 소속된 국가기관에서의 근무기간이 1개월 이하인 국가기관은 법 제31조 제3항을 적용할 때 수임제한 대상 국가기관으로 보지 아니한다.

[본조신설 2011. 10. 26]

제7조의3(공익목적 수임의 범위) 법 제31조 제3항 단서 및 같은 조 제5항에서 "공익목적 수임"이란 다음 각 호의 어느 하나에 해당하는 행위나 활동에 관련된 수임을 말한다.

1. 국선변호 또는 국선대리

2. 대한변호사협회 또는 지방변호사회가 지정하는 무상 공익활동

3. 공익법인 또는 비영리법인에 대하여 무료로 제공하는 법률서비스

4. 제1호부터 제3호에 준하는 것으로 법무부장관이 지정하는 활동

[본조신설 2011. 10. 26]

제8조(자기가 근무하는 기관의 범위) 법 제36조 본문에서 "대통령령으로 정하는 자기가 근무하는 기관"이란 해당 공무원이 실제 근무하는 다음 각 호의 기관 또는 시설을 말한다.

1. 재판기관

가. 헌법재판소

나. 「법원조직법」 제3조 제1항에 따른 대법원, 고등법원, 특허법원, 지방법원,

가정법원, 행정법원과 같은 조 제 2 항에 따른 지방법원 및 가정법원의 지원,
가정지원, 시ㆍ군법원

다. 「군사법원법」 제 5 조에 따른 고등군사법원, 보통군사법원

2. 수사기관

가. 「검찰청법」 제 3 조 제 1 항에 따른 대검찰청, 고등검찰청, 지방검찰청과 같은
조 제 2 항에 따른 지방검찰청 지청

나. 「경찰법」 제 2 조 제 1 항에 따른 경찰청과 같은 조 제 2 항에 따른 지방경찰청,
경찰서

다. 「정부조직법」 제22조의2 제 1 항 및 「국민안전처와 그 소속기관 직제」 제 2 장ㆍ
제 8 장에 따른 국민안전처, 지방해양경비안전관서

라. 「사법경찰관리의 직무를 행할 자와 그 직무범위에 관한 법률」 제 3 조부터 제
5 조까지, 제 6 조의2, 제 7 조, 제 7 조의2 및 제 8 조에 따른 해당 소속기관 또
는 시설

마. 「군사법원법」 제36조 제 2 항에 따른 고등검찰부, 보통검찰부

[전문개정 2008. 9. 3]

제 9 조(법무법인의 설립인가신청) ① 법 제41조 전단에 따라 법무법인의 설립인가를 받
으려면 법무법인 설립인가 신청서에 다음 각 호의 서류를 첨부하여 주사무소 소재지의
지방변호사회 및 대한변호사협회를 거쳐 법무부장관에게 제출하여야 한다.

1. 정관

2. 구성원회의 회의록

② 법무부장관은 제 1 항의 법무법인 설립인가 신청서류의 기재사항에 흠결이 있거나
첨부서류가 미비되어 있으면 신청인에게 보완을 요구할 수 있다.

③ 법무부장관은 법 제41조 전단에 따라 법무법인 설립인가 신청서류를 심사할 때에 필
요하다고 인정하면 사실 및 증거 조사를 하거나 신청인에게 관련 자료 제출을 요구할
수 있다.

④ 법무부장관은 법 제41조 전단에 따라 법무법인 설립인가를 할 때에는 법무법인 인가대
장에 다음 각 호의 사항을 적고, 법무법인 설립인가증을 신청인에게 발급하여야 한다.

1. 인가번호 및 인가연월일

2. 법무법인의 명칭

3. 주사무소 및 분사무소의 소재지

4. 구성원의 성명 및 주소

5. 그 밖에 필요한 사항

⑤ 법무부장관은 제 4 항에 따라 신청인에게 법무법인 설립인가증을 발급하면 대한변호
사협회에 통지하여야 한다. 다만, 「공증인법」 제15조의2에 따라 공증인가를 받은 법무법

인에 대하여는 소속 지방검찰청 검사장에게도 통지하여야 한다. 〈개정 2010. 2. 4〉

[전문개정 2008. 9. 3]

제10조(법무법인의 정관변경 인가신청) ① 법 제41조 후단에 따라 정관변경의 인가를 받으려면 정관변경 인가신청서에 다음 각 호의 서류를 첨부하여 주사무소 소재지의 지방변호사회 및 대한변호사협회를 거쳐 법무부장관에게 제출하여야 한다.

　　1. 정관변경 이유서

　　2. 정관변경안

　　3. 정관변경에 관한 구성원회의 회의록

② 법무부장관은 법 제41조 후단에 따라 법무법인의 정관변경을 인가하면 법무법인 인가대장에 그 뜻을 적고, 대한변호사협회에 통지하여야 한다. 다만, 「공증인법」 제15조의2에 따라 공증인가를 받은 법무법인에 대하여는 소속 지방검찰청 검사장에게도 통지하여야 한다. 〈개정 2010. 2. 4〉

③ 제1항에 따른 법무법인 정관변경 인가신청 절차에 관하여는 제9조 제2항 및 제3항을 준용한다.

[전문개정 2008. 9. 3]

제11조(법무법인의 등기) ① 법무법인의 등기는 그 주사무소 및 분사무소의 소재지를 관할하는 등기소에서 한다.

② 등기소에는 법무법인 등기부를 비치하여야 한다.

③ 법무법인의 설립등기는 구성원 전원이 공동으로 신청하여야 하며, 그 신청서에는 다음 각 호의 서류를 첨부하여야 한다.

　　1. 정관

　　2. 법무법인 설립인가증

④ 법무법인의 등기에 관하여 법 및 이 영에 정한 것 외에는 「상업등기법」을 준용한다.

⑤ 법무법인은 설립등기를 한 경우에는 7일 이내에 법무법인 설립등기 보고서(전자문서로 된 보고서를 포함한다)를 법무부장관에게 제출하여야 한다. 이 경우 법무부장관은 「전자정부법」 제36조 제1항에 따른 행정정보의 공동이용을 통하여 법인 등기사항증명서를 확인하여야 한다. 〈개정 2010. 11. 2〉

[전문개정 2008. 9. 3]

제12조(법무법인의 주사무소와 분사무소) ① 법 제48조 제1항에 따라 법무법인이 분사무소를 둔 경우 법무법인의 주사무소에는 통산하여 5년 이상 「법원조직법」 제42조 제1항 각 호의 어느 하나에 해당하는 직에 있던 사람 1명을 포함하여 구성원의 3분의 1이상이 주재(駐在)하여야 하고, 분사무소에는 1명 이상의 구성원이 주재하여야 한다. 〈개정 2011. 10. 26〉

② 법 제48조 제2항에 따라 분사무소의 설치를 신고할 때에는 그 분사무소에서 직무를

수행할 구성원을 명시하여야 한다.

③ 분사무소는 시·군·구(자치구를 말한다) 관할구역마다 1개를 둘 수 있다.

④ 분사무소에는 법무법인의 분사무소임을 표시하여야 한다.

[전문개정 2008. 9. 3]

제13조(법무법인의 업무범위) 법 제51조 단서에 따라 법무법인이 수행할 수 있는 변호사의 업무는 다음 각 호의 어느 하나에 해당하는 사건에 대한 소송에 관한 행위를 제외한 것으로 한다.

1. 법률행위나 그 밖의 사권(私權)에 관한 사실에 대한 공정증서를 작성한 사건
2. 어음, 수표 또는 이에 부착된 보충지(補充紙)에 강제집행할 것을 적은 증서를 작성한 사건
3. 법인의 등기 절차에 첨부되는 의사록을 인증한 사건
4. 「상법」 제292조 및 그 준용규정에 따라 정관을 인증한 사건

[전문개정 2008. 9. 3]

제13조의2(다른 법인에 대한 출자제한 등) 법 제58조의8 제 1 항에 따라 법무법인(유한)이 다른 법인에 출자하거나 타인을 위하여 채무를 보증한 경우 그 합계액은 법 제58조의8 제 2 항에 따른 자기자본(이하 "자기자본"이라 한다)의 규모에 따라 다음 각 호의 구분에 따른 금액보다 많으면 아니 된다. 이 중 타인을 위하여 채무를 보증한 금액의 합계액은 자기자본의 100분의 10에 해당하는 금액보다 많으면 아니 된다.

1. 자기자본이 5억원인 경우에는 자기자본의 100분의 25에 해당하는 금액
2. 자기자본이 5억원을 넘는 경우에는 5억원의 100분의 25에 해당하는 금액과 5억원을 넘는 금액의 100분의 50에 해당하는 금액을 합산한 금액

[전문개정 2008. 9. 3]

제13조의3(손해배상책임에 관한 명시) ① 법 제58조의11 제 3 항에 따라 법무법인(유한)은 사건수임계약서와 광고물(구성원 또는 소속변호사의 변동을 내용으로 하는 광고물은 제외한다)에 법 제58조의11 제 1 항 및 제 2 항에 따른 손해배상책임에 관한 사항을 명시하여야 한다.

② 제 1 항의 광고물은 다음 각 호의 어느 하나에 해당하는 광고매체를 통하여 법무법인(유한)의 변호사 및 그 업무에 관하여 정보와 자료를 제공하는 것을 말한다.

1. 「출판문화산업 진흥법」 제 2 조에 따른 간행물
2. 「방송법」 제 2 조에 따른 방송

[전문개정 2008. 9. 3]

제13조의4(손해배상 준비금의 적립 등) ① 법무법인(유한)은 법 제58조의12 제 1 항에 따라 사업연도마다 해당 사업연도 총매출액의 100분의 2에 해당하는 금액을 손해배상 준비금으로 적립하거나, 설립등기를 한 날부터 1개월 이내에 보험 또는 대한변호사협회가

운영하는 공제기금에 가입하여야 한다.

② 법무법인(유한)은 제1항에 따른 손해배상 준비금을 직전 2개 사업연도 및 해당 사업연도의 총매출액 평균의 100분의 10에 해당하는 금액에 이를 때까지 적립하여야 한다.

③ 법무법인(유한)은 손해배상 준비금을 사용하여 구성원 또는 소속 변호사를 포함한 직원으로부터 취득한 구상권(求償權)을 행사한 경우 그 구상한 금액을 손해배상준비금에 계상(計上)하여야 한다.

④ 제1항의 보험 또는 공제기금의 보상한도액은 보상 청구 건당 1억원 이상으로 하여야 하며, 연간 보상한도액은 구성원 및 구성원 아닌 소속 변호사의 수에 1억원을 곱하여 산출한 금액 또는 20억원 이상으로 하여야 한다.

⑤ 법무법인(유한)은 제4항에 따른 보상한도와 관련하여 남은 보상한도액을 3억원 이상으로 유지하여야 하며, 남은 보상한도액이 3억원 미만이 된 경우에는 그 사유발생일부터 1개월 이내에 3억원 이상이 되도록 하여야 한다.

⑥ 법무법인(유한)은 제1항에 따라 가입한 보험 또는 공제기금이 기간만료 등의 사유로 종료될 때에는 종료일 전까지 다시 보험 또는 공제기금에 가입하여야 한다.

⑦ 제1항에 따라 보험 또는 공제기금에 가입하는 경우 보상 청구 건당 1천만원 이하의 범위에서 자기부담금을 설정할 수 있다.

[전문개정 2008. 9. 3]

제13조의5(준용규정) 법무법인(유한)에 관하여는 제9조부터 제13조까지의 규정을 준용한다.

[전문개정 2008. 9. 3]

제13조의6(법무조합 관련 서면의 비치·열람) ① 법무조합의 주사무소 및 분사무소 소재지의 지방변호사회는 법 제58조의21 제2항 각 호에서 정한 서면을 제출받은 후 1주일 이내에 제목, 제출자 및 제출일자를 적은 후 제출 서면의 사본을 첨부하여 일반인이 열람할 수 있도록 비치하여야 한다.

② 지방변호사회는 제1항에 따라 비치하는 서면의 내용 중 구성원의 주민등록번호 뒷자리 및 주소 등 개인의 사생활을 침해할 우려가 있는 부분을 삭제하여야 한다.

[전문개정 2008. 9. 3]

제13조의7(준용규정) 법무조합에 관하여는 제9조, 제10조, 제12조, 제13조, 제13조의3 및 제13조의4를 준용한다.

[전문개정 2008. 9. 3]

제14조 삭제 〈2005. 7. 27〉

제15조 삭제 〈2005. 7. 27〉

제16조(지방변호사회 및 대한변호사협회의 설립인가 신청) 지방변호사회 또는 대한변호사협회는 법 제65조 또는 법 제79조에 따라 설립인가 또는 회칙변경인가 신청을 하려면

인가신청서에 다음 각 호의 서류를 첨부하여야 한다.

1. 회칙
2. 회칙 작성에 관한 회의록

[전문개정 2008. 9. 3]

제17조(총회결의 내용의 보고) ① 법 제77조 제 2 항 또는 법 제86조 제 2 항에 따른 지방변호사회 또는 대한변호사협회의 총회 결의내용 보고는 그 총회가 종료된 날부터 7일 이내에 하여야 한다.

② 제 1 항의 보고에는 그 총회의 의사록 사본을 첨부하여야 한다.

[전문개정 2008. 9. 3]

제17조의2(변호사의 연수교육시간) 법 제85조 제 1 항에 따른 변호사의 연수교육 시간은 1년에 법조윤리과목 1시간 이상을 포함하여 8시간 이상으로 하되, 연수교육 이수시간의 계산방법 및 연수교육 이수의 주기 등에 관한 사항은 대한변호사협회가 정한다.

[본조신설 2007. 7. 27]

제18조(법조윤리협의회의 사무소) 법 제88조에 따라 설치되는 법조윤리협의회(이하 "윤리협의회"라 한다)의 사무소는 서울특별시에 두고, 필요한 경우 지역사무소 또는 출장소를 둘 수 있다.

[전문개정 2007. 7. 27]

제19조(윤리협의회 위원) ① 위원은 윤리협의회의 회의에 의안을 제출할 수 있다.

② 위원은 수시로 윤리협의회의 직무에 관하여 간사 또는 사무직원으로부터 보고를 받을 수 있으며, 사무기구가 보관하는 기록, 그 밖에 필요한 자료를 열람할 수 있다.

[전문개정 2008. 9. 3]

제20조(후임 위원의 지명 등) ① 위원의 임기가 만료되는 경우에는 해당 위원을 지명 또는 위촉한 법원행정처장, 법무부장관, 대한변호사협회의 장은 임기만료일 30일 전까지 후임 위원을 지명 또는 위촉하고 이를 윤리협의회에 통보하여야 한다.

② 위원이 법 제89조의2 제 4 항에 따라 위원신분을 상실하거나 사임한 때 또는 그 밖의 사유로 궐위된 때에는 해당 위원을 지명 또는 위촉한 법원행정처장, 법무부장관, 대한변호사협회의 장은 그 사유가 발생한 날부터 30일 이내에 후임 위원을 지명 또는 위촉하고 이를 윤리협의회에 통보하여야 한다.

[전문개정 2008. 9. 3]

제20조의2(윤리협의회의 위원장) ① 위원장은 윤리협의회를 대표하고 윤리협의회의 업무를 총괄한다.

② 위원장이 부득이한 사유로 직무를 수행할 수 없을 때에는 대한변호사협회의 장이 지명 또는 위촉한 위원 중에서 위원장이 미리 지명한 사람이 그 직무를 대행한다.

③ 위원장의 임기가 만료되거나 그 직을 사임한 때 또는 그 밖의 사유로 궐위된 때에는

대한변호사협회의 장이 지명 또는 위촉한 위원 중 연장자가 위원장의 직무를 대행하며, 궐위된 날부터 30일 이내에 후임 위원장을 선출하여야 한다.

[전문개정 2008. 9. 3]

제20조의3(윤리협의회의 의결사항) ① 윤리협의회는 다음 각 호의 사항을 심의 · 의결한다.

    1. 법 제89조 제1항에 따른 윤리협의회의 업무에 관한 사항

    2. 법 제89조 제2항에 따른 사실조회 등의 요청에 관한 사항

    3. 사업계획 및 예산과 결산에 관한 사항

    4. 지역 사무소 또는 출장소의 설치 및 폐지에 관한 사항

    5. 윤리협의회 규칙의 제정 및 개폐에 관한 사항

    6. 그 밖에 법령에 규정되거나 위원장이 부의하는 사항

② 윤리협의회는 제1항 제2호부터 제6호까지의 사항 중 일부를 위원장에게 위임하여 처리하게 할 수 있다.

[전문개정 2008. 9. 3]

제20조의4(윤리협의회의 회의) ① 위원장은 윤리협의회의 회의를 소집하고 그 의장이 된다.

② 회의는 정기회의와 임시회의로 구분하며, 정기회의는 분기 1회, 임시회의는 위원장이 필요하다고 인정하는 때 또는 재적위원 3분의 1 이상의 요구가 있을 때에 소집한다.

③ 위원장은 회의 개최 3일 전까지 회의 일시 · 장소 및 의안을 구체적으로 밝혀 위원에게 통보하여 회의를 소집한다. 다만, 긴급을 요하는 등 부득이한 사유가 있는 경우에는 그러하지 아니하다.

④ 회의의 공개 여부, 회의록 작성, 그 밖에 필요한 사항은 윤리협의회가 정한다.

[전문개정 2008. 9. 3]

제20조의5(윤리협의회의 의사) 윤리협의회의 회의는 재적위원 과반수의 출석과 출석위원 과반수의 찬성으로 의결한다.

[본조신설 2007. 7. 27]

제20조의6(윤리협의회의 소위원회) ① 윤리협의회는 심의를 효율적으로 수행하기 위하여 필요하다고 인정하는 경우에는 심의사항에 따라 분야별 소위원회를 구성 · 운영할 수 있다.

② 소위원회는 윤리협의회의 위원 3명 이상 6명 이내로 구성하며, 소위원회의 위원장은 소위원회 위원 중에서 윤리협의회의 위원장이 지명한다.

③ 소위원회는 윤리협의회가 의결로 정하는 사항에 대하여 심의한다.

④ 소위원회의 운영에 관하여는 제20조의4 제3항 및 제20조의5를 준용한다.

[전문개정 2008. 9. 3]

제20조의7(윤리협의회의 사무기구) ① 윤리협의회에는 법 제89조의3 제 1 항에 따라 사무기구를 두되, 사무기구에 사무국장 1명과 필요한 직원을 둘 수 있다.

② 윤리협의회는 법원행정처, 법무부 및 대한변호사협회로부터 필요한 직원을 파견받을 수 있다.

③ 사무기구의 조직 및 운영에 관하여 그 밖에 필요한 사항은 윤리협의회가 정한다.

[전문개정 2008. 9. 3]

제20조의8(윤리협의회의 사업연도) 윤리협의회의 사업연도는 정부의 회계연도에 따른다.

[본조신설 2007. 7. 27]

제20조의9(윤리협의회의 재원) 윤리협의회는 다음 각 호의 재원으로 운영한다.

  1. 대한변호사협회 등 정부 외의 자가 기부하는 현금, 그 밖의 재산

  2. 정부의 보조금

  3. 그 밖의 수입금

[전문개정 2008. 9. 3]

제20조의10(윤리협의회의 규칙) 윤리협의회는 윤리협의회의 운영 등에 관하여 필요한 사항을 규칙으로 정할 수 있다.

[본조신설 2007. 7. 27]

제20조의11(공직퇴임변호사의 수임자료 등 제출) ① 법 제89조의4 제 1 항에 따라 법관, 검사, 장기복무 군법무관, 그 밖의 공무원의 직에 있다가 퇴직(사법연수생과 병역의무의 이행을 위하여 군인, 공익법무관 등으로 근무한 자는 제외한다)하여 변호사 개업을 한 사람(이하 "공직퇴임변호사"라 한다)이 수임자료 및 처리결과를 제출하여야 하는 시기는 다음 각 호와 같다.

  1. 매년 1월 1일부터 6월 30일까지의 수임사건에 대하여는 7월 31일까지

  2. 매년 7월 1일부터 12월 31일까지의 수임사건에 대하여는 다음 해 1월 31일까지

② 법 제89조의4 제 5 항에 따라 공직퇴임변호사가 제출하는 수임자료 및 처리결과의 기재사항은 다음 각 호와 같다.

  1. 공직퇴임일

  2. 퇴직 당시의 소속기관 및 직위

  3. 수임일자

  4. 위임인

  5. 위임인의 연락처

  6. 상대방

  7. 사건번호

  8. 사건명

  9. 수임사건의 관할기관

10. 수임사무의 요지

11. 진행상황 및 처리결과

③ 수임사건이 형사사건(형사신청사건 및 내사사건을 포함한다)인 경우에는 제2항 제11호의 사항을 적을 때에는 인신구속 여부 및 그 변경사항도 포함하여 적어야 한다.

④ 지방변호사회는 소속 회원 중 법 제89조의4 제1항에 따라 수임자료와 처리결과를 제출하여야 할 공직퇴임변호사의 명단 및 공직퇴임변호사로부터 제출받은 수임자료와 처리결과를 제1항 각 호에 규정된 제출시한으로부터 1개월 내에 윤리협의회에 제출하여야 한다.

[전문개정 2008. 9. 3]

제20조의12(특정변호사의 수임자료 등 제출) ① 법 제89조의5 제1항에 따라 지방변호사회가 제2항에서 정하는 수 이상의 사건을 수임한 변호사[법 제50조ㆍ제58조의16 및 제58조의30에 따른 법무법인ㆍ법무법인(유한)ㆍ법무조합의 담당변호사를 포함하며, 이하 "특정변호사"라 한다]의 성명과 사건목록을 제출하여야 하는 시기는 다음 각 호와 같다.

1. 매년 1월 1일부터 6월 30일까지의 수임사건에 대하여는 7월 31일까지

2. 매년 7월 1일부터 12월 31일까지의 수임사건에 대하여는 다음 해 1월 31일까지

② 지방변호사회는 해당 기간마다 다음 각 호의 어느 하나에 해당하는 사람을 특정변호사로 선정하고, 그 선정의 근거를 제1항의 성명 및 사건목록과 함께 제출하여야 한다.

1. 형사사건(형사신청사건 및 내사사건을 포함한다. 이하 이 항에서 같다)의 수임건수가 30건 이상이고 소속 회원의 형사사건 평균 수임건수의 2.5배 이상인 변호사

2. 형사사건 외의 본안사건의 수임건수가 60건 이상이고 소속 회원의 형사사건 외의 본안사건 평균 수임건수의 2.5배 이상인 변호사

3. 형사사건 외의 신청사건의 수임건수가 120건 이상이고 소속 회원의 형사사건 외의 신청사건 평균 수임건수의 2.5배 이상인 변호사

③ 하나의 사건을 둘 이상의 변호사[법무법인ㆍ법무법인(유한)ㆍ법무조합을 포함한다]가 공동으로 수임한 경우에는 각 변호사의 수임사건 수는 1건으로 한다.

④ 법무법인ㆍ법무법인(유한)ㆍ법무조합이 수임한 사건에 관하여는 1을 담당변호사의 수로 나눈 값을 각 담당변호사의 수임사건 수로 계산한다. 다만, 담당변호사가 4명 이상인 경우에는 각 담당변호사의 수임사건 수는 4분의 1건으로 본다.

⑤ 인력과 물적 설비를 공동으로 이용하는 법률사무소로서 대한변호사협회가 정하는 바에 따라 대한변호사협회에 신고한 합동사무소의 구성원 둘 이상의 이름으로 수임한 사건의 수임사건 수 계산에 관하여는 제4항을 준용한다.

⑥ 지방변호사회는 특정변호사의 사건목록에 수임일자, 위임인, 사건번호 및 사건명을 적어야 한다.

[전문개정 2008. 9. 3]

제20조의13(활동내역 등 제출대상 퇴직공직자 범위) 법 제89조의6 제 1 항에서 "대통령령으로 정하는 일정 직급 이상의 직위에 재직했던 변호사 아닌 퇴직공직자"란 다음 각호의 사람을 말한다. 〈개정 2013. 3. 23, 2013. 11. 20〉

1. 5급 일반직공무원 및 지방공무원과 이에 상당하는 보수를 받는 별정직 공무원
2. 5등급 외무공무원과 5급 국가정보원 직원 및 대통령경호실 경호공무원
3. 헌법재판소 헌법연구관보
4. 중령 및 3급 군무원
5. 「연구직 및 지도직공무원의 임용 등에 관한 규정」에 따른 연구직 및 지도직공무원 중 5급 일반직공무원에 상당하는 연구관 및 지도관
6. 5급 일반직공무원에 상당하는 직위에 임명된 장학관·교육연구관
7. 제 1 호부터 제 6 호까지의 공무원으로 임명할 수 있는 직위 또는 이에 상당하는 직위에 채용된 임기제공무원
8. 금융감독원의 3급 및 4급 직원

[본조신설 2011. 10. 26]

제20조의14(퇴직공직자의 명단 제출) 법 제89조의6 제 1 항에 따라 제출하는 명단자료에는 다음 각 호의 사항을 기재하여야 한다.

1. 퇴직공직자의 성명
2. 퇴직공직자의 주민등록번호
3. 퇴직공직자의 퇴직 시 소속 기관과 직급
4. 퇴직공직자의 법무법인 등 취업일
5. 명단제출 책임변호사

[본조신설 2011. 10. 26]

제20조의15(퇴직공직자 업무내역서의 기재사항) ① 법 제89조의6 제 6 항에서 "그 밖에 대통령령으로 정하는 사항"이란 다음 각 호의 사항을 말한다.

1. 퇴직공직자가 법무법인 등의 의뢰인 및 변호사 등 소속원에게 제공한 자문·고문 내역(서면의 형태로 제공되었을 경우에는 그 개요를 말한다)
2. 퇴직공직자의 보수
3. 업무내역서의 작성 책임변호사

② 제 1 항에 따른 자문·고문 내역은 퇴직공직자가 퇴직 전 5년 이내에 소속하였던 부처의 업무와 관련된 사항에 한정한다. 이 경우 「정부조직법」 등의 개정에 따른 조직의 통합·분리, 명칭변경 등으로 인하여 부처명이 바뀐 경우 변경 전후 부처는 동일한 부처로 본다.

[본조신설 2011. 10. 26]

제21조(법무부 변호사징계위원의 자격) 법 제94조 제1항에 따른 법무부 변호사징계위원회(이하 "법무부징계위원회"라 한다)의 위원 및 예비위원의 임명 또는 위촉 기준은 다음 각 호와 같다.

  1. 판사, 검사인 위원 및 예비위원: 「법원조직법」 제42조 제1항 각 호의 어느 하나에 해당하는 직에 10년 이상 재직한 사람
  2. 변호사인 위원 및 예비위원: 「법원조직법」 제42조 제1항 각 호의 어느 하나에 해당하는 직에 10년 이상 재직한 사람으로서 변호사로 5년 이상 개업한 경력이 있는 사람
  3. 법학 교수인 위원 및 예비위원: 법률학 조교수 이상으로 5년 이상 재직한 경력이 있는 사람
  4. 경험과 덕망이 있는 자인 위원 및 예비위원: 일정한 직업을 가지고 10년 이상 사회활동을 한 경력이 있는 사람 또는 「비영리민간단체 지원법」 제2조에 따른 비영리민간단체에서 추천하는 사람

[전문개정 2008. 9. 3]

제22조(법무부징계위원회의 직원) ① 법무부징계위원회에는 징계에 관한 기록, 그 밖의 서류의 작성과 보관에 관한 사무를 처리하게 하기 위하여 간사 1명과 서기 약간 명을 둔다.

② 간사와 서기는 법무부 소속 공무원 중에서 위원장이 임명한다.

[전문개정 2008. 9. 3]

제23조(수당) 법무부징계위원회에 출석한 위원과 예비위원에게는 예산의 범위에서 수당을 지급할 수 있다. 다만, 법무부 소속 공무원인 위원이 그 소관 업무와 직접 관련되어 출석한 경우에는 그러하지 아니하다.

[전문개정 2008. 9. 3]

제23조의2(징계처분의 공개 범위와 시행 방법) ① 대한변호사협회의 장은 법 제98조의5 제3항에 따라 변호사 징계처분에 관한 다음 각 호의 정보(이하 "징계처분정보"라 한다)를 징계처분의 확정일부터 2주일 이내에 인터넷 홈페이지에 게재하고, 해당 징계처분의 확정일 이후 최초로 발간하는 대한변호사협회 발행 정기간행물에 게재하여야 한다.

  1. 징계처분을 받은 변호사의 성명·생년월일·소속지방변호사회 및 사무실의 주소·명칭[해당 변호사가 법무법인, 법무법인(유한), 법무조합(이하 "법무법인등"이라 한다)에 소속되어 있거나 그 구성원인 경우에는 그 법무법인등의 주소·명칭을 말한다]
  2. 징계처분의 내용 및 징계사유의 요지(위반행위의 태양 등 그 사유를 구체적으로 알 수 있는 사실관계의 개요를 포함한다)

   3. 징계처분의 효력발생일. 다만, 징계의 종류가 정직인 경우에는 정직개시일 및 정직기간으로 한다.

② 제1항에 따라 징계처분정보를 인터넷 홈페이지에 게재하는 기간은 최초 게재일부터 기산하여 다음 각 호의 구분에 따른 기간으로 한다.

   1. 영구제명·제명: 3년

   2. 정직: 1년. 다만, 정직기간이 1년보다 장기인 경우에는 그 정직기간으로 한다.

   3. 과태료: 6개월

   4. 견책: 3개월

③ 대한변호사협회의 장은 제1항 및 제2항에 따라 징계처분정보를 인터넷 홈페이지에 공개할 경우 홈페이지 최상단 메뉴에 변호사 정보란을, 그 하위 메뉴로 변호사 징계 내역을 두고, 변호사 징계 내역 메뉴에 징계처분정보를 기재하는 방법으로 게재하여야 한다.

④ 대한변호사협회의 장은 제3항에 따라 설치되는 변호사 징계 내역 메뉴에서 변호사의 성명 및 사무실의 명칭(해당 변호사가 법무법인등에 소속되어 있거나 그 구성원인 경우에는 그 법무법인등의 명칭을 말한다)으로 징계처분정보가 검색될 수 있도록 하여야 한다.

[본조신설 2012. 1. 25]

제23조의3(징계정보 열람·등사 신청을 할 수 있는 자 및 정보제공 범위) ① 법 제98조의5 제4항에 따라 징계정보의 열람·등사를 신청할 수 있는 자(이하 이 조 및 제23조의4에서 "신청권자"라 한다)는 다음 각 호의 어느 하나에 해당하는 자로 한다.

   1. 해당 변호사와 면담하였거나 사건수임 계약을 체결하는 등 변호사를 선임하였거나 선임하려는 자

   2. 제1호에 규정된 자의 직계존비속, 동거친족 또는 대리인

② 신청권자가 징계정보의 열람·등사를 신청하는 경우에는 해당 변호사의 인적사항, 변호사 선임 대상 사건의 개요 및 징계정보의 열람·등사를 신청하는 취지를 적은 신청서에 다음 각 호의 서류를 첨부하여 대한변호사협회의 장에게 제출하여야 한다.

   1. 주민등록증 사본 등 신청권자의 신분을 확인할 수 있는 서류

   2. 변호사 선임 대상 사건과 관련하여 해당 변호사의 징계정보가 필요한 사유 등을 적은 선임의사확인서. 다만, 계약서, 선임계 또는 해당 변호사의 동의서 등 위임계약 등을 체결하였거나 징계정보의 열람·등사에 대한 해당 변호사의 동의가 있었음을 증명하는 서류가 있으면 선임의사확인서를 갈음하여 그 서류를 제출할 수 있다.

   3. 제1항 제2호의 신청권자가 신청하는 경우에는 가족관계증명서, 위임장 등 가족관계나 대리관계를 증명할 수 있는 서류

③ 법 제98조의5 제 4 항에 따라 열람·등사를 신청할 수 있는 징계정보의 범위는 신청일부터 기산하여 다음 각 호의 구분에 따른 기간 이내에 확정된 징계처분정보로 한다.

1. 영구제명·제명: 10년
2. 정직: 7년
3. 과태료: 5년
4. 견책: 3년

④ 대한변호사협회의 장은 제 1 항의 신청이 다음 각 호의 어느 하나에 해당하는 경우에는 그 신청에 따른 징계정보를 제공하지 아니할 수 있다.

1. 신청서에 필수적 기재사항을 누락하였거나 제 1 항에 따른 신청권이 있음을 증명하는 서류를 제출하지 아니한 경우
2. 정당한 이유 없이 수회에 걸쳐 반복적으로 열람·등사를 신청하거나, 징계정보의 제공신청대상 변호사가 사건에 비추어 과도하게 다수인 경우 등 열람·등사 신청의 목적이 변호사를 선임하기 위한 것이 아님이 명백한 경우

⑤ 대한변호사협회의 장은 제 4 항에 따라 징계정보를 제공하지 아니하기로 결정한 때에는 지체 없이 신청인에게 그 취지 및 사유를 통지하여야 한다.

[본조신설 2012. 1. 25]

제23조의4(열람·등사 신청 방법, 절차 및 비용 등) ① 신청권자는 신청서 및 그 첨부서류를 대한변호사협회의 장에게 직접 제출하거나 우편, 모사전송 또는 이메일 등 정보통신망을 이용하여 징계정보의 열람·등사를 신청할 수 있다.

② 대한변호사협회의 장은 제 1 항의 신청을 받으면 신청일부터 1주일 이내에 직접 수령, 우편, 모사전송 또는 이메일 등 정보통신망을 이용한 방법 중 신청인이 선택한 방법으로 해당 변호사에 관한 징계정보 확인서를 제공하여야 한다.

③ 대한변호사협회의 장은 제 2 항에 따라 정보통신망을 이용하여 정보를 제공하는 경우에는 위조방지를 위한 조치를 하여야 한다.

④ 제 1 항 및 제 2 항에 따른 정보의 열람·등사 및 우송 등에 드는 비용은 대한변호사협회의 장이 정하는 바에 따라 실비의 범위에서 신청인이 부담하여야 한다.

⑤ 제 2 항에 따라 징계정보를 제공받은 자는 해당 정보를 변호사 선임 목적 외의 용도로 사용하여서는 아니 된다.

[본조신설 2012. 1. 25]

제24조(이의신청의 방식) ① 법 제100조 제 1 항에 따른 이의신청을 하려는 자는 법무부 징계위원회에 이의신청서를 제출하여야 한다.

② 제 1 항의 이의신청서에는 이의신청의 취지와 이유를 적어야 하고, 그 밖에 필요한 자료를 첨부할 수 있다.

[전문개정 2008. 9. 3]

제24조의2(참고인진술 등) 법무부징계위원회는 직권 또는 징계혐의자나 특별변호인의 청구에 따라 다음 각 호의 사항을 실시할 수 있다.

1. 참고인에 대한 진술 또는 감정의 요청
2. 필요한 물건이나 장소에 대한 검증
3. 서류 또는 그 밖에 심의에 필요한 물건의 소지인에 대한 제출 요청
4. 행정기관, 그 밖의 기관에 대한 사실의 조회

[전문개정 2008. 9. 3]

제24조의3(대한변호사협회의 장의 의견제시) 대한변호사협회의 장은 법 제100조 제2항에 따른 법무부징계위원회의 결정에 앞서 의견을 제시할 수 있다.

[본조신설 2007. 7. 27]

제24조의4(예비위원의 직무수행) 법무부징계위원회 위원이 부득이한 사유로 인하여 직무를 수행할 수 없는 때에는 위원장이 지명하는 예비위원이 그 직무를 수행한다.

[본조신설 2007. 7. 27]

제24조의5(결정서의 작성 등) ① 법무부징계위원회가 징계에 관한 의결을 하였을 때에는 결정서를 작성하여야 하며, 결정서에는 주문과 이유를 적고 위원장과 심의에 관여한 위원이 서명하고 날인하여야 한다.

② 간사는 심사기록을 작성하고 위원장과 함께 서명하고 날인하여야 한다.

③ 징계에 관한 의결 결과는 징계혐의자에게 송달하고, 대한변호사협회의 장 및 징계개시를 신청한 자에게 각각 통지하여야 한다.

[전문개정 2008. 9. 3]

제25조(업무정지결정의 청구) 법무부장관은 법 제102조 제1항 본문에 따라 변호사의 업무정지에 관한 결정을 청구하려면 피청구인의 인적사항, 공소사실 또는 징계혐의사실, 의뢰인이나 공공의 이익을 침해할 구체적 위험성 등을 업무정지결정 청구서에 적어 법무부징계위원회에 제출하여야 한다.

[전문개정 2008. 9. 3]

제26조(업무정지의 효력발생) 법 제102조 제2항에 따른 법무부장관의 업무정지명령은 해당 변호사에게 송달된 때부터 효력을 발생한다.

[전문개정 2008. 9. 3]

제27조(통보) ① 법무부장관은 법 제102조 제2항에 따라 변호사에게 업무정지를 명한 경우에는 지체 없이 대법원장, 검찰총장 및 대한변호사협회에 통보하여야 한다.

② 법무부장관이 법 제105조 제1항 및 제3항에 따라 업무정지명령을 해제한 경우에도 제1항과 같다.

[전문개정 2008. 9. 3]

제28조(규제의 재검토) 법무부장관은 제13조의2에 따른 다른 법인에 대한 출자 및 채무

보증 제한에 대하여 2014년 1월 1일을 기준으로 5년마다(매 5년이 되는 해의 1월 1일 전까지를 말한다) 그 타당성을 검토하여 개선 등의 조치를 하여야 한다.
[본조신설 2013. 12. 30]

부   칙〈제25050호, 2013. 12. 30〉(행정규제기본법 개정에 따른 규제 재검토기한 설정을 위한 주택법 시행령 등 일부개정령)

이 영은 2014년 1월 1일부터 시행한다. 〈단서 생략〉

부   칙〈대통령령 제25751호, 2014. 11. 19〉(행정자치부와 그 소속기관 직제)

제1조(시행일) 이 영은 공포한 날부터 시행한다. 다만, 부칙 제5조에 따라 개정되는 대통령령 중 이 영 시행 전에 공포되었으나 시행일이 도래하지 아니한 대통령령을 개정한 부분은 각각 해당 대통령령의 시행일부터 시행한다.
제2조부터 제4조까지 생략
제5조(다른 법령의 개정) ①부터 〈78〉까지 생략
〈79〉 변호사법 시행령 일부를 다음과 같이 개정한다.
제8조 제2호 다목을 다음과 같이 한다.
다. 「정부조직법」 제22조의2 제1항 및 「국민안전처와 그 소속기관 직제」 제2장·제8장에 따른 국민안전처, 지방해양경비안전관서
〈80〉부터 〈418〉까지 생략

외국법자문사법

제　　정 2009. 3. 25.
일부개정 2011. 4. 5.
타법개정 2011. 5. 19.
타법개정 2013. 7. 30.
일부개정 2016. 1. 6.
타법개정 2016. 2. 3.
타법개정 2016. 3. 2.

제1장　총　칙

제1조(목적) 이 법은 대한민국에서 외국법사무를 취급하는 외국법자문사(外國法諮問士)의 자격승인, 등록, 업무수행 및 합작법무법인의 설립인가, 업무수행 등에 관하여 필요한 사항을 규정함을 목적으로 한다. 〈개정 2016. 3. 2〉

제2조(정의) 이 법에서 사용하는 용어의 뜻은 다음과 같다. 〈개정 2016. 3. 2〉

1. "변호사"란 「변호사법」에 따른 변호사를 말한다.

2. "외국변호사"란 외국에서 변호사에 해당하는 법률 전문직의 자격을 취득하여 보유한 사람을 말한다.

3. "외국법자문사"란 외국변호사의 자격을 취득한 후 제6조에 따라 법무부장관으로부터 자격승인을 받고 제10조 제1항에 따라 대한변호사협회에 등록한 사람을 말한다.

4. "외국법자문법률사무소"란 외국법사무를 수행하기 위하여 이 법에 따라 개설하는 사무소를 말한다.

5. "원자격국(原資格國)"이란 외국변호사가 그 자격을 취득한 후 법률사무 수행에 필요한 절차를 마친 국가로서 대한민국에서 그 국가의 법령 등에 관한 자문 업무 등을 수행할 수 있도록 법무부장관이 지정한 국가를 말한다. 다만, 어느 국가 내에 지역적으로 한정된 자격이 부여되는 여러 개의 도(道)·주(州)·성(省)·자치구 등이 있는 경우에는 그 국가의 법령 등에 따라 그 자격이 통용되는 지역의 전부를 원자격국으로 본다.

6. "외국법사무"란 원자격국의 법령(원자격국에서 효력을 가지거나 가졌던 것을 말한다. 이하 같다)에 관한 자문 등 제24조에 따라 외국법자문사가 수행하도록 허용된 업무를 말한다.

7. "국제중재사건"이란 대한민국을 중재지로 하고, 대한민국 외 국가의 법령, 대한민

국과 외국 간 체결된 조약, 대한민국 외 국가 간 조약 또는 일반적으로 승인된 국
제관습법이 적용되거나 또는 적용될 수 있는 민사·상사의 중재사건을 말한다.

8. "자유무역협정등"이란 명칭 여하를 불문하고 대한민국이 외국(국가연합, 경제공동
체 등 국가의 연합체를 포함한다) 또는 국제기구와 외국법사무 분야를 포함한 포
괄적인 교역의 자유화를 내용으로 하여 체결하고 그 효력이 발생한 모든 합의를
말한다.

9. "합작법무법인"이란 외국법사무와 이 법에서 규정하는 국내법사무 등을 수행하기
위하여 이 법에 따라 설립된 법인을 말한다.

10. "국내 합작참여자"란 합작법무법인 설립에 참여하는 「변호사법」에 따른 법무법인,
법무법인(유한) 또는 법무조합을 말한다.

11. "외국 합작참여자"란 합작법무법인 설립에 참여하는 자로서 제35조의2 제1항에
따라 법무부장관이 고시하는 자유무역협정등 당사국에서 그 법적 형태를 불문하
고 법률사무의 수행을 주된 목적으로 설립된 자를 말한다.

12. "합작참여자"란 국내 합작참여자 및 외국 합작참여자를 말한다.

제2장 외국법자문사의 자격승인

제3조(자격승인의 신청) ① 외국법자문사가 되려는 외국변호사는 법무부장관에게 외국
법자문사의 자격승인을 신청하여야 한다.

② 외국변호사의 자격을 갖춘 변호사가 제1항의 신청을 하는 경우에는 변호사업을 휴
업하거나 폐업하여야 한다.

③ 신청인은 대통령령으로 정하는 바에 따라 신청서와 증빙서류를 제출하여야 한다. 이
경우 증빙서류는 원본(原本)이거나 인증된 사본(寫本)이어야 하고, 한글로 작성되지 아
니한 경우에는 공증된 한글 번역본을 첨부하여야 한다.

④ 신청인은 법무부령으로 정하는 수수료를 내야 한다. 〈신설 2011. 4. 5〉

제4조(직무 경력) ① 신청인이 외국법자문사의 자격승인을 받기 위하여는 외국변호사의
자격을 취득한 후 원자격국에서 3년 이상 법률 사무를 수행한 경력이 있어야 한다.

② 신청인이 원자격국 외의 외국에서 원자격국의 법령에 관한 법률 사무를 수행한 기간
은 대통령령으로 정하는 바에 따라 제1항의 기간에 산입할 수 있다.

③ 신청인이 대한민국에서 고용계약에 따라 사용자에 대하여 원자격국의 법령에 관한
조사·연구·보고 등의 사무를 근로자인 자기의 주된 업무로 수행한 경우에는 그 업무
수행 기간을 2년 이내의 범위에서 대통령령으로 정하는 바에 따라 제1항의 기간에 산
입할 수 있다.

제5조(결격사유) 다음 각 호의 어느 하나에 해당하는 사람은 외국법자문사가 될 수 없
다. 〈개정 2016. 1. 6〉

1. 국가를 불문하고 금고 이상의 형벌에 해당하는 형을 선고받고 그 집행이 끝나거나 그 집행을 받지 아니하기로 확정된 후 5년이 지나지 아니한 사람
2. 국가를 불문하고 금고 이상의 형벌에 해당하는 형의 집행유예를 선고받고 그 유예기간 중이거나 그 기간이 지난 후 2년이 지나지 아니한 사람
3. 국가를 불문하고 금고 이상의 형벌에 해당하는 형의 선고를 유예받고 그 유예기간 중에 있는 사람
4. 국가를 불문하고 공직에서 탄핵으로 파면된 후 5년이 지나지 아니하거나, 징계로 해임 이상의 처분을 받은 후 3년이 지나지 아니한 사람
5. 국가를 불문하고 「변호사법」 제90조 제1호부터 제3호까지 또는 같은 법 제102조 제2항에 따른 처분에 상당하는 처분을 받은 후 그 처분이 실효되지 아니한 사람
6. 피성년후견인, 피한정후견인, 파산선고를 받고 복권(復權)되지 아니한 사람 및 원자격국의 법령에 따라 이와 같이 취급되는 사람

제6조(자격승인 등) ① 법무부장관은 신청인이 다음 각 호의 요건을 모두 갖춘 경우에 외국법자문사의 자격승인을 할 수 있다.
1. 원자격국이 자유무역협정등의 당사국일 것
2. 원자격국 내에서 외국변호사의 자격이 유효할 것
3. 제4조에 따른 직무 경력이 있을 것
4. 제5조에 따른 결격사유가 없을 것
5. 대한민국 내에 서류 등을 송달받을 장소를 가지고 있을 것
6. 제3조 제2항의 경우 변호사업을 휴업하거나 폐업하였을 것

② 법무부장관은 제1항의 자격승인을 하면서 신청인이 외국법사무를 수행할 수 있는 원자격국을 지정하여야 한다. 이 경우 둘 이상의 국가에서 제1항의 요건을 모두 갖춘 경우 그 전부를 원자격국으로 지정할 수 있다.
③ 법무부장관은 자격승인 여부를 결정할 때에 대한변호사협회의 장의 의견을 들을 수 있다.
④ 법무부장관은 신청인이 제1항의 요건을 갖추지 못하여 자격승인을 거절하는 경우 지체 없이 그 취지와 사유를 신청인에게 알려야 한다.

제7조(자격승인 취소) ① 법무부장관은 외국법자문사가 다음 각 호의 어느 하나에 해당하는 경우에는 자격승인을 취소하여야 한다.
1. 외국변호사의 자격이 상실되거나 정지된 경우
2. 제5조의 결격사유가 발견되거나 새로 발생한 경우

② 법무부장관은 외국법자문사가 다음 각 호의 어느 하나에 해당하는 경우에는 자격승인을 취소할 수 있다.
1. 자격승인신청서 또는 그 증빙서류의 중요 부분이 누락되었거나 그 내용이 거짓으

로 보이는 상당한 사정이 있는 경우

2. 업무능력이나 재산상황이 현저히 악화되어 의뢰인이나 제3자에게 손해를 입힐 우려가 있고, 그 손해를 방지하기 위하여 부득이하다고 판단되는 경우

3. 제9조 제1항에 따른 보고 또는 자료 제출을 하지 아니하거나 거짓의 보고 또는 자료 제출을 한 경우

4. 자격승인을 받고 정당한 사유 없이 1년 이내에 대한변호사협회에 제10조에 따른 등록신청을 하지 아니한 경우

5. 제11조 제2항에 따른 등록의 유효기간이 지난 후 3년 이내에 제10조에 따른 등록을 하지 아니한 경우

③ 법무부장관은 제2항 제1호부터 제3호까지의 규정에 따라 외국법자문사의 자격승인을 취소하려는 경우에는 청문을 하여야 한다.

제8조(고시 등) ① 법무부장관은 자격승인 또는 자격승인의 취소를 한 경우에는 지체 없이 이를 그 대상자와 대한변호사협회에 서면으로 알리고, 관보에 고시하여야 한다.

② 자격승인 및 그 취소는 고시된 날부터 효력이 있다.

제9조(보고 등) ① 법무부장관은 신청인이나 외국법자문사에게 자격승인 및 그 취소에 관한 사항의 보고 또는 자료 제출을 요구할 수 있다.

② 법무부장관은 행정기관이나 그 밖의 공사단체(公私團體)에 자격승인 또는 그 취소에 관하여 필요한 자료 제출을 요구할 수 있다. 〈개정 2016. 3. 2〉

제3장   외국법자문사의 등록

제10조(등록의 신청) ① 외국법자문사로서 업무 수행을 개시하려는 사람은 제6조의 자격승인을 받은 후 대한변호사협회에 외국법자문사로 등록하여야 한다.

② 제1항의 등록을 하려는 사람은 서면으로 대한변호사협회에 등록신청을 하여야 한다. 이 경우 신청인은 제6조 제2항에 따라 지정된 원자격국을 대한변호사협회에 신고하여야 한다.

제11조(등록증명서 등) ① 대한변호사협회는 제10조 제2항의 신청에 대하여 제12조 제1항에 따른 등록거부 사유가 없으면 지체 없이 이를 외국법자문사 명부에 등록하고 신청인에게 등록증명서를 발급하여야 한다. 이 경우 대한변호사협회는 제10조 제2항의 원자격국을 외국법자문사 명부와 등록증명서에 함께 적어야 한다.

② 제1항에 따른 등록의 유효기간은 제1항의 명부에 등록된 날부터 5년으로 한다.

③ 등록의 갱신신청은 제2항의 유효기간이 끝나는 날의 6개월 전부터 1개월 전까지 할 수 있다.

④ 대한변호사협회는 등록 또는 등록 갱신을 한 경우에는 그 취지를 법무부장관에게 서면으로 통지하여야 한다.

⑤ 대한변호사협회는 등록신청 및 등록의 갱신신청의 처리에 관하여 신청인으로부터 대통령령으로 정하는 수수료를 받을 수 있다.

⑥ 외국법자문사의 등록 절차 등에 관하여 그 밖에 필요한 사항은 대한변호사협회가 정한다.

제12조(등록거부 등) ① 대한변호사협회는 제10조 제1항에 따른 등록신청이나 제11조 제3항에 따른 등록의 갱신신청을 한 사람이 다음 각 호의 어느 하나에 해당하는 경우에는 제14조에 따른 외국법자문사등록심사위원회의 의결을 거쳐 등록 또는 등록의 갱신을 거부할 수 있다. 이 경우 지체 없이 그 사유를 밝혀 신청인에게 알려야 한다.

1. 심신장애(心神障碍)로 인하여 외국법자문사의 직무를 수행하는 것이 현저히 곤란한 경우

2. 국가를 불문하고 공무원 재직 중의 직무에 관한 위법행위로 인하여 형사소추 또는 징계처분(파면 및 해임은 제외한다)을 받거나 퇴직한 자로서 외국법자문사의 직무를 수행하는 것이 현저히 부적당하다고 인정되는 경우

3. 제7조에 따라 자격승인이 취소된 경우

4. 등록 또는 등록 갱신이 거부되거나 제13조 또는 제36조에 따라 등록이 취소된 후 2년이 지나지 아니한 경우

② 등록 또는 등록 갱신이 거부된 신청인은 그 통지를 받은 날부터 3개월 이내에 소명자료를 첨부하여 법무부장관에게 이의신청을 할 수 있다.

③ 법무부장관은 제2항의 이의신청이 이유가 있다고 인정되면 대한변호사협회에 그 외국법자문사의 등록 또는 등록 갱신을 명하여야 한다.

제13조(등록취소) ① 대한변호사협회는 외국법자문사가 다음 각 호의 어느 하나에 해당하는 경우에는 그 등록을 취소하여야 한다.

1. 사망한 경우

2. 외국법자문사의 자격이 없거나 자격승인이 취소된 경우

3. 등록취소를 신청한 경우. 다만, 징계를 회피할 목적으로 등록취소를 신청하였다고 볼 만한 상당한 이유가 있는 경우는 제외한다.

4. 변호사의 자격을 갖춘 외국법자문사가 대한변호사협회에 변호사로 등록하는 경우

② 대한변호사협회는 외국법자문사가 다음 각 호의 어느 하나에 해당하는 경우 제14조에 따른 외국법자문사등록심사위원회의 의결을 거쳐 그 등록을 취소할 수 있다. 〈개정 2016. 3. 2〉

1. 심신장애로 인하여 외국법자문사의 직무를 수행하는 것이 현저히 곤란한 경우

2. 국가를 불문하고 공무원 재직 중의 직무에 관한 위법행위로 인하여 형사소추 또는 징계처분(파면 및 해임은 제외한다)을 받거나 퇴직한 자로서 외국법자문사의 직무를 수행하는 것이 현저히 부적당하다고 인정되는 경우

　3. 제24조, 제25조 및 제34조를 위반하거나, 제35조에 따라 준용되는 「변호사법」 제33조 및 제34조를 위반한 경우

③ 대한변호사협회는 제 1 항(제 1 항 제 1 호는 제외한다) 및 제 2 항에 따라 외국법자문사 등록을 취소하는 경우 그 취지와 이유를 해당 외국법자문사(제 2 항 제 1 호의 경우에는 법정대리인을 포함하며, 이하 제 4 항에서 같다)에게 지체 없이 서면으로 통지하고, 법무부장관에게 보고하여야 한다.

④ 제 3 항의 통지를 받은 외국법자문사는 지체 없이 등록증명서를 대한변호사협회에 반납하여야 한다.

⑤ 등록취소에 관하여는 등록거부 시의 이의신청 등에 관한 제12조 제 2 항 및 제 3 항을 준용한다.

제14조(외국법자문사등록심사위원회) ① 다음 각 호의 사항을 심사하기 위하여 대한변호사협회에 외국법자문사등록심사위원회를 둔다.

　1. 제12조에 따른 등록거부 또는 등록의 갱신거부에 관한 사항

　2. 제13조 제 1 항 제 3 호 단서 및 같은 조 제 2 항에 따른 등록취소에 관한 사항

② 외국법자문사등록심사위원회의 구성, 심사절차 및 운영에 관하여는 「변호사법」 제 9 조 제 2 항 및 제10조부터 제13조까지의 규정을 준용한다.

제 4 장　외국법자문법률사무소

제15조(설립신청 등) ① 원자격국에서 법률사무의 수행을 주된 목적으로 설립된 사무소나 법인(이하 "본점사무소"라 한다)에 소속된 제16조 제 1 항 제 3 호에 해당하는 외국법자문사는 법무부장관의 설립인가를 받아 외국법자문법률사무소를 설립할 수 있다.

② 외국법자문법률사무소의 설립인가를 받으려면 그 대표자가 될 외국법자문사가 대통령령으로 정하는 증빙서류를 첨부하여 서면으로 신청하여야 한다.

③ 제 1 항의 외국법자문사는 2개 이상의 외국법자문법률사무소를 설립할 수 없다.

④ 신청인은 법무부령으로 정하는 수수료를 내야 한다. 〈신설 2011. 4. 5〉

제16조(설립인가) ① 법무부장관은 다음 각 호의 요건을 모두 갖춘 경우 외국법자문법률사무소의 설립을 인가할 수 있다. 〈개정 2016. 3. 2〉

　1. 본점사무소가 자유무역협정등의 당사국에서 그 나라의 법률에 따라 적법하게 설립되어 5년 이상 정상적으로 운영되었을 것

　2. 본점사무소가 대한민국 내에서 외국법사무를 수행하기 위한 대표사무소로 그 외국법자문법률사무소를 설립하기로 의결 또는 결정하였을 것

　3. 외국법자문법률사무소의 대표자가 될 외국법자문사가 외국변호사의 자격을 취득한 후 원자격국에서 3년 이상의 기간을 포함하여 총 5년 이상 법률사무를 수행한 경력이 있을 것

    4. 본점사무소가 외국법자문법률사무소의 업무와 관련한 민사·상사상 책임에 대하여
       그 이행을 보증할 것

② 여러 나라에 걸쳐 사무소, 현지 사무소, 현지 법인, 지사, 분사무소 등 법률사무의 수
행을 주된 목적으로 하는 사무소를 두고 있는 경우에는 최고 의사결정이 이루어지는 사
무소를 본점사무소로 본다.

③ 외국법자문법률사무소의 대표자가 결원된 때에는 3개월 이내에 이를 보충하여야 한다.

제17조(고시 등) ① 법무부장관은 외국법자문법률사무소의 설립인가를 한 경우 지체 없이
이를 제15조 제2항의 신청인과 대한변호사협회에 각각 서면으로 통지하고, 관보에 고
시하여야 한다.

② 외국법자문법률사무소의 설립인가는 제1항의 고시가 있는 날부터 그 효력이 있다.

③ 외국법자문법률사무소의 설립인가에 관한 그 밖의 사항은 대통령령으로 정한다.

제18조(외국법자문법률사무소의 등록) ① 설립인가를 받은 외국법자문법률사무소의 대표
자는 그 고시가 있었던 날부터 3개월 이내에 대한변호사협회에 외국법자문법률사무소
의 등록을 신청하여야 한다.

② 제1항에 따라 등록하여야 할 사항은 다음 각 호와 같다.

    1. 목적, 명칭 및 사무소의 소재지

    2. 구성원의 성명 및 주소와 외국법자문법률사무소를 대표할 구성원의 주소

    3. 외국법자문법률사무소의 대표에 관한 사항

    4. 설립인가 연월일

    5. 본점사무소의 명칭 및 소재지

③ 대한변호사협회는 제1항의 신청이 있는 경우 특별한 사정이 없으면 지체 없이 외국
법자문법률사무소 명부에 등록하고 신청인에게 외국법자문법률사무소 등록증명서를 발
급하여야 한다.

④ 외국법자문법률사무소의 대표자는 등록된 사항이 변경된 경우 그 변경된 날부터 1개
월 이내에 그 내용을 대한변호사협회에 서면으로 신고하여야 한다.

⑤ 대한변호사협회는 다음 각 호의 서면을 비치하여 일반인이 열람할 수 있도록 하여야
한다. 〈개정 2011. 4. 5〉

    1. 제2항 각 호의 사항이 적힌 서면

    2. 제16조에 따른 설립인가 및 그 취소에 관한 서면

    3. 제21조에 따른 보험 또는 공제기금에 가입하였음을 증명하는 서면

    4. 제34조의3에 따른 등록 및 제34조의4에 따른 취소에 관한 서면

⑥ 대한변호사협회는 제3항에 따른 등록을 한 경우 그 취지를 법무부장관에게 서면으
로 통지하여야 한다. 〈신설 2011. 4. 5〉

⑦ 외국법자문법률사무소의 등록에 필요한 그 밖의 사항은 대한변호사협회가 정한다.

〈개정 2011. 4. 5〉

제19조(설립인가의 취소) ① 법무부장관은 외국법자문법률사무소가 다음 각 호의 어느 하나에 해당하는 경우 그 설립인가를 취소할 수 있다. 〈개정 2011. 4. 5〉

　1. 설립인가신청서 또는 그 증빙서류의 중요 부분이 누락되었거나 그 내용이 거짓으로 보이는 상당한 사정이 있는 경우

　2. 제16조 제 1 항 각 호의 요건을 구비하지 못한 경우

　3. 제16조 제 3 항을 위반하여 3개월 이내에 대표자를 보충하지 아니한 경우

　4. 외국법자문법률사무소의 구성원 또는 구성원이 아닌 소속 외국법자문사가 외국법자문법률사무소의 업무수행과 관련하여 제24조를 위반한 경우

　5. 법무부장관이 제32조 제 1 항에 따라 실시하는 감독에 정당한 사유 없이 따르지 아니하여 공익을 침해하였거나 침해할 우려가 있다고 인정되는 경우

　6. 외국법자문법률사무소가 제33조 또는 제34조를 위반한 경우

　7. 제34조의2 제 1 항을 위반하여 등록 없이 법률사무소, 법무법인, 법무법인(유한) 또는 법무조합과 국내법사무와 외국법사무가 혼재된 법률사건을 공동으로 처리하고 그로부터 얻게 되는 수익을 분배하는 경우

　8. 설립인가를 받은 외국법자문법률사무소의 대표자가 제18조 제 1 항을 위반하여 3개월 이내에 대한변호사협회에 등록을 신청하지 아니한 경우

② 법무부장관은 본점사무소가 제35조의2에 따라 합작법무법인을 설립한 경우에는 해당 본점사무소가 제15조에 따라 설립한 외국법자문법률사무소의 설립인가를 취소하여야 한다. 〈개정 2016. 3. 2〉

③ 제 1 항 제 1 호부터 제 7 호까지 또는 제 2 항에 따라 외국법자문법률사무소의 설립인가가 취소된 경우에는 대한변호사협회의 등록이 취소된 것으로 본다. 〈개정 2016. 3. 2〉

④ 법무부장관은 제 1 항의 사유로 외국법자문법률사무소의 설립인가를 취소하려면 청문을 하여야 한다. 〈신설 2016. 3. 2〉

⑤ 설립인가의 취소에 관하여는 제17조를 준용한다. 〈개정 2016. 3. 2〉

제20조(사무직원) ① 외국법자문법률사무소는 사무소에 사무직원을 둘 수 있다.

② 외국법자문법률사무소의 사무직원에 관하여는 「변호사법」 제22조 제 2 항ㆍ제 4 항ㆍ제5항을 준용한다. 이 경우 "변호사"는 "외국법자문법률사무소의 대표자"로, "지방변호사회의 장"은 "대한변호사협회의 장"으로 본다.

제21조(수임사건과 관련된 손해배상책임) ① 외국법자문법률사무소의 구성원은 외국법사무의 수행 및 외국법자문법률사무소의 운영 등과 관련된 손해배상책임을 보장하기 위하여 대통령령으로 정하는 바에 따라 보험 또는 공제기금에 가입하여야 한다.

② 외국법자문법률사무소의 대표자는 제 1 항에 따른 손해배상책임에 관한 사항을 대통령령으로 정하는 바에 따라 수임 계약서와 광고물에 밝혀야 한다.

제22조(장부의 작성 등) 외국법자문법률사무소는 수임에 관한 장부를 작성하고, 이를 보관하여야 한다. 이 경우 수임장부의 기재 등에 관하여는 「변호사법」 제28조 제 2 항 및 제 3 항을 준용한다.

제23조(외국법자문법률사무소의 운영 등) ① 외국법자문법률사무소는 국내에 분사무소를 둘 수 없다.

② 외국법자문법률사무소의 업무집행 방법 및 그 구성원 등의 업무제한에 관하여는 「변호사법」 제50조 제 1 항, 제 3 항부터 제 6 항까지, 제 7 항 본문 및 제52조를 준용한다. 이 경우 준용되는 「변호사법」 해당 조항 중 "법무법인"은 "외국법자문법률사무소"로, "변호사"는 "외국법자문사"로 본다.

③ 외국법자문법률사무소(구성원이 2명 이상인 경우에 한한다)에 관하여 이 법에 정한 것 외에는 「민법」 중 조합에 관한 규정을 준용한다.

제 5 장 외국법자문사 등의 권리와 의무

제24조(업무 범위) 외국법자문사는 다음 각 호의 사무를 처리할 수 있다. 〈개정 2016. 3. 2〉

1. 원자격국의 법령에 관한 자문
2. 원자격국이 당사국인 조약 및 일반적으로 승인된 국제관습법에 관한 자문
3. 국제중재사건의 대리. 다만, 대한민국 법령에 관한 사무는 제외한다.

제24조의2(외국법자문사 아닌 외국변호사의 국제중재사건 대리) ① 외국법자문사 아닌 외국변호사(제 5 조 각 호의 어느 하나에 해당하는 자는 제외한다. 이하 이 조에서 같다)는 제24조 제 3 호의 사무를 수행할 수 있다.

② 제 1 항의 외국변호사는 제24조 제 3 호의 사무 처리와 관련하여 1년에 90일 이상 대한민국에 체류할 수 없다. 다만, 본인의 부상이나 질병, 친족의 부상이나 질병으로 인한 간호·문병, 그 밖의 부득이한 사정으로 대한민국에 체류한 기간은 체류 기간을 산정할 때 산입하지 아니한다.

[본조신설 2016. 3. 2]

제25조(업무수행의 방식) ① 외국법자문사는 다음 각 호의 어느 하나에 해당하는 지위에서 업무를 수행할 수 있다. 〈개정 2016. 3. 2〉

1. 외국법자문법률사무소의 구성원
2. 외국법자문법률사무소의 구성원이 아닌 소속 외국법자문사
3. 법률사무소, 법무법인, 법무법인(유한) 또는 법무조합 소속 외국법자문사
4. 합작법무법인의 선임외국법자문사(제35조의11 제 1 항의 요건을 갖춘 외국법자문사를 말한다. 이하 같다)
5. 합작법무법인의 선임외국법자문사 아닌 소속외국법자문사

② 외국법자문사는 동시에 2개 이상의 외국법자문법률사무소, 법률사무소, 법무법인, 법

무법인(유한), 법무조합 또는 합작법무법인에 소속 또는 고용되거나 그 직책을 겸임할 수 없다. 〈개정 2016. 3. 2〉

제26조(신고 등) ① 외국법자문사가 업무를 개시한 경우, 일시 휴업한 경우 또는 근무지를 변경한 경우에는 지체 없이 대한변호사협회에 신고하여야 한다.

② 대한변호사협회는 제1항의 신고를 받은 때에는 지체 없이 법무부장관에게 보고하여야 한다.

제27조(자격의 표시 등) ① 외국법자문사는 직무를 수행하면서 본인을 표시할 때는 대한민국에서 통용되는 원자격국의 명칭(원자격국이 도·주·성·자치구 등 한 국가 내의 일부 지역인 경우 그 국가의 명칭을 위 원자격국의 명칭으로 사용할 수 있다. 이하 이 조에서 같다)에 이어 "법자문사"를 덧붙인 직명을 사용하여야 한다. 이 경우 직명과 함께 괄호 안에 원자격국언어로 된 원자격국의 명칭을 포함한 해당 외국변호사의 명칭을 부기할 수 있고, 이어 국어로 된 대한민국에서 통용되는 원자격국의 명칭에 "변호사"를 덧붙인 명칭을 병기할 수 있다. 〈개정 2016. 3. 2〉

② 외국법자문법률사무소는 본점사무소의 명칭 다음에 "외국법자문법률사무소"를 덧붙인 명칭을 사용하여야 한다. 이 경우 외국법자문법률사무소가 위치한 지역명을 병기할 수 있다. 〈개정 2011. 4. 5〉

③ 외국법자문사나 외국법자문법률사무소는 직무를 수행하면서 제1항 및 제2항에 규정된 방식 외의 명칭이나 표시를 사용할 수 없다.

④ 외국법자문법률사무소는 일반인이 쉽게 알아볼 수 있도록 사무소 안팎의 적절한 장소에 구성원, 소속 외국법자문사 및 그 원자격국을 모두 표시하여야 한다.

⑤ 합작법무법인은 일반인이 쉽게 알아볼 수 있도록 사무소 안팎의 적절한 장소에 전체 합작참여자, 선임변호사, 소속변호사, 선임외국법자문사 및 소속외국법자문사(외국법자문사의 경우에는 제6조 제2항에 따라 법무부장관이 지정한 원자격국을 포함한다)를 모두 표시하여야 한다. 〈개정 2016. 3. 2〉

⑥ 외국법자문사 또는 합작법무법인은 의뢰인과 외국법사무 등에 관한 계약을 체결하기 전에 의뢰인에게 그 원자격국(합작법무법인의 경우에는 담당외국법자문사의 원자격국을 말한다)과 업무 범위를 명시하여야 한다. 〈신설 2016. 3. 2〉

⑦ 외국법자문사가 아닌 사람은 외국법자문사 또는 외국법자문사로 오인을 일으킬 수 있는 어떠한 명칭이나 표시도 사용할 수 없다. 〈개정 2016. 3. 2〉

제28조(윤리기준 등) ① 외국법자문사는 그 품위를 손상하는 행위를 하여서는 아니 된다.

② 외국법자문사는 그 직무를 수행하면서 진실을 은폐하거나 거짓의 진술을 하여서는 아니 된다.

③ 외국법자문사는 대한변호사협회가 정하는 윤리장전(倫理章典)을 준수하여야 한다.

제29조(체류 의무) ① 외국법자문사는 최초의 업무개시일부터 1년에 180일 이상 대한민

국에 체류하여야 한다.

② 외국법자문사가 본인의 부상이나 질병, 친족의 부상이나 질병으로 인한 간호·문병, 그 밖의 부득이한 사정으로 외국에 체류한 경우 그 기간은 대한민국에 체류한 것으로 본다.

제30조(비밀유지 의무) 외국법자문사 또는 외국법자문사이었던 사람은 그 직무와 관련하여 알게 된 비밀을 누설하여서는 아니 된다. 다만, 법률에 특별한 규정이 있는 경우에는 그러하지 아니하다.

제31조(광고) ① 외국법자문사, 외국법자문법률사무소 및 합작법무법인은 자기 또는 그 구성원(합작법무법인의 경우에는 합작참여자, 선임변호사 및 선임외국법자문사를 말한다)의 원자격국, 학력, 경력, 전문분야, 업무 실적, 그 밖에 그 업무의 홍보에 필요한 사항을 방송·신문·잡지·컴퓨터통신 등의 매체를 이용하여 광고할 수 있다. 〈개정 2016. 3. 2〉

② 제1항의 광고에 관한 사항을 심사하기 위하여 대한변호사협회에 외국법자문사광고 심사위원회를 둔다.

③ 외국법자문사의 광고에 관하여는 「변호사법」 제23조 제2항 및 제4항을 준용한다. 이 경우 "변호사" 또는 "변호사등"은 "외국법자문사," "외국법자문법률사무소" 또는 "합작법무법인"으로 본다. 〈개정 2016. 3. 2〉

제32조(법무부장관의 감독 등) ① 외국법자문사, 외국법자문법률사무소 및 합작법무법인은 그 활동에 관하여 법무부장관과 대한변호사협회의 감독을 받는다. 〈개정 2016. 3. 2〉

② 대한변호사협회는 외국법자문사, 외국법자문법률사무소 또는 합작법무법인이 이 법에서 규정하는 의무를 위반하였음을 알게 된 경우 이를 법무부장관에게 보고하여야 한다. 〈개정 2016. 3. 2〉

제33조(자료 제출의 의무) 외국법자문사, 외국법자문법률사무소 또는 합작법무법인은 법무부장관 또는 대한변호사협회가 제32조 제1항의 감독을 수행하기 위하여 이유를 명시하여 그 업무·재산의 현황, 수임·회계 내역의 명세, 그 밖에 감독에 필요한 자료의 제출을 요구할 경우 이에 따라야 한다. 〈개정 2016. 3. 2〉

제34조(고용, 동업, 겸임 등의 금지) ① 외국법자문사나 외국법자문법률사무소는 변호사·법무사·변리사·공인회계사·세무사 및 관세사를 고용할 수 없다.

② 외국법자문사나 외국법자문법률사무소는 변호사·법무사·변리사·공인회계사·세무사 및 관세사와 동업, 업무제휴, 포괄적 협력관계의 설정, 사건의 공동 수임, 그 밖의 어떠한 방식으로든 사건을 공동으로 처리하고 그로 인한 보수나 수익을 분배할 수 없다.

③ 외국법자문사나 외국법자문법률사무소는 변호사·법무법인·법무법인(유한)·법무조합·법무사·법무사합동법인·변리사·특허법인·특허법인(유한)·공인회계사·회계법인·세무사·세무법인·관세사 및 관세사법인과 조합계약, 법인설립, 지분참여, 경영권

위임을 할 수 없으며, 그 밖의 어떠한 방식으로든 법률사무소·법무법인·법무법인(유한)·법무조합·법무사사무소·법무사합동법인·변리사사무소·특허법인·특허법인(유한)·공인회계사사무소·회계법인·세무사사무소·세무법인·관세사사무소 및 관세사법인을 공동으로 설립·운영하거나 동업할 수 없다. 〈개정 2013. 7. 30〉

제34조(고용, 동업, 겸임 등의 금지) ① 외국법자문사나 외국법자문법률사무소는 변호사·법무사·변리사·공인회계사·세무사 및 관세사를 고용할 수 없다.

② 외국법자문사나 외국법자문법률사무소는 변호사·법무사·변리사·공인회계사·세무사 및 관세사와 동업, 업무제휴, 포괄적 협력관계의 설정, 사건의 공동 수임, 그 밖의 어떠한 방식으로든 사건을 공동으로 처리하고 그로 인한 보수나 수익을 분배할 수 없다.

③ 외국법자문사나 외국법자문법률사무소는 변호사·법무법인·법무법인(유한)·법무조합·법무사·법무사법인·법무사법인(유한)·변리사·특허법인·특허법인(유한)·공인회계사·회계법인·세무사·세무법인·관세사 및 관세사법인과 조합계약, 법인설립, 지분참여, 경영권 위임을 할 수 없으며, 그 밖의 어떠한 방식으로든 법률사무소·법무법인·법무법인(유한)·법무조합·법무사사무소·법무사법인·법무사법인(유한)·변리사사무소·특허법인·특허법인(유한)·공인회계사사무소·회계법인·세무사사무소·세무법인·관세사사무소 및 관세사법인을 공동으로 설립·운영하거나 동업할 수 없다. 〈개정 2013. 7. 30, 2016. 2. 3〉

[시행일 : 2016. 8. 4] 제34조

제34조의2(외국법자문법률사무소의 공동 사건 처리 등) ① 자유무역협정등에 따라 법무부장관이 고시하는 자유무역협정등의 당사국에 본점사무소가 설립·운영되고 있는 외국법자문법률사무소는 사전에 대한변호사협회에 제34조의3에 따른 공동 사건 처리 등을 위한 등록(이하 "공동사건처리등을 위한 등록"이라 한다)을 한 경우 제34조 제2항에도 불구하고 법률사무소, 법무법인, 법무법인(유한) 또는 법무조합과 국내법무와 외국법사무가 혼재된 법률사건을 사안별 개별 계약에 따라 공동으로 처리하고 그로부터 얻게 되는 수익을 분배할 수 있다.

② 외국법자문법률사무소의 구성원 또는 구성원이 아닌 소속 외국법자문사는 제1항에 따른 업무를 처리하는 경우 법률사무소, 법무법인, 법무법인(유한) 또는 법무조합 소속 변호사가 처리하는 법률사무에 대하여 제24조 각 호에 규정된 업무 범위를 넘어 부당하게 관여하여서는 아니 된다.

[본조신설 2011. 4. 5]

제34조의3(공동사건처리등을 위한 등록) ① 공동사건처리등을 위한 등록은 공동 사건 처리 등의 업무를 수행하려는 외국법자문법률사무소의 대표자가 서면으로 신청하여야 한다.

② 대한변호사협회는 제1항에 따른 신청이 있는 경우 특별한 사정이 없으면 지체 없이 외국법자문법률사무소 명부에 등록한 후 신청인에게 등록증명서를 발급하고 그 취지를

신청인 및 법무부장관에게 서면으로 통지하여야 한다.

③ 제1항 및 제2항에서 규정한 사항 외에 외국법자문법률사무소의 공동사건처리등을 위한 등록 절차에 관하여 필요한 사항은 대한변호사협회가 정한다.

[본조신설 2011. 4. 5]

제34조의4(공동사건처리등을 위한 등록의 취소) ① 법무부장관은 공동사건처리등을 위한 등록을 마친 외국법자문법률사무소의 본점사무소가 법무부장관이 고시하는 자유무역협정등의 당사국에서 설립·운영되고 있지 아니한 경우에는 대한변호사협회에 그 등록의 취소를 명할 수 있다.

② 대한변호사협회는 제1항에 따른 등록취소명령이 있거나 등록취소명령 사유가 있는 경우에는 공동사건처리등을 위한 등록을 취소하여야 한다.

③ 대한변호사협회는 제2항에 따라 공동사건처리등을 위한 등록을 취소하는 경우 그 취지와 이유를 해당 외국법자문법률사무소에 지체 없이 서면으로 통지하고, 법무부장관에게 보고하여야 한다.

④ 제2항에 따른 등록취소에 대한 이의신청에 관하여는 제12조 제2항 및 제3항을 준용한다.

[본조신설 2011. 4. 5]

제34조의5(공동 사건 처리 등의 신고) ① 공동사건처리등을 위한 등록을 마친 외국법자문법률사무소의 대표자는 매년 1월 31일까지 전년도에 그 외국법자문법률사무소가 제34조의2 제1항에 따라 체결한 계약과 관련하여 그 상대방인 법률사무소, 법무법인, 법무법인(유한) 또는 법무조합의 명칭 및 그 사무소의 소재지, 계약체결일, 그 밖에 대한변호사협회가 정하는 사항을 대한변호사협회에 신고하여야 한다.

② 대한변호사협회는 제1항에 따른 신고를 받은 경우에는 그 취지를 법무부장관에게 서면으로 통지하여야 한다.

③ 제1항 및 제2항에서 규정한 사항 외에 외국법자문법률사무소의 공동 사건 처리 등의 신고 절차에 관하여 필요한 사항은 대한변호사협회가 정한다.

[본조신설 2011. 4. 5]

제35조(「변호사법」의 준용) 외국법자문사의 직무 등에 관하여는 「변호사법」 제28조의2, 제30조부터 제34조까지 및 제38조를 준용한다. 이 경우 준용되는 「변호사법」 해당 조항 중 "변호사"는 "외국법자문사"로, "법률사무소"는 "외국법자문법률사무소"로, "소속 지방변호사회"는 "대한변호사협회"로 본다. 〈개정 2016. 3. 2〉

제5장의2 합작법무법인 〈신설 2016. 3. 2〉

제35조의2(설립) ① 법무법인, 법무법인(유한) 또는 법무조합은 법무부장관이 고시하는 자유무역협정등 당사국에서 그 법적 형태를 불문하고 법률사무의 수행을 주된 목적으

로 설립된 자와 합작하여 법무법인을 설립할 수 있다.

② 외국 합작참여자가 여러 나라에 걸쳐 사무소, 현지 사무소, 현지 법인, 지사, 분사무소 등 법률사무의 수행을 주된 목적으로 하는 사무소를 두고 있는 경우에는 최고 의사결정이 이루어지는 사무소 소재지 국가를 기준으로 제1항의 자유무역협정등 당사국을 정한다.

[본조신설 2016. 3. 2]

제35조의3(설립 신청 등) ① 합작법무법인을 설립하려면 합작참여자가 정관을 작성하여 주사무소 소재지의 지방변호사회와 대한변호사협회를 거쳐 법무부장관의 인가를 받아야 한다. 정관을 변경할 때에도 또한 같다.

② 합작법무법인의 설립인가 또는 정관변경의 인가를 받으려면 합작참여자가 대통령령으로 정하는 증명서류를 첨부하여 서면으로 신청하여야 한다.

③ 제1항에 따른 인가의 유효기간은 법무부장관의 설립인가일부터 5년으로 한다.

④ 설립인가의 갱신 신청은 제3항의 유효기간이 끝나는 날의 10개월 전부터 5개월 전까지 할 수 있다.

[본조신설 2016. 3. 2]

제35조의4(정관 기재 사항) 합작법무법인의 정관에는 다음 각 호의 사항이 포함되어야 한다.

1. 목적, 명칭, 주사무소 및 분사무소의 소재지
2. 전체 합작참여자의 명칭, 등록번호(등록번호가 없는 경우에는 등록번호에 준하는 번호), 주사무소 주소
3. 출자의 종류와 그 가액 또는 평가 기준 및 지분 비율
4. 합작참여자의 가입·탈퇴와 그 밖의 변경에 관한 사항
5. 합작참여자 회의에 관한 사항
6. 합작법무법인 내 선임변호사(제35조의11 제1항의 요건을 갖춘 변호사를 말한다. 이하 같다)와 선임외국법자문사의 성명·주민등록번호(외국인인 경우에는 생년월일) 및 대표자의 주소
7. 합작법무법인 내 선임변호사 및 선임외국법자문사의 권한과 의무에 관한 사항
8. 합작법무법인의 대표에 관한 사항
9. 자산과 회계에 관한 사항
10. 존립 시기나 해산 사유를 정한 경우에는 그 시기 또는 사유

[본조신설 2016. 3. 2]

제35조의5(등기) ① 합작법무법인은 설립인가를 받으면 2주일 이내에 설립등기를 하여야 한다. 등기사항이 변경되었을 때에도 또한 같다.

② 제1항의 등기사항은 다음 각 호와 같다.

1. 목적, 명칭, 주사무소 및 분사무소의 소재지
2. 전체 합작참여자의 명칭, 등록번호(등록번호가 없는 경우에는 등록번호에 준하는 번호), 주사무소 주소
3. 출자의 종류·가액 및 이행 부분
4. 합작법무법인 내 선임변호사와 선임외국법자문사의 성명·주민등록번호(외국인인 경우에는 생년월일) 및 대표자의 주소
5. 합작법무법인의 대표에 관한 사항
6. 둘 이상의 자가 공동으로 합작법무법인을 대표할 것을 정한 경우에는 그 규정
7. 존립 시기나 해산 사유를 정한 경우에는 그 시기 또는 사유
8. 설립인가 연월일

③ 합작법무법인은 주사무소 소재지에서 설립등기를 함으로써 성립한다.

[본조신설 2016. 3. 2]

제35조의6(명칭) ① 합작법무법인은 전체 합작참여자의 명칭(통용되는 약칭을 포함한다)을 병기하고, 그 명칭 중에 합작법무법인이라는 문자를 사용하여야 한다.

② 합작법무법인이 아닌 자는 합작법무법인 또는 이와 유사한 명칭을 사용하지 못한다.

[본조신설 2016. 3. 2]

제35조의7(합작법무법인의 구성) ① 합작법무법인은 1개 이상의 국내 합작참여자와 1개 이상의 외국 합작참여자로 구성한다.

② 합작참여자는 2개 이상의 합작법무법인을 설립할 수 없다.

③ 합작법무법인이 제1항에 따른 합작참여자 요건을 충족하지 못하게 된 경우에는 3개월 이내에 보충하여야 한다.

[본조신설 2016. 3. 2]

제35조의8(합작참여자) ① 합작법무법인을 설립하는 국내 합작참여자는 다음 각 호의 요건을 충족하여야 한다.

1. 「변호사법」에 따라 적법하게 설립되어 3년 이상 정상적으로 운영되었을 것
2. 통산하여 5년 이상 「법원조직법」 제42조 제1항 각 호의 어느 하나에 해당하는 직에 있었던 5명 이상의 변호사를 보유하고, 이들 중 최소 3명은 해당 국내 합작참여자의 구성원일 것
3. 주사무소의 최고 의사결정 기구가 합작법무법인을 설립하기로 의결 또는 결정하였을 것
4. 다음 각 목의 요건을 충족하여 운영되었을 것
   가. 최근 5년간 「변호사법」에 따른 징계 또는 형사처벌을 받은 사실이 없을 것. 다만, 징계 또는 벌금 300만원 이하의 형사처벌을 받은 경우로서 징계 또는 형사처벌의 원인이 된 행위의 내용 및 동기 등을 고려하여 대통령령으로 정하는

경미한 사유에 해당하는 경우는 제외한다.

나. 최근 5년간 그 대표가 국내 합작참여자의 업무집행과 관련하여 「변호사법」에 따른 징계 또는 금고 이상의 형을 선고받은 사실이 없을 것. 다만, 징계를 받은 경우로서 징계의 원인이 된 행위의 내용 및 동기 등을 고려하여 대통령령으로 정하는 경미한 사유에 해당하는 경우는 제외한다.

5. 국내 합작참여자의 인적 구성, 업무사례, 업무능력 등에 비추어 합작법무법인 사무 취급에 적합한 전문성을 갖추고 있을 것

② 합작법무법인을 설립하는 외국 합작참여자는 다음 각 호의 요건을 충족하여야 한다.

1. 자유무역협정등 당사국에서 그 나라의 법률에 따라 적법하게 설립되어 3년 이상 정상적으로 운영되었을 것

2. 외국변호사 자격을 취득한 후 5년 이상 법률사무를 수행한 경력이 있는 5명 이상의 외국변호사를 보유하고, 이들 중 최소 3명은 해당 외국 합작참여자의 구성원일 것

3. 제35조의2 제2항의 최고 의사결정이 이루어지는 사무소의 최고 의사결정 기구가 합작법무법인을 설립하기로 의결 또는 결정하였을 것

4. 다음 각 목의 요건을 충족하여 운영되었을 것

가. 최근 5년간 국가를 불문하고 「변호사법」(이 법 또는 「변호사법」에 상당하는 외국의 법률을 포함한다)에 따른 징계 또는 형사처벌에 상당하는 처분을 받은 사실이 없을 것. 다만, 징계 또는 형사처벌의 원인이 된 행위의 내용 및 동기 등을 고려하여 대통령령으로 정하는 경미한 사유에 해당하는 경우는 제외한다.

나. 최근 5년간 그 대표가 외국 합작참여자의 업무집행과 관련하여 국가를 불문하고 「변호사법」(이 법 또는 「변호사법」에 상당하는 외국의 법률을 포함한다)에 따른 징계 또는 금고 이상의 형에 상당하는 처분을 받은 사실이 없을 것. 다만, 징계 또는 형사처벌의 원인이 된 행위의 내용 및 동기 등을 고려하여 대통령령으로 정하는 경미한 사유에 해당하는 경우는 제외한다.

5. 외국 합작참여자의 인적 구성, 업무사례, 업무능력 등에 비추어 합작법무법인 사무 취급에 적합한 전문성을 갖추고 있을 것

[본조신설 2016. 3. 2]

제35조의9(합작참여자의 가입) ① 합작 참여를 원하는 자는 합작참여자 전원의 동의를 받은 후 법무부장관의 인가를 받아 합작법무법인에 가입할 수 있다.

② 새로 합작법무법인에 가입하게 되는 합작참여자는 제35조의8의 요건을 충족하여야 한다.

[본조신설 2016. 3. 2]

제35조의10(합작참여자의 탈퇴) ① 합작참여자는 임의로 탈퇴할 수 있다. 다만, 6개월 전에 이를 예고하여야 한다.

② 국내 합작참여자는 다음 각 호의 어느 하나에 해당하는 사유가 있으면 당연히 탈퇴한다.

　　1. 「변호사법」에 따라 해산한 경우

　　2. 「변호사법」에 따라 업무정지명령을 받은 경우

　　3. 합작법무법인의 정관에서 정한 탈퇴 사유가 발생한 경우

③ 외국 합작참여자는 다음 각 호의 어느 하나에 해당하는 사유가 있으면 당연히 탈퇴한다.

　　1. 자유무역협정등 당사국법에 따라 해산 또는 그에 준하는 상황이 발생한 경우

　　2. 자유무역협정등 당사국법에 따라 업무정지명령을 받거나 그에 준하는 상황이 발생한 경우

　　3. 합작법무법인의 정관에서 정한 탈퇴 사유가 발생한 경우

[본조신설 2016. 3. 2]

제35조의11(선임변호사 및 선임외국법자문사) ① 「변호사법」 제34조 제 4 항에도 불구하고 합작법무법인에 다음 각 호의 요건을 모두 충족하는 각 2명 이상의 선임변호사 및 선임외국법자문사를 둔다.

　　1. 합작참여자의 구성원일 것

　　2. 통산하여 5년 이상 「법원조직법」 제42조 제 1 항 각 호의 어느 하나에 해당하는 직에 있었거나, 외국변호사 자격을 취득한 후 원자격국에서 2년 이상의 기간을 포함하여 총 5년 이상 법률사무를 수행한 경력이 있을 것

　　3. 외국법자문사의 경우 원자격국이 제35조의2 제 1 항에 따라 법무부장관이 고시하는 자유무역협정등 당사국일 것

② 합작법무법인 내 선임외국법자문사 수는 선임변호사 수를 넘을 수 없다.

③ 제35조의15 제 3 항, 「변호사법」 제21조 제 3 항 및 제48조 제 3 항(같은 법 제58조의16 및 제58조의30에 따라 준용되는 경우를 포함한다)에도 불구하고 합작법무법인 내 선임변호사 및 선임외국법자문사는 법무부장관의 허가를 받아 합작참여자 구성원 직을 겸할 수 있다.

④ 합작법무법인이 제 1 항 및 제 2 항에 따른 선임변호사 또는 선임외국법자문사 인원수 요건을 충족하지 못하게 된 경우에는 3개월 이내에 이를 보완하여야 한다.

[본조신설 2016. 3. 2]

제35조의12(소속변호사 및 소속외국법자문사) ① 「변호사법」 제34조 제 4 항에도 불구하고 합작법무법인은 선임변호사 아닌 소속변호사 및 선임외국법자문사 아닌 소속외국법자문사를 둘 수 있다.

② 제 1 항의 외국법자문사의 경우 원자격국이 제35조의2 제 1 항에 따라 법무부장관이 고시하는 자유무역협정등 당사국이어야 한다.

③ 합작법무법인 내 소속외국법자문사 수는 소속변호사 수를 넘을 수 없다.

④ 합작법무법인이 제 3 항에 따른 요건을 충족하지 못하게 된 경우에는 3개월 이내에 이를 보완하여야 한다.

[본조신설 2016. 3. 2]

제35조의13(대표) 합작법무법인의 대표는 합작참여자 회의(합작참여자를 대표하는 자들로 구성된 회의를 말한다. 이하 같다)에서 다음 각 호의 요건을 모두 충족하는 사람 중에서 선임한다.

   1. 선임변호사 또는 선임외국법자문사일 것

   2. 외국법자문사의 경우에는 원자격국이 제35조의2 제 2 항에 따른 외국 합작참여자의 소재지국일 것

[본조신설 2016. 3. 2]

제35조의14(사무직원) ① 합작법무법인은 사무소에 사무직원을 둘 수 있다.

② 합작법무법인의 사무직원에 관하여는 「변호사법」 제22조 제 2 항부터 제5항까지의 규정을 준용한다. 이 경우 "변호사"는 "합작법무법인"으로, "지방변호사회의 장"은 "대한변호사협회의 장"으로 본다.

[본조신설 2016. 3. 2]

제35조의15(사무소) ① 합작법무법인은 분사무소를 둘 수 있다.

② 합작법무법인이 사무소를 개업 또는 이전하거나 분사무소를 둔 경우에는 지체 없이 주사무소 소재지의 지방변호사회와 대한변호사협회를 거쳐 법무부장관에게 신고하여야 한다.

③ 합작법무법인 내 변호사 및 외국법자문사는 그 법적 형태를 불문하고 합작법무법인 외에 따로 법률사무의 수행을 주된 목적으로 하는 사무소를 둘 수 없다.

④ 제 1 항에 따른 분사무소의 설치 기준은 대통령령으로 정한다.

[본조신설 2016. 3. 2]

제35조의16(지분) ① 외국 합작참여자는 100분의 49를 초과하여 합작법무법인의 지분을 보유할 수 없다.

② 합작법무법인 내에 복수의 외국 합작참여자가 있을 경우 제 1 항을 적용할 때 각 외국 합작참여자의 지분을 합산한 것을 기준으로 한다.

③ 합작참여자는 다른 모든 합작참여자의 동의를 얻지 아니하면 그 지분의 전부 또는 일부를 양도하지 못한다.

[본조신설 2016. 3. 2]

제35조의17(의결권 행사) ① 합작참여자는 합작참여자 회의에서 지분 비율에 따라 의결권을 행사한다.

② 합작참여자의 회의는 총의결권의 과반수로 의결한다.

[본조신설 2016. 3. 2]

제35조의18(수익 분배) 「변호사법」 제34조 제5항에도 불구하고 전체 합작참여자는 정관에 달리 정한 바가 없으면 지분 비율에 따라 수익을 수취한다.

[본조신설 2016. 3. 2]

제35조의19(업무 범위) 합작법무법인은 이 법 및 다른 법률에 저촉되지 아니하는 범위에서 다음 각 호의 사항을 제외한 사무를 수행할 수 있다.

1. 국가·지방자치단체와 그 밖의 공공기관에서의 사법절차 또는 법적 절차를 위한 대리 및 그러한 절차를 위한 법률 문서의 작성

2. 「공증인법」 제2조 각 호에 따른 증서 작성의 촉탁 대리

3. 노동 분야 자문

4. 대한민국에 있는 부동산에 관한 권리, 지식재산권, 광업권, 그 밖에 행정기관에 등기 또는 등록함을 성립요건이나 대항요건으로 하는 권리의 득실변경(得失變更)을 주된 목적으로 하는 사무의 대리 및 이를 목적으로 한 문서의 작성

5. 대한민국 국민이 당사자이거나, 관련된 재산이 대한민국에 소재하고 있는 경우의 친족·상속 관계 사무의 대리 및 이를 목적으로 한 문서의 작성

[본조신설 2016. 3. 2]

제35조의20(업무 집행 방법) ① 합작법무법인은 법인 명의로 업무를 수행하며 그 업무를 담당할 변호사(이하 "담당변호사"라 한다) 또는 그 업무를 담당할 외국법자문사(이하 "담당외국법자문사"라 한다)를 지정하여야 한다. 소속변호사 또는 소속외국법자문사에 대해서는 선임변호사 또는 선임외국법자문사와 공동으로 지정하여야 한다.

② 제1항에 따른 지정을 할 때 외국법자문사는 제24조 각 호에 규정된 업무 외의 업무에 대해서는 담당외국법자문사로 지정될 수 없다.

③ 합작법무법인이 「변호사법」 제49조 제2항에 따른 업무를 할 때에는 그 직무를 수행할 수 있는 변호사 중에서 업무를 담당할 자를 지정하여야 한다.

④ 합작법무법인이 제1항에 따라 담당변호사 또는 담당외국법자문사를 지정하지 아니한 경우에는 선임변호사 및 선임외국법자문사 모두를 담당변호사 및 담당외국법자문사로 지정한 것으로 본다. 다만, 제24조 각 호에 규정된 업무 외의 업무에 대해서는 선임변호사 모두를 담당변호사로 지정한 것으로 본다.

⑤ 합작법무법인은 담당변호사 또는 담당외국법자문사가 업무를 담당하지 못하게 된 경우에는 지체 없이 제1항에 따라 다시 담당변호사 또는 담당외국법자문사를 지정하여야 한다.

⑥ 합작법무법인이 제5항에 따라 다시 담당변호사 또는 담당외국법자문사를 지정하지 아니한 경우에는 제4항을 준용한다.

⑦ 합작법무법인은 제1항부터 제6항까지의 규정에 따라 담당변호사 또는 담당외국법

자문사를 지정한 경우에는 지체 없이 이를 수임사건의 위임인에게 서면으로 통지하여야 한다. 담당변호사 또는 담당외국법자문사를 변경한 경우에도 또한 같다.

⑧ 담당변호사 및 담당외국법자문사는 지정된 업무를 수행할 때에 각자가 그 합작법무법인을 대표한다.

⑨ 합작법무법인이 그 업무에 관하여 작성하는 문서에는 법인명의를 표시하고 담당변호사 및 담당외국법자문사가 기명날인하거나 서명하여야 한다.

[본조신설 2016. 3. 2]

제35조의21(부당 관여 금지) 합작법무법인 내 외국법자문사는 제24조 각 호에 규정된 업무 외의 법률사무를 취급할 때 합작법무법인 내 변호사에게 업무상 명령을 내리거나 부당한 관여를 하여서는 아니 된다.

[본조신설 2016. 3. 2]

제35조의22(변호사, 외국법자문사의 업무 제한) ① 합작법무법인의 변호사 및 외국법자문사는 자기나 제3자의 계산으로 변호사, 외국법자문사 업무를 수행할 수 없다. 다만, 선임변호사 또는 선임외국법자문사가 제35조의11 제 3 항에 따라 합작참여자 구성원 직을 겸하는 경우에 해당 합작참여자의 계산으로 업무를 수행하는 경우는 제외한다.

② 합작법무법인의 변호사 또는 외국법자문사였던 자는 합작법무법인의 소속 기간 중 그 법인이 상의(相議)를 받아 수임을 승낙한 사건에 관하여는 변호사나 외국법자문사의 업무를 수행할 수 없다.

[본조신설 2016. 3. 2]

제35조의23(국내 합작참여자의 별도 직무 수행) 국내 합작참여자는 합작법무법인과 별도로 「변호사법」 제 3 조의 직무를 수행할 수 있다.

[본조신설 2016. 3. 2]

제35조의24(장부의 작성 · 보관) 합작법무법인은 수임에 관한 장부를 작성하고, 이를 보관하여야 한다. 이 경우 수임장부의 기재 등에 관하여는 「변호사법」 제28조 제 2 항 및 제 3 항을 준용한다.

[본조신설 2016. 3. 2]

제35조의25(수임 제한) 합작법무법인은 다음 각 호의 어느 하나에 해당하는 사건에 관하여는 그 직무를 수행할 수 없다. 다만, 제 2 호 사건의 경우 수임하고 있는 사건의 위임인이 동의한 경우에는 그러하지 아니하다.

　　1. 당사자 한쪽으로부터 상의를 받아 그 수임을 승낙한 사건(합작참여자가 수임을 승낙한 사건을 포함한다)의 상대방이 위임하는 사건

　　2. 수임하고 있는 사건(합작참여자가 수임하고 있는 사건을 포함한다)의 상대방이 위임하는 다른 사건

　　3. 합작법무법인의 선임변호사, 선임외국법자문사, 소속변호사, 소속외국법자문사 또

는 소속 외국변호사(국내 합작참여자의 구성원 또는 소속 변호사, 외국 합작참여
자의 구성원, 소속 외국법자문사 또는 소속 변호사를 포함한다)가 공무원·조정위
원 또는 중재인으로서 직무상 취급하거나 취급하게 된 사건

[본조신설 2016. 3. 2]

제35조의26(고용, 동업, 겸임 등의 금지) ① 합작법무법인은 법무사·변리사·공인회계
사·세무사 및 관세사를 고용할 수 없다.

② 합작법무법인은 법무사·변리사·공인회계사·세무사 및 관세사와 동업, 업무제휴,
포괄적 협력관계의 설정, 사건의 공동 수임, 그 밖의 어떠한 방식으로든 사건을 공동으
로 처리하고 그로 인한 보수나 수익을 분배할 수 없다.

③ 합작법무법인은 변호사·법무법인·법무법인(유한)·법무조합·법무사·법무사합동
법인·변리사·특허법인·특허법인(유한)·공인회계사·회계법인·세무사·세무법인·
관세사 및 관세사법인과 조합계약, 법인설립, 지분참여, 경영권 위임을 할 수 없으며,
그 밖의 어떠한 방식으로든 법무사사무소·법무사합동법인·변리사사무소·특허법인·
특허법인(유한)·공인회계사사무소·회계법인·세무사사무소·세무법인·관세사사무소
및 관세사법인을 공동으로 설립·운영하거나 동업할 수 없다.

[본조신설 2016. 3. 2]

제35조의27(보고 등) ① 합작법무법인은 다음 각 호의 사항에 변동이 있는 경우, 법무부
장관에게 이를 보고하여야 한다.

　　1. 제35조의8에 관한 사항

　　2. 제35조의11부터 제35조의13까지의 규정에 관한 사항

　　3. 제35조의16에 관한 사항

　　4. 그 밖에 합작법무법인 설립인가에 관한 사항

② 법무부장관은 합작법무법인에 제1항의 사실을 확인할 자료의 제출을 요구할 수 있
다.

③ 법무부장관은 행정기관이나 그 밖의 공사단체에 설립인가 또는 그 취소에 관하여 필
요한 자료 제출을 요구할 수 있다.

[본조신설 2016. 3. 2]

제35조의28(손해배상책임) ① 합작법무법인을 대표하는 자(담당변호사 및 담당외국법자
문사를 포함한다)가 그 업무집행으로 인하여 타인에게 손해를 가한 때에는 합작법무법
인은 그 대표와 연대하여 배상할 책임이 있다.

② 합작법무법인은 합작법무법인의 업무 처리 및 운영 등과 관련된 손해배상책임을 보
장하기 위하여 대통령령으로 정하는 바에 따라 보험 또는 공제기금에 가입하여야 한다.

③ 합작법무법인은 제2항에 따른 손해배상책임에 관한 사항을 대통령령으로 정하는
바에 따라 수임 계약서와 광고물에 밝혀야 한다.

[본조신설 2016. 3. 2]

제35조의29(인가 취소) ① 법무부장관은 합작법무법인이 다음 각 호의 어느 하나에 해당하면 설립인가를 취소할 수 있다. 다만, 제2호에 해당하는 경우에는 설립인가를 취소하여야 한다.

1. 설립인가신청서 또는 그 증명서류의 중요 부분이 누락되었거나 그 내용이 거짓으로 보이는 상당한 사정이 있는 경우
2. 합작참여자가 제35조의7 제2항을 위반하여 2개 이상 합작법무법인을 설립한 경우
3. 제35조의7 제3항을 위반하여 3개월 이내에 합작참여자를 보충하지 아니한 경우
4. 합작참여자가 제35조의8의 요건을 충족하지 못한 경우
5. 업무 집행에 관하여 법령을 위반한 경우

② 법무부장관은 제1항에 따라 합작법무법인의 설립인가를 취소하려면 청문을 하여야 한다.

[본조신설 2016. 3. 2]

제35조의30(해산) ① 합작법무법인은 다음 각 호의 어느 하나에 해당하는 사유가 있을 때에는 해산한다.

1. 정관에서 정한 해산 사유가 발생하였을 때
2. 합작참여자 전원의 동의가 있을 때
3. 파산하였을 때
4. 설립인가가 취소되었을 때
5. 인가 유효기간 만료 후 인가 갱신을 받지 못한 때

② 합작법무법인이 해산한 경우에는 청산인은 지체 없이 주사무소 소재지의 지방변호사회와 대한변호사협회를 거쳐 법무부장관에게 그 사실을 신고하여야 한다.

[본조신설 2016. 3. 2]

제35조의31(인가 등 통지) 법무부장관은 합작법무법인의 인가, 인가 취소 및 해산이 있으면 지체 없이 주사무소 소재지의 지방변호사회와 대한변호사협회에 통지하여야 한다.

[본조신설 2016. 3. 2]

제35조의32(준용 규정) 합작법무법인에 대한 징계에 관하여는 제6장을 준용한다.

[본조신설 2016. 3. 2]

제35조의33(다른 법률의 준용) ① 합작법무법인에 관하여는 「변호사법」 제27조, 제28조의2, 제30조 및 제32조부터 제37조까지의 규정(같은 법 제34조 제4항 및 제5항은 제외한다)을 준용한다. 이 경우 "변호사"는 "합작법무법인"으로, "소속 지방변호사회"는 "대한변호사협회"로 본다.

② 합작법무법인에 관하여 이 법에서 정한 것 외에는 「상법」 중 합명회사에 관한 규정을 준용한다. 다만, 「상법」 제173조, 제230조, 제232조부터 제240조까지 및 제242조부터 제

244조까지의 규정은 그러하지 아니하다.

[본조신설 2016. 3. 2]

제 6 장 징　계

제36조(징계의 종류) 외국법자문사에 대한 징계의 종류는 다음과 같다.

1. 자격승인취소
2. 등록취소
3. 3년 이하의 정직(停職)
4. 3천만원 이하의 과태료
5. 견책

제37조(징계 사유) ① 제36조 제 1 호에 해당하는 징계 사유는 다음 각 호와 같다.

1. 제13조 제 2 항 제 2 호 또는 제36조 제 2 호에 따른 등록취소 처분을 받은 사람으로서 외국법자문사의 직무를 수행하는 것이 현저히 부적당하다고 인정되는 경우
2. 제36조 제 3 호에 따른 정직 처분을 2회 이상 받은 후 다시 제 2 항에서 정하는 징계 사유가 있는 사람으로서 외국법자문사의 직무를 수행하는 것이 현저히 부적당하다고 인정되는 경우

② 제36조 제 2 호부터 제 5 호까지의 규정에 해당하는 징계 사유는 다음 각 호의 어느 하나와 같다.

1. 이 법을 위반한 경우
2. 대한변호사협회가 정하는 윤리장전을 위반한 경우
3. 직무의 내외를 막론하고 외국법자문사로서의 품위를 손상하는 행위를 한 경우

제38조(외국법자문사징계위원회의 설치) ① 외국법자문사의 징계는 외국법자문사징계위원회가 행한다.

② 법무부와 대한변호사협회에 각각 외국법자문사징계위원회를 둔다.

제39조(대한변호사협회 외국법자문사징계위원회의 구성) ① 대한변호사협회 외국법자문사징계위원회(이하 "변협징계위원회"라고 한다)는 다음 각 호의 위원으로 구성한다. 이 경우 법무부장관은 외국법자문사인 위원을 추천하기 곤란한 사정이 있으면 이를 갈음하여 외국변호사의 자격을 가진 자를 추천할 수 있다.

1. 법원행정처장이 추천하는 판사 2명
2. 법무부장관이 추천하는 검사 2명 및 외국법자문사 2명
3. 대한변호사협회의 장이 추천하는 변호사 2명 및 변호사가 아닌 법과대학 교수 1명

② 변협징계위원회에 위원장 1명과 간사 1명을 두되, 위원장과 간사는 위원 중에서 호선한다.

③ 제 1 항의 위원을 추천할 때에는 위원과 같은 수의 예비위원을 함께 추천하여야 한다.

④ 변호사의 자격을 취득한 날부터 10년이 지나지 아니한 사람은　판사 · 검사 · 변호사인 위원 또는 예비위원이 될 수 없다.

⑤ 위원과 예비위원의 임기는 각각 2년으로 한다.

⑥ 변협징계위원회의 결정은 위원 과반수의 찬성으로 의결한다.

⑦ 변협징계위원회의 구성 · 운영 등에 필요한 사항은 대한변호사협회가 정한다.

제40조(법무부 외국법자문사징계위원회의 구성) ① 법무부 외국법자문사징계위원회(이하 "법무부징계위원회"라 한다)는 위원장 1명과 부위원장 1명, 위원장 및 부위원장이 아닌 위원 7명으로 구성하며, 예비위원 7명을 둔다.

② 법무부징계위원회의 위원장은 법무부장관이 되고, 부위원장은 법무부차관이 되며, 위원과 예비위원은 다음 각 호의 사람을 법무부장관이 임명 또는 위촉한다. 이 경우 법무부장관은 외국법자문사인 위원을 위촉하기 곤란한 사정이 있으면 외국변호사의 자격을 가진 사람을 위촉할 수 있다.

　　1. 법원행정처장이 추천하는 판사 중에서 각 2명

　　2. 검사 중에서 각 2명

　　3. 외국법자문사 중에서 각 1명

　　4. 대한변호사협회의 장이 추천하는 변호사 중에서 각 1명

　　5. 변호사가 아닌 사람으로서 법과대학 교수 또는 경험과 덕망이 있는 사람 각 1명

③ 변협징계위원회의 위원 및 예비위원은 법무부징계위원회의 위원 및 예비위원을 겸할 수 없다.

④ 위원과 예비위원의 임기는 각각 2년으로 한다.

⑤ 위원장은 법무부징계위원회의 업무를 총괄하고 법무부징계위원회를 대표하며 회의를 소집하고 그 의장이 된다.

⑥ 위원장이 부득이한 사유로 그 직무를 수행할 수 없을 때에는 부위원장이 그 직무를 대행하고, 부위원장도 그 직무를 대행할 수 없을 때에는 위원장이 미리 지명하는 위원이 그 직무를 대행한다.

⑦ 법무부징계위원회의 결정은 위원 과반수의 찬성으로 의결한다.

⑧ 법무부징계위원회의 위원 중 공무원이 아닌 사람은 「형법」 제127조 및 제129조부터 제132조까지의 규정을 적용할 때에는 공무원으로 본다. 〈신설 2016. 1. 6〉

⑨ 제1항부터 제8항까지에서 규정한 사항 외에 법무부징계위원회의 운영이나 징계절차에 필요한 사항은 법무부령으로 정한다. 〈신설 2016. 3. 2〉

제41조(징계위원회의 권한) ① 변협징계위원회는 제37조 제2항에 따른 징계 사유에 해당하는 징계 사건을 심의한다.

② 법무부징계위원회는 제37조 제1항에 따른 징계 사유에 해당하는 징계사건과 변협징계위원회의 징계 결정에 대한 이의신청 사건을 심의한다.

제42조(징계개시의 청구 등) ① 대한변호사협회의 장은 외국법자문사가 제37조 제 1 항에 따른 징계 사유에 해당한다고 판단되면 법무부징계위원회에 징계개시를 청구하여야 하고, 제37조 제 2 항에 따른 징계 사유에 해당한다고 판단되면 변협징계위원회에 징계개시를 청구하여야 한다. 다만, 징계 사유가 발생한 날부터 3년이 지난 때에는 이를 청구하지 못한다.

② 의뢰인이나 의뢰인의 법정대리인·배우자·직계친족·형제자매는 외국법자문사에게 제37조에 따른 징계 사유가 있다고 판단되면 그 사유를 첨부하여 대한변호사협회의 장에게 그 외국법자문사에 대한 징계개시의 청구를 신청할 수 있다.

③ 지방검찰청검사장은 범죄수사 등 검찰 업무의 수행 중 외국법자문사에게 징계 사유가 있는 것을 발견한 때에는 대한변호사협회의 장에게 그 외국법자문사에 대한 징계개시의 청구를 신청하여야 한다.

④ 대한변호사협회의 장은 제 2 항 및 제 3 항의 신청에 대하여 징계개시의 청구를 하지 아니하는 경우에는 그 이유를 신청인에게 서면으로 알려야 한다.

⑤ 징계개시 신청인의 이의신청에 관하여는 「변호사법」 제97조의5를 준용한다.

제43조(징계의 결정 기간 등) ① 변협징계위원회는 징계개시의 청구를 받거나 제42조 제 5항에서 준용하는 「변호사법」 제97조의5 제 2 항에 따라 징계 절차를 개시한 날부터 6개월 이내에 징계에 관한 결정을 하여야 한다. 다만, 부득이한 사유가 있을 때에는 그 의결로 6개월의 범위에서 그 기간을 연장할 수 있다.

② 법무부징계위원회가 제37조 제 1 항에 따른 징계 사유에 관한 징계개시의 청구를 받거나 변협징계위원회의 결정에 대한 이의신청을 받은 때에도 제 1 항과 같다.

제44조(징계의 집행·절차 등) ① 제36조 제 1 호에 따른 징계는 법무부장관이 집행하고, 제36조 제 2 호부터 제 5 호까지의 규정에 따른 징계는 대한변호사협회의 장이 집행한다.

② 제36조 제 4 호에 따른 과태료 결정은 「민사집행법」에 따른 집행력 있는 집행권원과 같은 효력이 있고, 검사의 지휘로 집행한다.

③ 외국법자문사의 징계에 관하여는 「변호사법」 제98조 제 3 항, 제98조의2, 제98조의3, 제98조의4 제 2 항·제 3 항, 제98조의5 제 3 항·제 4 항, 제99조, 제100조 및 제101조의2를 준용한다.

제45조(업무정지명령) ① 법무부장관은 외국법자문사에 대하여 공소(公訴)가 제기되거나 제42조 제 1 항에 따른 징계 절차가 개시되어 그 재판이나 징계 결정의 결과 자격승인취소 또는 등록취소에 이르게 될 가능성이 매우 크고, 그대로 두면 장차 의뢰인이나 공공의 이익을 해칠 구체적인 위험성이 있는 경우에는 법무부징계위원회에 그 외국법자문사의 업무정지에 관한 결정을 청구할 수 있다. 다만, 약식명령이 청구된 경우와 과실범으로 공소제기된 경우에는 그러하지 아니하다.

② 법무부장관은 법무부징계위원회의 결정에 따라 해당 외국법자문사에 대하여 업무정

지를 명할 수 있다.

③ 외국법자문사의 업무정지에 관하여는 「변호사법」 제103조부터 제108조까지의 규정을
준용한다. 이 경우 준용되는 「변호사법」 해당 조항 중 "변호사"는 "외국법자문사"로 본다.

제 7 장 벌 칙

제46조(벌칙) 다음 각 호의 어느 하나에 해당하는 사람은 7년 이하의 징역 또는 5천만원
이하의 벌금에 처한다. 이 경우 벌금과 징역은 병과(倂科)할 수 있다. 〈개정 2016. 3. 2〉

1. 외국법자문사 또는 변호사가 아니면서 금품·향응 또는 그 밖의 이익을 받거나 받
을 것을 약속하고 또는 제3자에게 금품·향응 또는 그 밖의 이익을 공여(供與)하게
하거나 공여하게 할 것을 약속하고 외국법사무를 취급하거나 알선한 사람. 다만,
제24조의2 제1항에 따라 사무를 수행하는 외국법자문사 아닌 외국변호사는 제외
한다.

2. 제35조 및 제35조의33에 따라 준용되는 「변호사법」 제33조 또는 제34조를 위반한
사람

3. 금품·향응 또는 그 밖의 이익을 받거나 받을 것을 약속하고 또는 제3자에게 금
품·향응 또는 그 밖의 이익을 공여하게 하거나 공여하게 할 것을 약속하고 다음
각 목의 사건에 관하여 감정·대리·중재·화해·청탁·법률상담 또는 법률관계
문서작성, 그 밖의 법률사무를 취급하거나 이러한 행위를 알선한 외국법자문사. 다
만, 외국법자문사가 제24조 각 호의 사무를 처리하는 경우는 제외한다.

   가. 소송 사건, 비송 사건, 가사 조정 또는 심판 사건
   나. 행정심판 또는 심사의 청구나 이의신청, 그 밖에 행정기관에 대한 불복신청 사건
   다. 수사기관에서 취급 중인 수사 사건
   라. 법령에 따라 설치된 조사기관에서 취급 중인 조사사건
   마. 그 밖의 일반 법률사건

제47조(벌칙) 다음 각 호의 어느 하나에 해당하는 사람은 5년 이하의 징역 또는 3천만원
이하의 벌금에 처한다. 이 경우 벌금과 징역은 병과할 수 있다. 〈개정 2011. 5. 19, 2016.
3. 2〉

1. 제25조 제1항을 위반하여 업무 범위 외의 업무를 수행한 외국법자문사
2. 제30조를 위반하여 비밀을 누설한 사람 및 그 위반 사실을 알고도 이를 이용하여
부정한 이익을 얻을 목적으로 취득·사용한 사람
3. 제34조 제1항을 위반하여 변호사를 고용한 사람
4. 제34조 제2항 또는 제3항을 위반한 외국법자문사 및 변호사
5. 다음 각 목의 어느 하나에 해당하는 외국법자문사
   가. 외국의 법원 또는 행정기관을 위하여 행하는 문서의 송달과 증거조사를 행한

사람

 나. 대한민국에 있는 부동산에 관한 권리, 지식재산권, 광업권, 그 밖에 행정기관
  에 등기 또는 등록함을 성립요건이나 대항요건으로 하는 권리의 득실변경을
  주된 목적으로 하는 사무를 대리하거나 이를 목적으로 하는 문서의 작성을 행
  한 사람

 6. 제35조의26 제 2 항 또는 제 3 항을 위반한 외국법자문사 및 변호사

제48조(벌칙) 다음 각 호의 어느 하나에 해당하는 사람은 3년 이하의 징역 또는 2천만원
이하의 벌금에 처한다. 이 경우 벌금과 징역은 병과할 수 있다. 〈개정 2016. 3. 2〉

 1. 법무부장관이나 대한변호사협회에 외국법자문사의 자격승인 또는 등록에 관하여
  거짓의 신청을 하여 자격승인을 받거나 등록을 한 사람

 2. 제34조 제 1 항을 위반하여 고용된 변호사

 3. 제34조 제 1 항을 위반하여 법무사 · 변리사 · 공인회계사 · 세무사 및 관세사를 고용
  한 사람

 4. 제34조 제 2 항 또는 제 3 항을 위반한 법무사 · 변리사 · 공인회계사 · 세무사 및 관
  세사

 5. 제35조 및 제35조의33 제 1 항에서 준용되는 「변호사법」 제32조를 위반하여 계쟁권
  리(係爭權利)를 양수한 사람

 6. 외국법자문사가 아니면서 외국법자문사나 외국법자문법률사무소를 표시 또는 기
  재하거나, 이익을 얻을 목적으로 외국법사무를 취급하는 뜻을 표시 또는 기재한
  사람

 7. 제35조의3 제 1 항에 따른 합작법무법인의 설립인가에 관하여 법무부장관에게 허
  위의 확인서를 제출하거나 서류를 조작하는 등의 방법으로 거짓의 신청을 하여 설
  립인가를 받은 사람

 8. 제35조의6 제 2 항을 위반하여 유사 명칭을 사용한 사람

 9. 제35조의26 제 1 항을 위반하여 법무사 · 변리사 · 공인회계사 · 세무사 및 관세사를
  고용한 사람

 10. 제35조의26 제 2 항 또는 제 3 항을 위반한 법무사 · 변리사 · 공인회계사 · 세무사
  및 관세사

제49조(벌칙) 다음 각 호의 어느 하나에 해당하는 사람은 1년 이하의 징역 또는 1천만원
이하의 벌금에 처한다. 이 경우 벌금과 징역은 병과할 수 있다. 〈개정 2016. 3. 2〉

 1. 제31조 제 3 항에서 준용되는 「변호사법」 제23조 제 2 항 제 1 호를 위반하여 광고를
  한 사람

 2. 제34조 제 1 항을 위반하여 고용된 법무사 · 변리사 · 공인회계사 · 세무사 및 관세사

 3. 제35조에서 준용되는 「변호사법」 제31조 제 1 항 제 3 호를 위반하거나, 제35조의25

제 3 호를 위반한 사람

4. 제35조의26 제 1 항을 위반하여 고용된 법무사 · 변리사 · 공인회계사 · 세무사 및 관세사

5. 제35조의33 제 1 항에서 준용되는「변호사법」제37조 제 1 항을 위반하여 당사자 또는 그 밖의 관계인을 특정한 변호사나 그 사무직원에게 소개 · 알선 또는 유인한 사람

제50조(상습범) 상습적으로 제46조의 죄를 지은 사람은 10년 이하의 징역에 처한다.

제51조(외국인의 국외범) 제47조 제 2 호는 대한민국 외에서 죄를 지은 외국인에게도 적용한다. 다만, 행위지(行爲地)의 법률에 따라 범죄를 구성하지 아니하거나 소추(訴追) 또는 형의 집행을 면제하는 경우에는 그러하지 아니하다.

제52조(몰수 또는 추징) 제46조의 죄를 지은 사람이나 그 사정을 아는 제3자가 받은 금품 또는 그 밖의 이익은 몰수한다. 이를 몰수할 수 없을 때에는 그 가액(價額)을 추징한다.

제53조(과태료) ① 다음 각 호의 어느 하나에 해당하는 자에게는 3천만원 이하의 과태료를 부과한다. 〈개정 2016. 3. 2〉

1. 제15조 제 3 항을 위반한 사람

2. 제21조 또는 제23조 제 1 항을 위반한 외국법자문법률사무소의 대표자

3. 제25조 제 2 항을 위반한 외국법자문사와 그 사용자

4. 제27조 제 3 항부터 제 6 항까지의 규정을 위반한 외국법자문사, 외국법자문법률사무소의 대표자 또는 합작법무법인

5. 제29조를 위반한 외국법자문사

6. 제35조의28 제 2 항 또는 제 3 항을 위반한 합작법무법인

② 다음 각 호의 어느 하나에 해당하는 자에게는 1천만원 이하의 과태료를 부과한다. 〈개정 2011. 4. 5, 2016. 3. 2〉

1. 제22조를 위반하거나, 제20조 제 2 항에 따라 준용되는「변호사법」제22조 제 2 항을 위반한 외국법자문법률사무소의 대표자

1의2. 제24조의2 제 2 항을 위반하여 체류한 사람

2. 제33조를 위반하여 법무부장관의 자료 제출 요구에 따르지 아니하거나 거짓 자료를 제출한 외국법자문사, 외국법자문법률사무소의 대표자 또는 합작법무법인

3. 제34조의5 제 1 항을 위반하여 신고를 하지 아니하거나 거짓으로 신고한 외국법자문법률사무소의 대표자

4. 「공증인법」제 2 조 각 호에 따른 증서 작성의 촉탁을 대리한 외국법자문사

5. 제35조에 따라 준용되는「변호사법」제28조의2를 위반하여 수임사건의 건수 또는 수임액을 보고하지 아니한 사람

6. 제35조의14 제 2 항에 따라 준용되는「변호사법」제22조 제 2 항 제 1 호를 위반하거

나, 제35조의24를 위반한 합작법무법인

7. 제35조의30 제 2 항을 위반하여 해산신고를 하지 아니한 사람

8. 제35조의33 제 1 항에서 준용하는 「변호사법」 제28조의2를 위반하여 수임사건의 건수 또는 수임액을 보고하지 아니하거나 같은 법 제35조를 위반하여 사건 유치 목적으로 출입·주재하거나 또는 같은 법 제36조를 위반하여 사건을 소개·알선·유인한 사람 또는 합작법무법인

③ 제 1 항 및 제 2 항에 따른 과태료의 부과, 징수, 이에 대한 불복 등에 관하여는 「변호사법」 제117조 제 4 항부터 제 7 항까지의 규정을 준용한다. 〈개정 2016. 3. 2〉

부   칙〈제10629호, 2011. 5. 19〉

제 1 조(시행일) 이 법은 공포 후 2개월이 경과한 날부터 시행한다. 〈단서 생략〉
제 2 조(다른 법률의 개정) ①부터 ⑮까지 생략
〈16〉 외국법자문사법 일부를 다음과 같이 개정한다.
제47조 제 5 호 나목 중 "지적재산권"을 "지식재산권"으로 한다.
〈17〉부터 〈22〉까지 생략

부   칙〈법률 제11962호, 2013. 7. 30〉(변리사법)

제 1 조(시행일) 이 법은 공포 후 6개월이 경과한 날부터 시행한다. 〈단서 생략〉
제 2 조부터 제 9 조까지 생략
제10조(다른 법률의 개정) ①부터 ⑤까지 생략
⑥ 외국법자문사법 일부를 다음과 같이 개정한다.
제34조 제 3 항 중 "특허법인"을 각각 "특허법인·특허법인(유한)"으로 한다.

부   칙〈법률 제13715호, 2016. 1. 6〉

제 1 조(시행일) 이 법은 공포한 날부터 시행한다.
제 2 조(금치산자 등의 결격사유에 관한 경과조치) 제 5 조 제 6 호의 개정규정에도 불구하고 같은 개정규정 시행 당시 법률 제10429호 민법 일부개정법률 부칙 제 2 조에 따라 금치산 또는 한정치산 선고의 효력이 유지되는 사람에 대하여는 종전의 규정에 따른다.

부   칙〈법률 제13953호, 2016. 2. 3〉(법무사법)

제1조(시행일) 이 법은 공포 후 6개월이 경과한 날부터 시행한다.
제 2 조부터 제 6 조까지 생략

제 7 조(다른 법률의 개정) ①부터 ③까지 생략

④ 외국법자문사법 일부를 다음과 같이 개정한다.

제34조 제 3 항 중 "법무사합동법인"을 각각 "법무사법인 · 법무사법인(유한)"으로 한다.

제 8 조 생략

부   칙〈제14056호, 2016. 3. 2〉

제 1 조(시행일) 이 법은 2016년 7월 1일부터 시행한다.

제 2 조(다른 법률의 개정) 변호사법 일부를 다음과 같이 개정한다.

제21조의2 제 1 항 제 3 호 중 "법률사무소"를 "법률사무소, 「외국법자문사법」 제 2 조 제 9 호에 따른 합작법무법인"으로 한다.

제31조 제 4 항 제 1 호 중 "법무법인, 법무법인(유한), 법무조합(이하 이 조에서 "법무법인 등"이라 한다)"을 "법무법인, 법무법인(유한), 법무조합 또는 「외국법자문사법」 제 2 조 제 9 호에 따른 합작법무법인(이하 이 조에서 "법무법인등"이라 한다)"으로 한다.

제31조의2 제 1 항 중 "법무법인 · 법무법인(유한) 또는 법무조합의 담당변호사로 지정하는 경우"를 "법무법인 · 법무법인(유한) 또는 법무조합의 담당변호사로 지정하는 경우나 「외국 법자문사법」 제35조의20에 따라 합작법무법인의 담당변호사로 지정하는 경우"로 한다.

제89조의4 제 2 항 중 "법무법인 · 법무법인(유한) 또는 법무조합의 담당변호사로 지정된 경우"를 "법무법인 · 법무법인(유한) 또는 법무조합의 담당변호사로 지정된 경우나 「외국법 자문사법」 제35조의20에 따라 합작법무법인의 담당변호사로 지정된 경우"로 한다.

제89조의5 제 1 항 중 "법무법인 · 법무법인(유한) · 법무조합의 담당변호사"를 "법무법인 · 법무법인(유한) 또는 법무조합의 담당변호사나 「외국법자문사법」 제35조의20에 따른 합작 법무법인의 담당변호사"로 한다.

제89조의6 제 1 항 중 "법무법인 · 법무법인(유한) 또는 법무조합(이하 이 조에서 "법무법인 등"이라 한다)"을 "법무법인 · 법무법인(유한) · 법무조합 또는 「외국법자문사법」 제 2 조 제 9 호에 따른 합작법무법인(이하 이 조에서 "법무법인등"이라 한다)"으로 한다.

외국법자문사법 시행령

제정 2009. 8. 5.

제1조(목적) 이 영은 「외국법자문사법」에서 위임된 사항과 그 시행에 필요한 사항을 규정함을 목적으로 한다.

제2조(자격승인의 신청) 「외국법자문사법」(이하 "법"이라 한다) 제3조에 따라 외국법자문사의 자격승인(이하 "자격승인"이라 한다)을 신청하는 외국변호사는 법무부장관에게 별지 제1호 서식의 신청서에 다음 각 호의 증빙서류를 첨부하여 직접 제출하여야 한다.

1. 여권, 외국인등록증명서 또는 그 밖에 신분을 증명하는 서류의 사본
2. 이력서
3. 법 제6조 제1항 제2호·제3호·제5호 및 제6호의 요건을 증명하는 서류
4. 업무수행과 관련된 손해를 배상할 능력을 증명하는 서류
5. 별지 제2호 서식의 서약서
6. 제3호 및 제4호의 사항 등을 적은 법무부장관이 정하여 고시하는 서식에 따른 진술서
7. 그 밖의 참고 서류

제3조(서약 내용의 확인) 자격승인을 신청하는 외국변호사는 제2조의 신청서와 증빙서류를 제출할 때 법무부장관이 지명한 직원 앞에서 별지 제2호 서식의 서약서를 읽고 이에 서명하여야 한다.

제4조(직무 경력에의 산입) 외국법자문사의 자격승인을 받기 위하여 법 제4조 제1항의 직무 경력에 산입할 수 있는 원자격국의 법령에 관한 법률사무 등의 수행 기간은 다음 각 호와 같다.

1. 법 제4조 제2항에 따른 외국에서의 법률사무 수행 기간: 3년까지
2. 법 제4조 제3항에 따른 대한민국에서의 업무수행 기간: 2년까지

제5조(예비심사) 자격승인을 신청하려는 외국변호사는 신청 전에 자격승인 신청서와 그 증빙서류 또는 그에 준하는 서류를 법무부장관에게 제출하여 예비심사를 요청할 수 있다.

제6조(수수료) 법 제11조 제5항에 따라 외국법자문사의 등록 및 등록의 갱신을 신청할 때 신청인이 내야 하는 수수료는 대한변호사협회의 장이 법무부장관의 승인을 받아 정한다.

제 7 조(외국법자문법률사무소의 설립인가신청) ① 법 제15조 제 1 항에 따라 외국법자문
법률사무소의 설립인가를 받으려면 별지 제 3 호 서식의 인가신청서에 다음 각 호의 증
빙서류를 첨부하여 법무부장관에게 제출하여야 한다. 이 경우 증빙서류는 원본(原本)이
거나 인증된 사본(寫本)이어야 하고, 한글로 작성되지 아니한 경우에는 공증된 한글 번
역본을 첨부하여야 한다.

    1. 신청인이 외국법자문사임을 증명하는 서류
    2. 법 제16조 제 1 항 각 호의 요건을 증명하는 서류
    3. 그 밖의 참고 서류

② 법무부장관은 제 1 항의 설립인가 신청서류의 기재사항에 흠결이 있거나 증빙서류가
미비되어 있으면 신청인에게 보완을 요구할 수 있다.

③ 법무부장관은 법 제16조에 따라 외국법자문법률사무소 설립인가 심사를 할 때에 필
요하다고 인정하면 관련 사실 및 증거 조사를 하거나 신청인에게 관련 자료의 제출을
요구할 수 있다.

제 8 조(보험 또는 공제기금 가입) ① 외국법자문법률사무소의 구성원은 법 제17조 제 1
항의 설립인가 고시가 있었던 날부터 1개월 이내에 법 제21조에 따라 보험 또는 대한변
호사협회가 운영하는 공제기금에 가입하여야 한다.

② 제 1 항의 보험 또는 공제기금의 보상한도액은 보상 청구 건당 1억원 이상으로 한다.

③ 외국법자문법률사무소의 대표자는 그 구성원이 제 1 항에 따라 가입한 보험 또는 공
제기금의 연간 보상한도액의 합계액을 구성원 및 구성원이 아닌 소속 외국법자문사의
총수에 1억원을 곱하여 산출한 금액(구성원 및 구성원이 아닌 소속 외국법자문사의 총
수가 3명 미만인 경우에는 3억원으로 한다) 또는 20억원 이상으로 하여야 한다.

④ 외국법자문법률사무소의 대표자는 제 3 항에 따른 보상한도와 관련하여 남은 보상한
도액을 3억원 이상으로 유지하여야 하며, 남은 보상한도액이 3억원 미만이 된 경우에는
그 사유 발생일부터 1개월 이내에 3억원 이상이 되도록 하여야 한다.

⑤ 외국법자문법률사무소의 구성원은 제 1 항에 따라 가입한 보험 또는 공제기금이 기
간 만료 등의 사유로 종료될 때에는 종료일 전까지 다시 보험 또는 공제기금에 가입하
여야 한다.

⑥ 외국법자문법률사무소의 구성원은 제 1 항에 따라 보험 또는 공제기금에 가입하는
경우 보상 청구 건당 1천만원 이하의 범위에서 자기부담금을 설정할 수 있다.

제 9 조(손해배상책임에 관한 명시) ① 법 제21조 제 2 항에 따라 외국법자문법률사무소
의 대표자는 수임 계약서와 광고물(구성원이나 소속 외국법자문사의 변동을 내용으로
하는 광고물은 제외한다)에 법 제21조 제 1 항에 따른 손해배상책임에 관한 사항을 명시
하여야 한다.

② 제 1 항의 광고물은 다음 각 호의 어느 하나에 해당하는 광고매체를 통하여 외국법자

문법률사무소의 외국법자문사 및 그 업무에 관한 정보와 자료를 제공하는 것을 말한다.

1. 「출판문화산업 진흥법」 제2조에 따른 간행물
2. 「방송법」 제2조에 따른 방송

부   칙〈제21661호, 2009. 8. 5〉

이 영은 2009년 9월 26일부터 시행한다.

대한변호사협회 회칙

제 정 1952. 8. 29. 개 정 2006. 2. 20.
개 정 1963. 9. 16. 개 정 2007. 7. 23.
개 정 1970. 10. 7. 개 정 2009. 2. 26.
개 정 1974. 2. 12. 개 정 2009. 10. 19.
전문개정 1983. 2. 8. 개 정 2010. 2. 8.
개 정 1990. 2. 24. 개 정 2010. 12. 20.
개 정 1993. 6. 5. 개 정 2011. 12. 12.
개 정 1995. 10. 10. 개 정 2012. 10. 15.
개 정 1996. 6. 28. 개 정 2014. 2. 24.
개 정 1998. 6. 8. 개 정 2014. 10. 13.
개 정 2000. 7. 19.

제 1 장 총 칙

제 1 조(명칭) 이 회는 변호사법(이하 "법"이라 한다)에 의하여 설립되는 법인으로서 대한 변호사협회라 한다.

제 2 조(목적) 이 회는 다음 사항을 그 설립목적으로 한다.

1. 기본적 인권의 옹호와 민주적 기본질서의 확립
2. 준법정신의 앙양과 법률지식의 보급
3. 법률문화의 창달과 국제적 교류
4. 법제도의 개선과 법률사무의 쇄신
5. 법률구조사업의 수행과 사법복지의 증진
6. 변호사의 품위보전과 자질향상
7. 변호사·법무법인·법무법인(유한)·법무조합·공증인가합동법률사무소 및 지방 변호사회의 지도와 감독 (2006. 2. 20. 개정)
8. 외국법자문사의 품위보전, 자질향상 및 외국법자문사·외국법자문사법률사무소의 지도와 감독 (2010. 2. 8. 신설)

제 3 조(구성) ① 이 회는 법에 의하여 설립되는 지방변호사회로 구성한다.

② 지방변호사회의 회원은 당연히 이 회의 회원이 된다.

제 4 조(소재지) 이 회는 서울특별시에 둔다.

제 5 조(의견발표와 건의) ① 이 회는 법령의 제정과 개폐, 법제도의 운영과 개선 기타 모든 분야에 걸쳐 제 2 조에 정한 설립목적에 비추어 필요하다고 인정할 때에는 의견을 발표하거나 건의할 수 있다.

② 지방변호사회는 그 지역에 국한되는 문제에 관하여 제 1 항의 의견발표와 건의를 할

수 있다.

제6조(회지의 간행) ① 이 회는 설립목적을 달성하기 위하여 정기적으로 회지를 간행한다.

② 다음 각호의 사항은 회지에 게재하여야 한다.

   1. 변호사 및 외국법자문사의 각종 등록 및 신고에 관한 사항 (2010. 2. 8. 개정)

   2. 공증인가합동법률사무소 및 법무법인·법무법인(유한)·법무조합·외국법자문법률사무소의 각종 신고에 관한 사항 (2006. 2. 20. 개정), (2010. 2. 8. 개정)

   3. 이 회 및 지방변호사회의 중요 회무에 관한 사항

제6조의2(신문의 간행) ① 이 회는 설립목적을 달성하기 위하여 정기적으로 신문을 간행한다.

② 신문에는 법조회고, 논단, 판례 평석, 이 회 및 회원의 동정 및 기타 법조와 관련된 내용 등을 게재한다.

③ 신문의 발간과 관련한 세부적인 사항은 규칙으로 정한다. (2000. 7. 19. 신설)

제2장 회   원

제7조(회원의 종류) ① 이 회 회원의 종류는 단체회원, 법인회원, 개인회원 및 외국회원으로 한다.

② 단체회원은 지방변호사회로 한다.

③ 법인회원은 법무법인·법무법인(유한)·법무조합 및 공증인가합동법률사무소로 한다. (개정 2006. 2. 20)

④ 개인회원은 개업신고를 한 변호사로 한다.

⑤ 외국회원은 외국법자문사로 한다. (개정 2014. 2. 24)

제8조(회원의 권리) ① 개인회원은 이 회칙 또는 규칙이 정하는 바에 따라 임원의 선거권 및 피선거권을 가진다.

② 모든 회원은 이 회의 운영에 관하여 협회장에게 의견을 진술하고 필요한 조치를 취할 것을 건의할 수 있다.

③ 모든 회원은 규칙 또는 규정이 정하는 바에 따라 이 회의 시설을 이용할 수 있다.

제9조(회원의 의무) ① 모든 회원은 이 회의 회칙, 규칙, 규정 및 결의를 준수하여야 하며, 이 회로부터 지정 또는 위촉받은 사항을 신속·정확하게 처리하여야 한다.

② 모든 회원은 회칙, 규칙 또는 총회의 의결에 의하여 부과한 분담금, 특별회비 및 등록료 등을 납부하여야 한다.

③ 모든 회원은 이 회가 지정한 업무를 성실하게 처리하고, 이 회의 운영에 적극 협력하여야 한다.

④ 개인회원, 법인회원은 법률사건 또는 법률사무에 관한 수임장부를 작성하여 보관하

여야 한다. (2000. 7. 19. 신설), (2010. 2. 8. 개정)

⑤ 개인회원이나 법인회원은 재판계속 중인 사건 및 수사 중인 형사사건(내사 중인 사건을 포함한다)에 관하여 변호 또는 대리하고자 하는 경우 법원 또는 수사기관에 변호인선임서 또는 위임장 등을 제출하여야 한다. (2007. 7. 23. 신설)

⑥ 개인회원이나 법인회원은 법률사건 또는 법률사무에 관한 변호인선임서나 위임장을 제출할 때에는 소속 지방변호사회를 경유하여야 한다. (2000. 7. 19. 신설)

⑦ 외국회원은 이 회의 회원임을 표시할 경우 이 회의 "외국회원(foreign member)"임을 부기하여야 하고, 달리 변호사 또는 개인회원으로 오인을 일으킬 수 있는 어떠한 표시도 사용할 수 없다. (2010. 2. 8. 신설)

제 9 조의2(공익활동 참가 등) ① 개인회원은 연간 일정 시간 이상 공익활동에 종사하여야 한다.

② 개인회원은 법령에 의하여 공공기관, 이 회 또는 소속 지방변호사회가 지정한 업무를 처리하여야 한다.

③ 공익활동의 범위와 시행방법 등은 규정으로 정한다. (2000. 7. 19. 신설)

제10조(준회원) ① 개업신고를 하지 않았거나 휴업신고를 한 변호사는 이 회의 준회원이 된다.

② 준회원에 대하여는 회원의 권리·의무와 변호사의 지도·감독에 관한 규정을 적용하지 아니한다.

제 3 장 총   회

제11조(설치 및 구성) ① 이 회의 최고의결기관으로서 총회를 둔다.

② 총회는 지방변호사회 회장 및 회원들의 직접 무기명 투표로 선출되는 선출직 대의원으로 구성하며, 대의원 총수는 400인 이상 500인 이내로 한다. 그 중 선출직 대의원은 이사회 결의로 일정 회원 수당 1인의 비율로 정하되, 선출직 대의원 중 8할은 각 지방변호사회 소속 회원 수 비율로 비례 배정하고, 나머지 2할은 각 지방변호사회에 균등하게 할당 배정한다. (2011. 12. 12. 개정) 다만, 선출직 대의원의 비례 및 균등 배정을 위한 계산 과정에서 발생하는 단수로 인하여 위 대의원 총수와 비례 및 균등 배정 대의원의 비율에 관한 기준에 적합하지 아니한 결과에 이르더라도 그 오차범위가 3% 이하일 경우에는 위 기준에 적합한 것으로 본다. (2012. 10. 15. 개정)

③ 대의원의 임기는 2년으로 한다. 이 회는 대의원의 임기가 만료되기 20일 전까지 후임대의원을 선출하여야 한다. (2012. 10. 15. 개정)

④ 제 2 항에 따라 배정된 수의 대의원이 선출되지 못한 경우 협회장 당선자가 대의원 선출 기한 경과 후 10일 이내에 대의원을 지명하여 이 회에 보고하여야 한다. (2011. 12. 12. 개정) (2012. 10. 15. 개정)

⑤ 대의원 선출 및 구성에 관한 구체적인 내용은 이 회의 규칙으로 정한다. (2011. 12. 12. 개정)

제12조(종류 및 소집) ① 총회는 정기회와 임시회로 한다.

② 정기회는 매년 2월 중에 의장이 소집한다.

③ 임시회는 다음 각호의 1에 해당하는 경우에 의장이 소집한다.

　　1. 총회 구성원의 3분의 1 이상이 회의의 목적사항과 소집의 이유를 기재한 서면을 의장에게 제출하고 총회의 소집을 요구한 때

　　2. 협회장이 이사회의 의결을 거쳐 회의의 목적사항을 정하여 총회의 소집을 요구한 때

④ 제3항의 경우 의장은 그 요구가 있는 날로부터 2주일 내에 총회를 소집하여야 한다. 다만, 의장이 그때까지 총회를 소집하지 아니할 때에는 그 소집을 요구한 자가 소집할 수 있다.

⑤ 총회를 소집할 때에는 총회의 일시, 장소, 회의의 목적사항을 명시하여 개회 1주일 전에 통지하여야 한다. 다만, 긴급하다고 인정할 때에는 그 기간을 단축할 수 있다.

제13조(의결사항) 총회는 다음 사항을 의결한다.

　　1. 회칙·및 규칙의 제정 또는 개정에 관한 사항

　　2. 예산 및 결산의 승인에 관한 사항

　　3. 협회장을 제외한 임원의 선임에 관한 사항 (2011. 12. 12. 개정)

　　4. 법령, 회칙 또는 규칙에 의하여 총회의 의결을 받아야 할 사항

　　4의2. 변호사징계위원회 위원 및 예비위원의 선임에 관한 사항

　　4의3. 등록심사위원회의 위원 및 예비위원의 선임에 관한 사항

　　4의4. 외국법자문사등록심사위원회의 위원 및 예비위원의 선임에 관한 사항(2010. 2. 8. 신설)

　　5. 기타 협회장이 이사회의 의결을 거쳐 부의한 사항

제14조(정족수) ① 총회는 재적구성원의 과반수 출석으로 성립한다.

② 총회는 이 회칙에서 달리 정한 경우를 제외하고는 재적구성원의 과반수 출석과 출석구성원의 과반수 찬성으로 의결한다. 가부동수인 때에는 의장이 결정권을 가진다.

제15조(의장 및 부의장) ① 대의원선출 후 최초로 소집되는 총회에서는 의장 및 부의장 각 1인을 구성원 중에서 선출하여야 한다.

② 의장은 총회를 소집하고, 총회의 질서를 유지하며 의사를 진행한다.

③ 의장이 사고가 있거나 위임한 때에는 부의장이 의장의 직무를 대행한다. 다만, 의장 및 부의장이 선출되기까지의 의장의 직무는 협회장이 대행한다.

④ 의장 및 부의장의 임기는 대의원의 임기와 같다. 다만, 총회 구성원의 자격을 상실한 때에는 그 임기에 불구하고 퇴임한 것으로 본다.

제16조(회의의 공개와 발언) ① 총회의 회의는 공개한다. 다만, 총회가 달리 의결한 때에 는 그러하지 아니한다.

② 협회장, 부협회장, 상임이사 및 감사는 총회에 출석하여 발언할 수 있다. (1990. 2. 24. 개정)

③ 총회는 필요하다고 인정할 때에는 임원으로 하여금 총회에 출석하여 발언하게 할 수 있다.

④ 외국회원은 예산 또는 결산 의안 중 직접 외국회원에 관한 사항 및 외국법자문사에 관한 회칙, 회규의 제정 또는 개폐에 관한 사항에 대하여는 이 회가 정하는 바에 따라 총회에 서면 의견을 제출할 수 있다. (2010. 2. 8. 신설)

제17조(의사록) ① 총회의 의사에 관하여는 의사록을 작성하고, 의장 및 총회가 지명한 2 인 이상의 구성원이 기명 · 날인하여야 한다.

② 제1항의 의사록은 다음 총회에 보고하여 승인을 받아야 한다.

제4장 이 사 회

제18조(설치 및 구성) ① 이 회의 회무에 관한 중요 사항을 의결하기 위하여 이사회를 둔다.

② 이사회는 협회장, 부협회장, 상임이사 및 이사로 구성한다.

제19조(종류 및 소집) ① 이사회는 정기회와 임시회로 한다.

② 정기회는 매 3개월마다 협회장이 소집한다.

③ 임시회는 다음 각호의 1에 해당하는 경우에 협회장이 소집한다.

    1. 이사회 구성원 3분의 1 이상이 회의의 목적사항과 소집의 이유를 기재한 서면을 협회장에게 제출하고 이사회의 소집을 요구한 때

    2. 협회장이 필요하다고 인정한 때

④ 제3항 제1호의 경우 협회장은 그 요구가 있는 날로부터 1주일 이내에 이사회를 소 집하여야 한다.

제20조(의결사항) 이사회는 다음 사항을 의결한다.

    1. 규정의 제정 및 개정에 관한 사항

    2. 사업계획의 승인에 관한 사항

    3. 삭제 〈1996. 6. 28〉

    4. 제5조에 의한 의견발표 또는 건의에 관한 중요 사항

    5. 법무부변호사징계위원회의 위원과 예비위원의 추천 승인에 관한 사항

    5의2. 조사위원회의 위원선임에 관한 사항

    5의3. 법무부외국법자문사징계위원회의 위원과 예비위원의 추천 승인에 관한 사항
        (2010. 2. 8. 신설)

6. 법령, 회칙, 규칙 또는 규정에 의하여 이사회의 의결을 받아야 할 사항

7. 총회가 위임한 사항

8. 총회의 소집과 총회에 부의할 의안에 관한 사항

9. 기타 협회장이 부의한 회 운영에 관한 중요 사항

제21조(의장 및 부의장) 이사회의 의장은 협회장이 되고 부의장은 부협회장이 된다.

제22조(준용규정) 제12조 제 5 항, 제14조, 제15조 제 2 항, 제 3 항, 제16조 제 2 항 및 제 17조의 규정은 이사회에 준용한다.

제 5 장 임   원

제23조(종류) 이 회에는 다음의 임원을 둔다.

1. 협회장 1인

2. 부협회장 5인 이상 10인 이내 (2011. 12. 12. 개정)

3. 상임이사 15인 이내

4. 이사 50인 이내 (2011. 12. 12. 개정)

5. 감사 3인 이내 (2011. 12. 12. 개정)

제24조(선임) ① 협회장은 회원의 직접 무기명 비밀투표로 선출하되, 총 유효 투표수의 1/3 이상을 득표하여야 한다. (2011. 12. 12. 개정)

② 제 1 차 투표에서 당선자가 없는 경우에 상위 1, 2위 후보자에 한하여 결선투표를 하고 그 중 다수 득표자를 당선자로 한다. (2011. 12. 12. 개정)

③ 부협회장 및 상임이사는 협회장이 추천한 자 중에서 총회가 선임한다. (1990. 2. 24. 개정)

④ 이사는 협회장이 추천하는 자중에서 총회가 선임하고 매년 그 정원의 2분의 1씩을 교체한다. 단, 협회장은 전체 이사들 중에서 각 지방변호사회 소속 회원이 각 최소 1인 이상이 될 수 있도록 추천하여야 한다. (2011. 12. 12. 개정)

⑤ 감사는 총회에서 대의원의 직접 무기명투표로 선출한다. (2011. 12. 12. 개정)

⑥ 임원선임을 위한 투표권은 이를 대리인에 의하여 행사하지 못한다. (2011. 12. 12. 개정)

제25조(보선) ① 임원 중 결원이 생긴 때에는 지체 없이 그 후임자를 선임하여야 한다. 다만, 부협회장 2인, 감사 1인, 상임이사 및 이사 정원의 4분의 1 이내에서 결원이 생긴 때에는 그 후임자를 선임하지 아니할 수 있다.

② 협회장 이외의 임원 중 결원이 생긴 때에는 그 후임자를 이사회에서 선임할 수 있다. (2000. 7. 19. 신설)

제26조(임기) ① 임원의 임기는 2년으로 한다.

② 제25조의 규정에 의하여 보선된 임원의 임기는 전임자의 잔임기간으로 한다.

③ 임기가 만료된 임원은 후임자가 취임할 때까지 계속하여 그 직무를 행한다.

제27조(직무) ① 협회장은 이 회를 대표하고, 회무를 통할한다. 협회장은 지방변호사회 회장을 겸하지 못하며, 재임기간 중 정당의 당적을 가지지 못한다.

② 부협회장은 협회장을 보좌하고, 협회장이 사고가 있을 때에는 미리 정한 순서에 따라 그 직무를 대행한다.

③ 상임이사는 협회장을 보좌하여 회무를 처리한다. 다만, 상임이사는 규칙으로 정하는 바에 따라 전담별로 회무를 분담 처리할 수 있다.

④ 이사는 이사회의 구성원으로서 회무에 관한 중요 사항을 심의·의결하고 이사회 또는 협회장으로부터 위임받은 회무를 처리한다.

⑤ 감사는 독립하여 이 회의 재정 및 업무집행상황을 감사하고 그 결과를 총회에 보고한다. (개정 2014. 10. 13)

제27조의2(선거관리위원회 등) ① 협회장 및 기타 임원, 대의원의 선거 및 선출에 관한 사무를 담당하기 위하여 이 회에 선거관리위원회를 둔다.

② 선거관리위원회 및 임원 선거에 관한 절차, 선거운동 등 기타 필요한 사항은 규칙 또는 규정으로 정한다. (2011. 12. 12. 본조 신설)

제6장 상임이사회 및 위원회

제28조(상임이사회) ① 이 회에 회무집행에 관한 사항을 심의하기 위하여 상임이사회를 둔다.

② 상임이사회는 협회장, 부협회장 및 상임이사로 구성한다.

③ 상임이사회는 매주 1회 정기적으로 소집한다. 다만, 협회장이 필요하다고 인정할 때에는 언제든지 소집할 수 있다.

제29조(상임이사회의 기능) 상임이사회는 다음 사항을 심의한다.

1. 총회 및 이사회의 의결을 집행하기 위한 사항

2. 사업계획의 집행을 위한 세부계획의 수립에 관한 사항

3. 예산의 실행을 위한 실행예산의 편성에 관한 사항

3의2. 징계개시청구 및 조사위원회에 대한 징계혐의사건의 조사회부에 관한 사항

3의3. 변호사징계위원회 위원 및 예비위원 위촉이나 조사위원회 위원추천에 관한 사항

3의4. 등록심사위원회의 등록거부 및 등록취소의 안건 회부에 관한 사항

3의5. 등록심사위원회의 위원 및 예비위원 위촉에 관한 사항

3의6. 외국법자문사에 대한 징계개시청구에 관한 사항 (2010. 2. 8. 신설)

3의7. 외국법자문사징계위원회 위원 및 예비위원 위촉에 관한 사항 (2010. 2. 8. 신설)

3의8. 외국법자문사등록심사위원회의 등록거부 및 등록취소의 안건 회부에 관한 사

항 (2010. 2. 8. 신설)

3의9. 외국법자문사등록심사위원회의 위원 및 예비위원 위촉에 관한 사항 (2010. 2. 8. 신설)

4. 회칙, 규칙 또는 규정에 의하여 상임이사회의 심의를 거쳐야 할 사항

5. 총회 또는 이사회가 위임한 사항

6. 기타 협회장이 부의한 회무집행에 관한 사항

제30조(상임이사회 의사) 상임이사회의 의사에 관하여는 이사회에 관한 규정을 준용한다.

제31조(위원회) ① 이 회는 그 운영에 관하여 필요한 사항을 심의하기 위하여 자문기관으로서 각종 위원회를 둔다.

② 위원회는 상설위원회와 특별위원회로 한다.

③ 상설위원회의 종류, 설치, 조직, 권한 및 회의에 관하여는 규칙으로 정한다.

④ 특별위원회는 이사회가 그 조직, 권한, 존속기간 기타 필요한 사항을 규정으로 정하는 경우에 한하여 둘 수 있다.

제32조(위원회의 조직) ① 위원회에 위원장, 부위원장 및 간사 각 1인을 둔다. 다만, 특별위원회의 경우에는 달리 정할 수 있다. (개정 2014. 10. 13)

② 상설위원회의 위원장은 협회장이 추천한 위원 중에서 위원회가 선임하고, 부위원장은 위원 중에서 호선하고, 간사는 위원, 사무차장 및 촉탁변호사 중에서 위원장이 선임한다. (개정 2014. 10. 13)

③ 특별위원회의 위원장은 협회장이 추천한 위원 중에서 선임하고, 부위원장은 위원 중에서 호선하고 간사는 위원, 사무차장 및 촉탁변호사 중에서 위원장이 선임한다. (개정 1998. 6. 8)

④ 위원회의 위원은 협회장이 상임이사회의 심의를 거쳐 개인회원 중에서 지명한다. 다만, 필요한 경우 상임이사회의 심의를 거쳐 학식과 덕망이 있는 인사를 위원으로 위촉할 수 있다. (개정 2014. 10. 13)

제 7 장 사 무 국

제33조(설치와 조직) ① 이 회의 일반 사무를 처리하기 위하여 사무국을 둔다.

② 사무국에 사무총장과 필요한 직원을 둔다.

제34조(사무총장) ① 사무총장은 협회장의 명을 받아 이 회의 일반 사무를 관장하고 사무국의 직원을 지휘 · 감독한다.

② 사무총장은 협회장이 이사회의 승인을 얻어 임명한다. (2010. 12. 20. 개정)

③ 사무총장에게 규칙이 정하는 바에 따라 급여를 지급할 수 있다. (2010. 12. 20. 개정)

④ 사무총장은 총회 또는 위원회에 출석하여 의견을 진술할 수 있다.

제35조(직제와 정원)　사무국의 직제와 정원은 규칙으로 정한다.

제 8 장　등록과 신고

제36조(변호사의 등록)　① 변호사의 자격이 있는 자로서 개업하고자 할 때에는 이 회에 등록하여야 한다.

② 이 회는 등록을 신청한 자가 법 제 8 조 제 1 항 각호의 1에 해당할 때에는 등록심사위원회의 의결을 거쳐 등록을 거부할 수 있다.

③ 이 회는 변호사명부를 비치하고 다음 사항을 기재한다.

  1. 성명 및 주민등록번호

  2. 주소 및 등록기준지 (2009. 2. 26. 개정)

  3. 사무소의 명칭 및 소재지

  4. 소속 지방변호사회 및 입회연월일

  5. 자격을 취득한 연월일 및 사유

  6. 자격등록의 번호 및 연월일

  7. 개업 및 휴업에 관한 사항

  8. 등록취소의 연월일 및 사유

  9. 업무정지 및 징계에 관한 사항

④ 변호사의 자격등록 또는 소속변경등록을 청구하는 때에는 규칙으로 정하는 바에 따라 등록료를 납부하여야 한다.

제37조(변호사의 신고)　① 변호사는 다음 사항을 지체 없이 이 회에 신고하여야 한다.

  1. 개업한 때

  2. 사무소를 이전하거나 사무소의 명칭 또는 개업의 형태를 변경한 때

  3. 휴업한 때

  4. 변호사명부에 기재한 사항에 변동이 생기거나 새로 기재할 사항이 생긴 때

② 변호사는 소속변경등록을 한 때에는 지체 없이 종전에 소속하였던 지방변호사회에 그 뜻을 신고하여야 한다.

제38조(외국법자문사의 등록과 신고)　제36조 및 제37조 제 1 항의 규정은 외국법자문사법 제10조 제 1 항에 의하여 이 회에 등록하는 외국법자문사에게 준용한다. (2010. 2. 8. 개정)

제39조(합동사무소의 신고)　공증인가합동법률사무소와 공동법률사무소(사업자등록을 2인 이상이 같이 하는 경우와 2인 이상이 개인명의 이외의 명칭을 사용하는 경우)는 다음 사항을 지체 없이 이 회에 신고하여야 한다. (1998. 6. 8. 개정)

  1. 설립 및 설치

  2. 규약의 변경 및 사무소의 이전

3. 구성원의 가입 및 탈퇴

4. 업무집행정지사유의 발생

5. 설립인가의 취소

제40조(법무법인·법무법인(유한)의 신고) 법무법인·법무법인(유한)은 다음 사항을 지체 없이 이 회에 신고하여야 한다. (2006. 2. 20. 개정)

1. 설립 및 변경의 등기

2. 정관의 제정 또는 변경인가

3. 개업, 사무소의 이전 및 분사무소의 설치

4. 구성원의 가입 및 탈퇴

5. 구성원 아닌 소속변호사의 채용 및 변경

6. 징계 및 설립인가의 취소

7. 해산 및 합병

제40조의2(법무조합의 신고) 법무조합은 다음 사항을 지체 없이 이 회에 신고하여야 한다. (2006. 2. 20. 신설)

1. 설립

2. 규약의 제정 또는 변경인가

3. 개업, 사무소의 이전 및 분사무소의 설치

4. 구성원의 가입 및 탈퇴

5. 구성원 아닌 소속변호사의 채용 및 변경

6. 징계 및 설립인가의 취소

7. 해산

제40조의3(등록심사위원회의 설치) 이 회에 등록의 거부 또는 취소에 관한 심의를 위하여 등록심사위원회를 둔다.

제40조의4(위임규정) ① 이 회는 제36조 내지 제40조의 등록 및 신고가 있는 경우에는 규칙으로 정한 바에 따라 심사한다.

② 등록의 거부 및 취소에 관한 사항과 등록심사위원회의 심사절차 및 운영 등 시행에 관하여 필요한 사항은 규칙으로 정한다.

제41조(변호사사무직원의 신고) ① 변호사·법무법인·법무법인(유한)·법무조합이 사무직원을 채용한 때에는 이를 지체 없이 소속 지방변호사회에 신고하여야 한다. (2006. 2. 20. 개정)

② 사무직원의 종류, 연수, 신고 그 밖에 필요한 사항은 규칙으로 정한다. (2009. 2. 26. 개정)

제41조의2(외국법자문사등록심사위원회 설치 등) ① 이 회에 등록의 거부 또는 취소에 관한 심의를 위하여 외국법자문사등록심사위원회를 둔다.

② 등록의 거부 및 취소에 관한 사항과 외국법자문사등록심사위원회의 심사절차 및 운영 등 시행에 관하여 필요한 사항은 규정으로 정한다. (2010. 2. 8. 본조 신설)

제41조의3(외국법자문법률사무소의 등록) 외국법자문법률사무소의 등록에 관하여 필요한 사항은 규정으로 정한다. (2010. 2. 8. 신설)

제 9 장 지도와 감독

제42조(변호사의 윤리) 변호사는 그 사명에 따라 성실하게 그 직무를 수행하고 직업윤리를 준수하여 품위를 보전하여야 한다.

제42조의2(외국법자문사의 윤리) 외국법자문사는 그 사명에 따라 성실하게 그 직무를 수행하고 직업윤리를 준수하여 품위를 보전하여야 한다. 외국법자문사는 이 회가 정하는 윤리장전을 준수하여야 한다. (2010. 2. 8. 신설)

제43조(변호사의 연수) ① 변호사는 이 회 및 소속 지방변호사회가 정하는 바에 따라 연수교육을 받는다.

② 변호사의 연수교육을 실시하기 위하여 이 회에 변호사연수원을 둔다.

③ 변호사연수원의 조직과 운영에 관하여는 따로 규칙으로 정한다.

제43조의2(변호사시험 합격자의 연수) ① 법 제21조의2 제 1 항 제 6 호에 따른 이 회의 변호사시험 합격자 연수는 집합연수와 위탁연수 및 협회 규칙으로 정하는 방법에 의한다.

② 이 회는 법 제21조의2 제10항이 정한 법무부장관의 지원에 따라 변호사시험 합격자의 집합연수를 실시할 수 있다.

③ 이 회는 법 제21조의2 제 2 항이 정한 바에 따라 같은 조 제 1 항 제 3 호의 법률사무종사기관에 변호사시험 합격자의 위탁연수를 실시할 수 있다.

④ 변호사시험 합격자의 연수에 관한 구체적인 방법, 절차, 비용에 관하여는 따로 규칙으로 정한다. (2011. 12. 12. 본조 신설)

제44조(변호사 · 법무법인 · 법무법인(유한) · 법무조합 등의 보수 및 광고) ① 변호사 · 법무법인 · 법무법인(유한) · 법무조합은 그 직무에 관하여 사무보수, 사건보수 및 실비변상을 받을 수 있다. (2006. 2. 20. 개정)

② 사무보수는 상담료, 감정료, 문서작성료 및 고문료로, 사건보수는 그 사건의 종류에 따라 착수금과 성공보수로, 실비변상은 수임사무 및 사건의 처리비용과 여비 등으로 나눌 수 있다.

③ 변호사 · 법무법인 · 법무법인(유한) · 법무조합의 보수는 위임인과의 계약으로 정한다. 다만, 보수는 사회통념에 비추어 현저하게 부당한 것이어서는 아니된다. (2006. 2. 20. 개정)

④ 삭제 〈2000. 7. 19〉

⑤ 모든 회원 및 외국법자문사는 광고 · 선전을 하거나 사무소표지를 설치할 때에는 이

회 또는 소속 지방변호사회가 규칙이나 규정으로 정하는 바에 따라야 한다. (2010. 2. 8. 개정)

제45조(변호사 및 법무법인의 징계) (삭제)

제46조(지방변호사회의 이해조정) 이 회는 지방법원의 신설, 폐합 또는 그 관할구역의 변경으로 인하여 지방변호사회 사이에 이해가 상반하게 되었을 때에는 이를 조정할 수 있다.

제47조(지방변호사회의 보고) 지방변호사회는 다음 사항을 지체 없이 이 회에 보고하여야 한다.

    1. 설립의 인가

    2. 회칙의 제정 또는 개정인가

    3. 총회의 개최 및 결의내용

    4. 임원의 선임 및 퇴임

    5. 공무소에 대한 자문회답 및 건의

    6. 기타 회무에 관한 중요 사항

제48조(지방변호사회에 대한 감독) ① 지방변호사회는 이 회의 감독을 받는다.

② 이 회는 지방변호사회가 담당하는 사법연수생의 변호사실무수습에 관하여 필요한 지도와 감독을 할 수 있다.

③ 이 회는 지방변호사회가 행하는 변호사와 변호사 사이 또는 변호사와 위임인 사이의 분쟁조정에 관하여 필요한 지도와 감독을 할 수 있다.

제 9의2 장 징 계

제48조의2(대한변호사협회변호사징계위원회의 설치) 이 회에 등록한 변호사, 법인회원에 대한 징계사건을 심의하기 위하여 대한변호사협회변호사징계위원회를 둔다. (개정 2014. 2. 24)

제48조의3(조사위원회의 설치) ① 이 회는 징계혐의사실에 대한 조사를 담당하게 하기 위하여 조사위원회를 둔다. 다만, 협회장이 필요하다고 인정할 때에는 특별조사위원회를 둘 수 있다. (1998. 6. 8. 단서신설)

② 조사위원회 및 특별조사위원회는 규칙으로 정한 바에 따라 징계혐의사실을 조사하여 그 결과를 협회장에게 보고한다. (1998. 6. 8. 개정)

제48조의4(위임규정) 대한변호사협회변호사징계위원회, 조사위원회 및 특별조사위원회의 설치와 운영, 집행 등에 관하여 필요한 사항은 규칙으로 정한다. (1998. 6. 8. 개정)

제48조의5(외국법자문사징계위원회의 설치) ① 이 회에 외국법자문사에 대한 징계사건을 심의하기 위하여 외국법자문사징계위원회를 둔다.

② 외국법자문사징계위원회의 설치와 운영, 집행 등에 관하여 기타 필요한 사항은 규정

으로 정한다. (2010. 2. 8. 본조 신설)

제10장 법률구조사업

제49조(사업의 시행) 이 회는 빈곤 기타 사유로 권리구제를 받기 어려운 자에 대하여 법률구조사업을 실시한다.

제50조(법률구조재단의 설치) ① 법률구조사업을 실시하기 위하여 이 회에 법률구조재단을 둔다.

② 지방변호사회에 법률구조재단의 지부를 둘 수 있다. (2009. 10. 19. 본조 개정)

제51조(사업의 기금) ① 법률구조사업을 실시하기 위하여 필요한 기금은 이 회 및 지방변호사회의 출연금, 변호사·법무법인·법무법인(유한)·법무조합 또는 독지가의 찬조금 및 사업수익금으로 충당한다. (2006. 2. 20. 개정)

② 법률구조사업기금의 운용으로 인한 수익금은 타에 전용하지 못한다.

제11장 재   정

제52조(재원) 이 회의 경비는 다음의 수익금으로 충당한다.

1. 분담금 및 특별분담금 (1990. 2. 24. 개정)
2. 특별회비
3. 등록료
4. 찬조금
5. 기타 수입금

제53조(회계연도) 이 회의 회계연도는 매년 1월 1일부터 12월 31일까지로 한다.

제54조(예산 및 결산) ① 이 회의 매 연도 세입·세출예산은 총회의 승인을 받아야 한다.

② 새로운 회계연도가 개시된 뒤 예산이 성립될 때까지의 필요한 경비는 전년도 예산에 준하여 집행할 수 있다. 이 경우 집행된 예산은 당해연도 예산에 의하여 집행된 것으로 본다.

③ 이 회의 매 연도 세입·세출은 회계연도 종료 후 감사의 감사를 거쳐 다음 연도 정기총회의 승인을 받아야 한다.

제55조(특별회계) 이 회는 법률구조, 변호사연수, 기타 사업을 실시하기 위하여 필요하다고 인정할 때에는 총회의 승인을 얻어 특별회계를 둘 수 있다.

제12장 보 칙

제56조(회칙개정) 이 회칙을 개정하고자 할 때에는 총회의 의결을 거쳐 법무부장관의 인가를 받아야 한다.

제57조(규칙 및 규정) ① 이 회는 법령에 의하여 위임 또는 위탁된 사무를 처리하고, 회칙에서 위임한 사항과 회칙을 시행하기 위한 사항을 정하기 위하여 규칙을 제정할 수 있다.

② 이 회는 회무를 처리하고, 규칙에서 위임한 사항과 규칙을 시행하기 위한 사항을 정하기 위하여 규정을 제정할 수 있다.

③ 규칙은 총회의 규정은 이사회의 의결을 거쳐 정한다.

제58조(겸직금지) ① 등록심사위원회·대한변호사협회변호사징계위원회·조사위원회의 위원 및 예비위원은 상호 겸직할 수 없다.

② 외국법자문사등록심사위원회 및 외국법자문사징계위원회 위원 및 예비위원은 상호 겸직할 수 없다. (2010. 2. 8. 신설)

부 칙

제 1 조(시행일) 이 회칙은 법 제62조 및 부칙 제 2 조 제 3 항의 규정에 의한 법무부장관의 인가를 받은 날로부터 시행한다.

제 2 조(경과조치) ① 이 회칙 시행 당시의 대한변호사협회는 이 회칙에 의한 대한변호사협회로 본다.

② 이 회칙시행 당시 이 회의 회원은 이 회칙에 의한 회원으로 본다.

③ 이 회칙에 의한 최초의 총회 및 이사회가 구성될 때까지 총회의 기능은 종전의 총회가, 이사회의 기능은 종전의 회장, 부회장, 총무 및 재무가 행한다.

④ 이 회칙시행 당시의 임원은 이 회칙에 의하여 선임된 것으로 보며, 그 임기는 이 회칙에 의한 최초의 임원이 선임될 때까지로 한다. 다만, 종전의 총무와 재무는 이 회칙에 의한 상임이사로 본다.

제 3 조(경과조치) ① 이 회는 이 회칙시행일로부터 3월 이내에 이 회칙이 위임한 각종 규칙을 제정하여야 한다.

② 이 회는 법 부칙 제 2 조 제 4 항에 정한 기간 내에 법 및 이 회칙에 의한 기관을 구성하고 임원을 선임하여야 한다.

③ 이 회칙시행 후 최초로 선임되는 임원 및 대의원의 임기는 1985년도 정기총회일까지로 한다.

④ 이 회칙시행 후 최초로 선임되는 이사 중 2분의 1은 회칙 제26조의 규정에 불구하고 그 임기를 1984년도 정기총회일로 하여 선임한다.

⑤ 이 회는 이 회칙시행일부터 6월 이내에 이 회칙 제36조에 의한 변호사명부를 새로
작성하여 법 부칙 제2조 제1항에 의한 변호사명부와 대체하여야 한다.
⑥ 변호사는 제5항에 의한 변호사명부를 작성하기 위하여 필요한 사항을 이 회에 신고
하여야 한다.

부   칙〈2010. 12. 20〉

이 회칙은 법무부장관의 인가가 있는 날로부터 시행한다.

부   칙〈2011. 12. 12〉

이 회칙은 법무부장관의 인가가 있는 날로부터 시행한다. 다만, 제11조 및 제24조에 관
한 사항은 2013년 실시되는 협회장 선거 및 2013년 2월 정기총회부터 적용한다.

부   칙〈2012. 10. 15〉

이 회칙은 법무부장관의 인가가 있는 날로부터 시행한다.

부   칙〈2014. 2. 24〉

이 회칙은 법무부장관의 인가가 있는 날부터 시행한다.

부   칙〈2014. 10. 13〉

이 회칙은 법무부장관의 인가가 있는 날부터 시행한다.

변호사업무광고규정

제   정 1993. 6. 28. 개   정 2004. 11. 29.
개   정 1994. 3. 29. 개   정 2006. 2. 13.
개   정 1998. 5. 25. 전문개정 2007. 2. 5.
전문개정 2001. 7. 9. 개   정 2009. 9. 14.
개   정 2004. 2. 9.

제1조(목적) 이 규정은 변호사법 제23조 제2항, 제24조 및 대한변호사협회회칙 제44조 제5항, 제57조에 의하여 변호사(법무법인·법무법인(유한)·법무조합·공증인가합동법률사무소를 포함한다. 이하 같다) 업무의 광고에 관하여 필요한 사항을 정함을 목적으로 한다.

제2조(광고의 정의) 변호사업무에 관한 광고(이하 "광고")라 함은 변호사가 고객 또는 의뢰인의 유치 및 유지를 주된 목적으로 하여 자기 또는 그 구성원이나 그 업무에 관하여 아래에 열거한 방식을 포함한 일체의 방법으로 정보를 제공하는 것을 말한다.

1. 변호사사무소간판 등의 설치
2. 국내외의 신문·잡지 등의 정기 또는 부정기 간행물, 단행본, 화상 및 음성기록물, 일반전화번호부 및 비즈니스 디렉토리, 공중파, 케이블, DMB 기타 각종 방송, 유·무선통신, 인터넷, 컴퓨터통신 등 각종 매체의 이용
3. 인사장, 연하장, 달력, 명함, 봉투, 서식, 편지지 기타의 사무용지 등의 유인물 또는 복사물의 배포
4. 안내책자, 사외용의 사무소보, 기념품, 안내편지, 관광안내지도, 개업연, 기타의 연회, 협찬
5. 법률상담, 설명회, 세미나 등

제3조(광고의 기본원칙) 변호사는 변호사(구성원 포함) 및 그 업무에 대한 정보와 자료를 제공함으로써 변호사 선택에 도움을 주고, 공정한 경쟁에 의하여 고객을 유치하기 위하여 광고를 할 수 있다.

제4조(광고 내용에 대한 제한) 변호사는 직접 또는 타인을 통하여 다음과 같은 광고를 할 수 없다.

1. 변호사의 업무에 관한 객관적 사실에 부합하지 아니하거나 허위의 내용을 표시한 광고
2. 객관적 사실을 과장하거나 사실의 일부를 누락하는 등으로 고객을 오도하거나 고

객으로 하여금 객관적 사실에 관하여 오해를 불러일으킬 우려가 있는 내용의 광고

3. 승소율, 석방율 기타 고객으로 하여금 업무수행결과에 대하여 부당한 기대를 가지도록 하는 내용의 광고

4. 다른 변호사를 비방하거나 다른 변호사나 그 업무의 내용을 자신의 입장에서 비교하는 내용의 광고

5. 특정사건과 관련하여 당사자나 이해관계인(당사자나 이해관계인으로 예상되는 자 포함)에 대하여 그 요청이나 동의 없이 방문, 전화, 팩스, 우편, 전자우편, 문자메시지 송부, 기타 이에 준하는 방식으로 접촉하여 당해 사건의 의뢰를 권유하는 내용의 광고. 다만, 소속지방변호사회의 허가를 받은 경우에는 그러하지 아니하다.

6. 부정한 방법을 제시하는 등 변호사의 품위 또는 신용을 훼손할 우려가 있는 내용의 광고

7. 국제변호사 기타 법적 근거가 없는 자격이나 명칭을 표방하는 내용의 광고

8. 과거에 취급하였거나 관여한 사건이나 현재 수임중인 사건 또는 의뢰인(고문 포함)을 표시하는 내용의 광고. 다만, 의뢰인이 동의하거나, 당해 사건이 널리 일반에 알려져 있거나 의뢰인이 특정되지 않는 경우 등 의뢰인의 이익을 해칠 우려가 없는 경우에는 그러하지 아니하다.

9. 기타 법령 및 대한변호사협회(이하 "협회")의 회칙이나 규정에 위반되는 내용의 광고

제 5 조(광고방법 등에 대한 제한) ① 변호사는 현재 및 과거의 의뢰인(법인 기타 단체인 경우, 담당 임·직원 포함), 친구, 친족 및 이에 준하는 사람 이외의 사람을 방문하거나 전화를 거는 방법으로 광고를 하여서는 안 된다. 다만, 상대방의 동의나 요청이 있는 경우에는 예외로 한다.

② 변호사는 불특정다수인에게 팩스, 우편, 전자우편 또는 문자메시지 등을 보내거나 이에 준하는 방법을 이용하여 광고를 하여서는 안 된다. 다만, 소속 지방변호사회의 허가를 받은 경우에는 그러하지 아니하다.

③ 변호사는 광고이면서도 광고가 아닌 것처럼 가장하는 방법으로 광고를 하여서는 아니 된다.

④ 변호사는 광고 대상자에게 의례적인 범위를 넘는 금품 기타의 이익을 공여하거나 공여할 것을 약속하는 방법으로 광고하여서는 아니 된다.

⑤ 변호사는 제 3 자가 이 규정에 위반하여 변호사업무에 관한 정보를 전달하거나 표시 행위를 함에 대하여 금품 기타 이익을 공여하거나 공여를 약속하여서는 아니 된다.

⑥ 변호사는 다음 각호의 방법으로 광고할 수 없다.

1. 자동차, 전동차, 기차, 선박, 비행기 기타 운송수단의 내·외부에 광고물을 비치, 부착, 게시하는 행위

2. 현수막을 설치하거나, 애드벌룬, 도로상의 시설 등에 광고물을 비치, 부착, 게시하는 행위

3. 광고 전단, 명함 기타 광고물을 신문 기타 다른 매체에 끼워 배포하거나, 공공장소에서 불특정다수에게 나누어주거나, 차량, 비행기 등을 이용하여 살포하거나 불특정 다수인에게 제공하기 위하여 옥내나 가로상에 비치하는 행위

4. 확성기, 샌드위치맨, 어깨띠 등을 사용하여 광고하는 행위

5. 기타 위 각호의 1에 준하는 변호사의 품위를 손상시키는 광고방법으로서 별도의 세부기준이 정하는 광고

⑦ 변호사가 다른 목적을 위한 광고를 하는 경우에는 변호사업무에 관한 광고와 동시에 또는 연결하여 할 수 없다.

제 6 조(사전 광고)　변호사는 협회에서 자격등록신청이 수리되기 전이나 소속 지방변호사회에서 입회신청이 허가되기 전에 미리 변호사업무에 관한 광고행위를 하여서는 아니 된다.

제 7 조(주로 취급하는 업무광고)　① 변호사는 주로 취급하는 업무('주요취급업무', '주로 취급하는 분야', '주요취급분야', '전문' 등의 용어도 사용 가능하다)를 광고할 수 있다. 단, '전문' 표시의 경우, 협회 '변호사전문분야등록에관한규정'에 따라 전문분야 등록을 한 변호사만이 사용할 수 있다. (2009. 9. 14. 개정)

② 주로 취급하는 업무의 광고는 다음 업무 또는 분야를 포함하되, 달리 적절히 표시할 수 있다. 헌법재판, 민사법, 부동산관련법, 임대차관련법, 손해배상법, 가사법, 형사법, 상사법, 회사법, 해상법, 보험법, 행정법, 조세법, 공정거래법, 노동법, 저작권법, 특허법, 상표법, 증권법, 금융법, 국제거래법, 기업인수합병, 에너지법, 스포츠법, 엔터테인먼트법, 방송통신법, 환경법, IT법, 의료법, 도산법, 국제중재법, 무역법, 조선관련법, 건설법, 중재법, 등기사무 등. (2009. 9. 14. 개정)

③ 변호사는 자신이나 자신의 업무에 대하여 "최고," "유일" 기타 이와 유사한 용어를 사용하여 광고할 수 없다. (2009. 9. 14. 개정)

제 8 조(법률상담)　① 변호사는 유료 또는 무료 법률상담에 관한 사항을 광고할 수 있으며, 법률상담방식에 의한 광고를 할 수 있다.

② 변호사는 다음에 해당하는 법률상담과 관련한 광고를 하거나 하게 허용하여서는 아니 된다.

1. 변호사 아닌 자가 법률상담의 대가의 전부 또는 일부를 직접 또는 간접적으로 갖는 경우

2. 변호사 또는 법률 상담의 대상자가 법률상담 연결 또는 알선과 관련하여 대가(알

선료, 중개료, 회비, 가입비, 기타 명칭 불문)를 지급하는 경우. 다만, 간행물, 인터넷, 케이블티브이를 포함한 유료광고 매체를 사용하는 경우에 변호사가 통상적인 사용료 또는 광고료를 지급하는 경우는 포함하지 아니한다.

3. 제3자의 영리를 위한 사업의 일환으로 운영되는 법률상담에 참여하는 경우

4. 기타 법령 및 협회의 회칙이나 규정에 위반되는 행위를 목적 또는 수단으로 하여 행하는 경우

제9조(관련 행정법령의 준수) 변호사가 간판의 설치 기타 이 규정상 허용되는 광고를 함에 있어서는 관련 행정법령상의 규제를 준수하여야 한다.

제10조(광고에 표시하여야 할 사항) 변호사는 광고 속에 자신의 성명 또는 명칭을 표시하고, 공동으로 광고할 때에는 대표자의 성명 또는 명칭을 명시하여야 한다.

제11조(광고물의 보관 의무) 광고를 한 변호사는 광고물 또는 그 사본, 사진 등 당해 광고물에 갈음하는 기록과 광고일시, 장소, 송부처 등의 광고방법 등 당해 광고에 관련한 기록을 광고 종료시로부터 3년 간 보관하여야 한다.

제12조(위반행위에 대한 조치) ① 지방변호사회장은 이 규정에 위반한 변호사에 대하여 해당 광고심사위원회 의결을 거쳐 경고하거나 위반행위의 중지 또는 시정을 위하여 필요한 요구 기타 필요한 조치를 하고, 이를 대한변호사협회에 보고하여야 한다. 단, 이러한 조치를 취하기 전에 당해 변호사에 대하여 변명의 기회를 주어야 한다.

② 변호사는 소속 지방변호사회장으로부터 제1항의 요구를 받았을 때에는 즉시 이를 이행한 후 그 결과를 보고하여야 하고, 지방변호사회장은 이를 대한변호사협회에 보고하여야 한다.

③ 지방변호사회장은 변호사가 제1항의 요구에 불구하고 즉시 시정조치를 취하지 아니하는 경우, 지방변호사회장의 명의로 시정조치 요구 사실 및 그 이유의 요지를 공표할 수 있고, 그 비용은 당해 변호사가 부담한다.

④ 협회의 장(이하 "협회장")은 지방변호사회장이 제1항 및 제3항의 조치를 취하지 아니하거나 그 조치가 부적절하다고 판단될 때에는, 광고심사위원회의 의결을 거쳐 제1항 및 제3항의 조치 기타 필요한 조치를 취할 수 있다.

제13조(광고심사위원회의 설치) 변호사광고에 관한 심사를 위하여 대한변호사협회와 각 지방변호사회에 광고심사위원회(이하 "위원회"라 한다)를 둔다.

제14조(위원회의 구성) ① 위원회는 대한변호사협회장(이하 "협회장") 또는 해당 지방변호사회장이 임명하는 10인 이상 30인 이내의 위원으로 구성한다.

② 위원회는 위원장 1인을 두고, 부위원장 1인, 간사 1인을 둘 수 있다.

③ 위원장은 협회장 또는 해당 지방변호사회장이 추천한 위원 중에서 위원회의 결의에 의하여 선임하고, 부위원장은 위원 중에서 호선하고, 간사는 위원 또는 협회나 해당 지방변호사회 사무국 직원 중에서 위원장이 선임한다.

④ 위원의 임기는 2년으로 한다.

⑤ 위원장은 위원회의 회의에서 의장이 된다.

제15조(위원회의 회의) ① 위원장은 협회장 또는 해당 지방변호사회장의 요구가 있거나 위원의 5분의 1 이상의 요구가 있을 때에는 지체없이 위원회를 소집하여 심사를 하여야 한다.

② 위원회의 심사결과는 협회장 또는 해당 지방변호사회장에게 서면으로 보고하여야 한다.

③ 회의는 재적위원 4분의 1 이상의 출석과 출석위원 과반수의 찬성으로 의결하고, 가부동수인 때에는 위원장이 결정한다.

제16조(위원회의 업무) ① 위원장은 소속 변호사가 광고규정상의 금지나 의무에 위반했는지의 여부를 확인하기 위하여 필요한 조사를 할 수 있고, 해당 변호사는 그러한 조사에 협력하여야 한다.

② 위원장은 소속 변호사가 광고규정 위반의 의심이 있다고 의심할만한 상당한 사유가 있는 때에는 변호사나 사무원, 의뢰인, 진정인 등 관계자에 대하여 변호사업무광고와 관련한 사실 및 증거조사에 필요한 각종 자료(광고한 내역, 광고물, 광고게재계약서, 광고비 지급 증빙자료 포함)의 제출 및 설명을 요구할 수 있다.

③ 협회 광고심사위원장은 각 지방변호사회 및 관련 국가기관 기타 관련 단체에 대하여 필요한 자료의 제출을 요구하여 줄 것을 협회장에게 요청할 수 있다.

④ 협회 광고심사위원장은 변호사의 광고규정 위반 혐의를 발견하였을 때에는 의견서를 첨부하여 협회장에게 보고한다.

⑤ 협회 광고심사위원장은 변호사의 광고규정 위반 여부의 심사를 위하여 광고심사위원회 위원 중에서 주심 위원을 지명할 수 있다. 이 경우 주심 위원은 협회 광고심사위원장을 대행하여 본조 제1항 내지 제3항의 권한을 행사할 수 있다.

제17조(준용) 위원회의 운영에 관하여 이 규정이 정하지 아니한 사항에 대하여는 위원회 운영규칙을 준용한다.

제18조(질의회신) ① 변호사 및 이해관계자는 광고의 내용과 방법 등에 관하여 의문이 있을 때에는 협회장에게 서면으로 질의할 수 있다.

② 협회장은 전항의 요청이 있을 때에 광고심사위원회의 의견을 들어 그 내용을 질의자에게 회신한다.

제19조(세부 기준 제정) 협회는 인터넷, 컴퓨터, 방송, 유·무선통신 등을 이용한 광고에 대하여 이 규정에 정해진 원칙을 기초로 하여 별도의 세부 기준을 정할 수 있고, 그 밖에 이 규정의 시행에 필요한 세부기준을 정할 수 있다.

부   칙

제 1 조(시행일) 이 규정은 2007. 3. 1.부터 시행한다.

제 2 조(시행세칙의 폐지) 이 규정의 시행세칙인 "변호사업무광고에관한시행세칙"은 이
규정 시행일부로 폐지한다.

부   칙〈2009. 9. 14〉

이 규정은 공포일로부터 시행한다.

인터넷등을이용한변호사업무광고기준

제1조(목적) 이 기준은 변호사업무광고규정에 따라서 변호사(법무법인, 법무법인(유한), 법무조합, 공증인가합동법률사무소를 포함한다. 이하 같다)가 자기 또는 그 구성원이나 그 업무에 관하여 인터넷 등을 이용하여 광고하는 내용의 세부기준을 정함을 목적으로 한다.

제2조(인터넷등의 정의) 이 규정에서 인터넷 등이라 함은 다음 각호와 같다.

1. 인터넷 웹사이트상에 개설된 홈페이지, 웹페이지, 게시판, 대화방, 카페, 블로그, 이메일, 웹메일 기타 이에 준하는 매체물

2. 컴퓨터, PDA, 휴대전화, 무선통신 등 전송매체 및 공중파, 케이블, DMB 등 방송매체 등을 통하여 문자, 사진, 음향, 동영상 등을 전달할 수 있는 매체물

제3조(인터넷등 광고기준) ① 인터넷 등을 이용하여 홈페이지의 링크 및 키워드 검색 등을 통한 변호사의 인터넷 홈페이지를 소개하는 방식에 의한 광고는 허용된다.

② 변호사는 제3자가 운영하는 인터넷 등에 이용자로 가입하고, 제3자는 변호사를 통하여 일반 법률소비자에게 무료로 법률상담을 하는 경우, 제3자로 하여금 변호사나 일반 법률소비자로부터 법률상담과 관련하여 회비, 사용료, 수고비, 리베이트 등 명목 여하를 불문하고 금품 기타 이익을 받게 하거나 약속하도록 하여서는 아니 된다.

제4조(하나의 웹사이트를 이용한 광고) ① 변호사는 인터넷 등 하나의 웹사이트에 다른 변호사와 공동으로 업무나 경력 등에 대한 광고를 할 수 있다.

② 변호사는 제1항의 광고를 함에 있어서 그 내용이나 방법이 법률소비자로 하여금 실제와 달리 공동근무 또는 업무제휴 등을 하고 있는 것으로 오인, 혼동을 줄 수 있도록 하여서는 아니 된다.

③ 변호사는 인터넷 포털업체 기타 제3자가 운영하는 인터넷 등이 제2항의 오인, 혼동 등을 불러 일으킬 수 있는 경우 회원가입 기타의 행위에 협조하여서는 아니 된다.

제5조(시행일) 이 광고기준은 2007. 3. 1.부터 시행한다.

변호사연수규칙

제   정 1983. 5. 21.   전문개정 2007. 7. 23.
개   정 1994. 2. 26.   개   정 2009. 2. 26.
개   정 1997. 2. 22.   개   정 2009. 10. 19.
개   정 1997. 10. 27.   개   정 2010. 2. 8.
개   정 1998. 6. 8.   개   정 2012. 2. 20.
개   정 2002. 11. 25.   개   정 2013. 2. 25.
개   정 2003. 10. 27.   개   정 2014. 2. 24.
개   정 2006. 2. 20.

제 1 장 총   칙

제 1 조(목적) 이 규칙은 「변호사법」 제85조 및 동 시행령 제17조의2에 의하여 실시하는 변호사연수교육과 변호사연수원(이하 "연수원"이라 한다)의 조직 및 운영에 관하여 필요한 사항을 정함을 목적으로 한다.

제 2 조(정의) 이 규칙에서 사용하는 용어의 정의는 다음과 같다

1. 변호사연수: 공공성 있는 법률전문직으로서 전문성과 윤리의식을 제고하기 위한 일련의 교육

2. 윤리연수: 변호사로서의 직업윤리의식 함양을 위하여 이루어지는 변호사연수

3. 전문연수: 변호사로서의 업무수행에 필요한 법학이론, 실무지식 기타 이와 관련된 인문·사회·자연과학 지식의 습득·향상을 위하여 이루어지는 변호사연수

4. 의무연수: 변호사법 제85조에 의해 부과된 연수교육 의무의 이행으로 인정되는 변호사연수

5. 현장연수: 연수교육 대상자의 직접 출석을 전제로 일정한 장소에서 이루어지는 변호사연수

6. 개별연수: 일정한 장소의 출석을 전제로 하지 않고 비디오테이프, DVD 등 저장매체나 온라인을 통해 이루어지는 변호사연수

7. 연수주기: 의무연수이수시간의 산정기준이 되는 단위 기간

제 3 조(연수의 종류) ① 변호사연수는 일반연수와 특별연수로 한다.

② 일반연수는 변호사 전원을 대상으로, 특별연수는 희망하는 변호사를 대상으로 실시한다.

③ 이 규칙에 의하여 인정되는 특별연수의 종류는 다음 각호와 같다.

1. 자체연수: 대한변호사협회(이하 "협회"라 한다)가 실시하는 변호사연수
2. 위임연수: 협회의 위임에 따라 지방변호사회(이하 "지방회"라 한다)가 실시하는 변호사연수
3. 위탁연수: 협회의 위탁을 받아 지방회 이외의 기관 또는 단체가 실시하는 변호사연수
4. 인정연수: 협회의 인정을 받아 변호사연수로 포함되는 교육연수, 학술대회, 세미나 기타 강좌 등

제 4 조(일반연수의 실시) ① 일반연수는 매년 1회 이상 정기적으로 실시한다.

② 변호사는 특별한 사유가 없는 한 일반연수에 참가하여야 한다.

제 2 장   의무연수

제 5 조(현장연수의 원칙) ① 의무연수는 의무전문연수와 의무윤리연수로 하며, 현장연수를 원칙으로 한다. 다만, 연수 장소, 방법, 효과 기타 회원들의 부담을 고려하여 일정한 범위를 정하여 개별연수를 의무연수로 인정할 수 있다.

② 개별연수로 갈음할 수 있는 의무연수의 범위, 의무연수로 인정되는 개별연수의 구체적인 내용 등에 관하여 필요한 사항은 규정으로 정한다.

제 6 조(의무연수의 대상) ① 의무연수는 「변호사법」 제15조에 따라 협회에 개업신고를 한 65세 미만의 등록 회원을 대상으로 한다. 다만, 협회는 의무전문연수에 한하여 그 대상을 60세 미만으로 하향 조정할 수 있다.

② 질병, 출산, 장기 해외체류, 군복부 기타 연수교육을 받지 못할 정당한 사유가 있는 회원의 신청이 있는 경우 연수원운영위원회의 심의를 거쳐 협회장이 그 의무의 전부 또는 일부를 면제 또는 유예할 수 있다. (2009. 2. 26. 개정), (2010. 2. 8. 개정)

③ 전항의 경우 그 내용을 지체 없이 회원 및 지방회에 통보하여야 한다. 그 내용이 면제 또는 유예의 신청을 기각하는 경우에는 그 취지 및 이유를 명시하여야 한다.

제 7 조(연수주기 및 의무연수이수시간) ① 연수주기는 매 홀수연도의 1월 1일부터 그 다음해의 12월 31일까지 2년으로 한다. (2013. 2. 25. 개정)

② 협회는 의무연수의 실효성을 확보하고, 회원의 연수기회를 늘리기 위해 연수원운영위원회의 심의를 거쳐 의무전문연수와 의무윤리연수의 전부 또는 일부의 연수주기를 조정할 수 있다. (2010. 2. 8. 개정)

③ 의무연수이수시간은 의무전문연수의 경우 1년 7시간을 기준으로, 의무윤리연수의 경우 1년 1시간을 기준으로 각 연수주기에 맞추어 비례적으로 계산한다. 단, 신규변호사(변호사자격취득 후 판·검사, 군법무관 및 공익법무관, 사내변호사, 기타 법률사무에 종사한 경력이 2년 이상인 자는 제외)는 협회가 정한 2시간의 연수를 변호사자격등록한 해에 추가로 이수하여야 하며, 구체적인 연수과목과 이수방법 등은 변호사연수원의 심

의를 거쳐 협회장이 정한다. (2014. 2. 24. 개정)

④ 기간의 계산에 관하여 이 규칙에 특별한 규정이 없는 경우에는 민법의 일반적인 기준에 따른다.

제8조(의무연수이수시간의 계산)   ① 의무연수이수시간은 매 연수주기마다 10분 단위로 누적계산하며, 10분 미만의 이수시간은 포함시키지 않는다.

② 하나의 연수교육과정이 수회에 걸쳐 이루어진 경우 그 전체 시간을 기준으로 의무연수이수시간을 계산한다.

③ 각 연수주기의 중간에 개업신고를 한 회원의 의무연수이수시간 계산은 다음의 각호의 예에 따른다.

  1. 연수주기 내 개업일수가 1년 6개월 이상 2년 미만인 경우, 전문연수 12시간, 윤리연수 1시간으로 한다. (2013. 2. 25. 개정)
  2. 연수주기 내 개업일수가 1년 이상 1년 6개월 미만인 경우, 전문연수 8시간, 윤리연수 1시간으로 한다. (2013. 2. 25. 개정)
  3. 연수주기 내 개업일수가 6개월 이상 1년 미만인 경우, 전문연수 4시간, 윤리연수 1시간으로 한다. (2013. 2. 25. 신설)
  4. 연수주기 내 개업일수가 6개월 미만인 경우, 윤리연수 1시간으로 한다. (2013. 2. 25. 신설) (2013. 2. 25. 개정)

④ 개업신고일로부터 연수주기 만료일까지 6월 미만이 남은 경우 당해 회원은 협회에 의무연수의 유예를 신청할 수 있다. (2013. 2. 25. 개정)

⑤ 연수주기 내에 60세가 되는 경우 당해 주기부터 전문연수를 면제하고, 65세가 되는 경우 의무연수를 면제한다. (2013. 2. 25. 개정)

⑥ 연수주기 내에 휴업한 회원의 의무연수이수시간 계산은 연수주기 내의 실제 개업일수에 따라 제8조 제3항 각호의 예에 의하고, 휴업일이 속하는 연수주기의 연수의무는 재개업 시까지 유예한다. (2013. 2. 25. 개정)

제9조(의무연수이수시간의 확인)   ① 의무연수의 대상인 회원은 자신의 의무연수이수시간을 확인할 수 있으며, 이의가 있는 경우에는 그 정정을 신청할 수 있다.

② 협회는 전항의 확인이 신속히 이루어질 수 있도록 노력하여야 한다.

제3장   변호사연수의 위임 등

제10조(위임연수)   ① 위임연수를 실시하고자 하는 지방회는 전년도 11월 30일까지 다음 각호의 사항을 기재한 신청서를 제출하여야 한다.

  1. 1년간의 연수계획
  2. 위임연수로 인정받고자 하는 개별 강좌의 세부내용 및 연수시간, 회원이 부담할 비용 등

3. 개별 강좌를 담당할 강사의 약력(강사가 선정되어 있지 않은 경우에는 강사 선정 기준)

4. 출석관리 등 연수관리계획

5. 기타 협회에서 보완을 요청한 사항

② 협회는 전항의 신청이 있는 경우 연수원운영위원회의 심의를 거쳐 1년 이내의 기간을 정하여 당해 지방회에 특별연수를 위임할 수 있다. (2010. 2. 8. 개정)

③ 지방회는 제 2 항의 위임을 받은 이후에도 변호사연수의 목적 및 당해 지방회의 연수여건 등을 고려하여 제 1 항 제 1 호 및 제 2 호의 내용을 변경할 수 있다. 다만, 그 변경에 따른 연수 실시 30일 전까지 제 2 항의 절차에 따른 위임을 받아야 한다.

④ 협회는 위임연수가 효율적으로 이루어질 수 있도록 강의 주제, 강의 자료 및 강사 관련 정보를 당해 지방회에 제공할 수 있다.

⑤ 위임연수를 실시하는 지방회는 개별 강좌별로 연수를 종료한 후 30일 이내에 이를 이수한 회원의 명부 및 각각의 이수시간 등을 기재한 위임연수실시결과보고서를 협회에 제출하여야 한다.

제11조(위탁연수) ① 위탁연수를 실시하고자 하는 기관 또는 단체는 연수 실시 30일 전까지 다음 각호의 사항을 기재한 신청서를 제출하여야 한다. 다만 「고등교육법」 제 4 조에 따라 설립된 대학, 산업대학, 교육대학, 전문대학, 방송 · 통신대학의 경우에는 제 1 호의 기재를 생략할 수 있다.

1. 신청 기관 또는 단체의 설립연도와 설립목적, 활동개요

2. 위탁연수로 인정받고자 하는 강좌의 세부내용, 강의기간 및 강의시간 합계, 회원이 부담할 비용 등

3. 강좌를 담당할 강사의 약력(강사가 선정되어 있지 않은 경우에는 강사 선정 기준)

4. 출석관리 등 연수관리계획

5. 기타 협회에서 보완을 요청한 사항

② 협회는 전항의 신청이 있는 경우 연수원운영위원회의 심의를 거쳐 당해 기관 또는 단체에 특별연수를 위탁할 수 있다. (2010. 2. 8. 개정)

③ 위탁의 효력은 제 1 항의 신청서에 기재된 강좌에 한한다. 다만, 당해 강좌가 일정한 간격을 두고 반복되는 것일 때에는 2년 이하의 기간을 정하여 위탁할 수 있다.

④ 위탁연수를 실시하는 기관 또는 단체는 당해 강좌를 종료한 후 30일 이내에 이를 이수한 회원의 명부, 출결상황 및 이수시간 합계 등을 기재한 위탁연수실시결과보고서를 협회에 제출하여야 한다.

제12조(인정연수) ① 인정연수로 지정받고자 하는 교육연수, 학술대회, 세미나 기타 강좌를 개최하는 학술단체 등은 연수 실시 30일 전까지 다음 각호의 사항을 기재한 신청서를 제출하여야 한다.

1. 신청한 학술단체 등의 창립연도, 창립목적, 구성원 및 활동 개요
2. 인정연수로 지정받고자 하는 학술대회 등의 주제, 발표자의 약력(발표자가 선정되어 있지 않은 경우에는 발표자 선정 기준), 발표예정내용(발표예정내용이 확정되어 있지 않은 경우 그 내용의 개요), 학술대회 등의 기간 및 소요시간 합계, 회원이 부담할 비용 등
3. 출석관리 등 연수관리계획
4. 기타 협회에서 보완을 요청한 사항

② 협회는 전항의 신청이 있는 경우 연수원운영위원회의 심의를 거쳐 당해 학술대회 등을 인정연수로 지정할 수 있다. (2010. 2. 8. 개정)

③ 인정의 효력은 제1항의 신청서에 기재된 학술대회 등에 한한다.

④ 인정연수를 실시한 학술단체는 당해 학술대회를 마친 후 30일 이내에 이를 이수한 회원의 명부, 출결상황 및 이수시간 합계 등을 기재한 인정연수실시결과보고서를 협회에 제출하여야 한다.

제13조(위임연수기관 등의 의무) ① 전 제3조의 규정에 따라 연수를 실시하는 지방회, 기관, 단체 또는 학술단체 등은 연수를 이수한 회원의 명부 기타 이수 여부를 확인할 수 있는 자료를 3년간 보관하여야 한다.

② 협회는 전항의 지방회 등에 대해 회원의 연수교육 이수 여부의 확인을 위하여 필요한 자료를 요청할 수 있다.

제14조(위임 등의 철회) ① 위임연수, 위탁연수 또는 인정연수의 내용이 위임 등 당시 제출한 자료와 실질적으로 상이하거나 전조의 의무를 이행하지 않는 경우에는 위임 등을 철회할 수 있다.

② 전항의 철회의 효력은 이미 실시한 연수에는 영향을 미치지 않는다.

제15조(위임규정) 변호사연수의 위임, 위탁 및 인정에 관하여 필요한 사항은 규정으로 정한다.

제16조(사후교육인정신청) ① 위임, 위탁, 인정연수로 미리 지정 받지 않은 변호사연수를 실시한 기관이나 그 변호사연수를 받은 회원은 다음 각호의 사항을 기재, 첨부하여 그 연수를 의무연수로 인정해 줄 것을 협회에 신청할 수 있다. (2009. 2. 26. 개정)

1. 연수를 실시한 기관, 단체 또는 학술단체 등의 개요
2. 연수일시, 장소 및 소요시간
3. 연수주제, 내용 및 연수방법
4. 연수를 담당한 강사의 약력 또는 발표자의 약력
5. 출석관리 등 연수결과보고서 또는 제1호의 기관 등에서 발급한 참석확인서 (2009. 2. 26. 개정)
6. 참석과 관련하여 회원이 지불한 비용 등

7. 기타 협회에서 보완을 요청한 사항

② 제 3 조에서 정한 변호사연수에 강사로서 참가한 회원 및 국내외 대학 또는 대학원의 교수·강사, 내외 교육연수, 학술대회, 세미나 기타 단체에서 실시한 법률학 또는 인접학문 강좌의 강사 또는 발표자는 다음 각호의 사항을 기재, 첨부하여 그 활동을 의무연수로 인정해 줄 것을 협회에 신청할 수 있다. (2009. 2. 26. 개정), (2010. 2. 8. 개정)

1. 연수 실시 주체
2. 강의일시, 장소 및 소요시간
3. 강의주제 및 주요 내용
4. 제 1 호의 주체가 발급한 확인서
5. 기타 협회에서 보완을 요청한 사항

③ 국내외 대학 또는 대학원에서 수학한 회원은 수학한 대학 또는 대학원, 수학한 과정의 명칭과 기간, 수학한 과목과 그 주당 시간수를 기재하고 이에 관한 증빙서류를 첨부하여 그 수학시간을 의무연수이수로 인정해 줄 것을 협회에 신청할 수 있다. (2009. 2. 26. 신설)

④ 협회는 제 1 항, 제 2 항, 제 3 항의 신청이 있는 경우 연수원운영위원회의 심의를 거쳐 당해 회원의 연수 전부 또는 일부를 의무연수로 인정할 수 있다. (2009. 2. 26. 신설), (2010. 2. 8. 개정)

제17조   삭제 〈2009. 10. 19〉

제 4 장   변호사연수원

제18조(연수원의 설치)   ① 협회는 자체연수를 실시하기 위하여 변호사연수원을 둔다.
② 연수원은 변호사와 변호사사무직원의 연수교육을 담당한다.

제19조(연수원의 기구)   ① 연수원에는 원장 1인, 부원장 1인 및 필요한 사무직원을 둔다.
② 원장 및 부원장은 이사회의 승인을 얻어 협회장이 임명한다.
③ 연수원에 연수부장 1인을 두되, 연수부장은 원장의 제청으로 협회장이 임명한다.
④ 원장, 부원장 및 연수부장의 임기는 2년으로 한다.

제20조(운영위원회)   ① 연수원에 운영위원회(이하 "위원회"라 한다)를 둔다.
② 위원회는 원장의 자문에 응하여 다음 각호의 사항을 심의한다.

1. 일반연수 및 자체연수의 기본계획 수립에 관한 사항
2. 일반연수 및 자체연수를 위한 교육과정의 수립에 관한 사항
3. 일반연수 및 자체연수의 실행계획 수립과 실시에 관한 사항
4. 기타 원장이 부의하는 사항

③ 위원회는 다음 각호의 사항에 관하여 조사·심의하고 그 결과를 협회장에게 건의

한다.

1. 의무연수의 면제 또는 유예에 관한 사항
2. 연수주기의 변경에 관한 사항
3. 변호사연수의 위임, 위탁, 인정에 관한 사항
4. 의무연수의 사후교육인정에 관한 사항
5. 기타 변호사연수와 관련하여 협회장이 부의한 사항 (2009. 10. 19. 본항 신설)

④ 위원회는 위원장 1인과 부위원장 1인 및 원장의 제청으로 협회장이 위촉하는 10인 이상 30인 이내의 위원으로 구성하되, 위원 중에는 헌법재판소·사법연수원·대검찰청에서 추천하는 인사 각 1인을 포함한다.

⑤ 위원장은 연수원의 원장이 되고, 부위원장은 위원회에서 호선한다.

⑥ 위원회는 위원장이 소집하고 그 의장이 된다.

⑦ 위원회에 간사를 두되, 연수원 연수부장이 겸임한다.

⑧ 위원의 임기는 2년으로 한다.

⑨ 기타 위원회 운영에 관하여는 위원회운영규칙 제 5 조 내지 제10조를 준용한다.

제20조의2(소위원회) ① 위원회의 연수교육심사 업무를 보좌하기 위하여 10인 이내의 위원으로 구성하는 소위원회를 둘 수 있다.

② 소위원회의 위원장은 의사의 경과와 결과를 위원회에 보고하여야 한다. (2009. 10. 19. 본조 신설)

제21조(직무) ① 원장은 연수원을 대표하고 원무를 관장하며 소속 직원을 지휘·감독한다.

② 부원장은 원장을 보좌하고, 원장이 사고가 있을 때에는 그 직무를 대행한다.

③ 연수부장은 원장의 지시에 따라 연수원의 사무를 담당한다.

제22조(연수계획의 수립) ① 연수원장은 매 사업연도 개시 1개월 전까지 일반연수 및 자체연수의 기본계획을 수립하여 협회장에게 제출하고, 교육이사는 제출된 기본계획을 교육위원회의 심의를 거쳐 협회의 사업계획에 반영하여야 한다.

② 연수원장은 제 1 항의 기본계획에 따라 위원회의 연수대상자, 연수분야와 과목, 실시장소와 기간 등 연수실행계획을 수립하여야 한다.

③ 제 2 항의 실행계획은 교육위원회의 심의를 거쳐야 한다.

제 5 장 보   칙

제23조(비용 등 부과) ① 협회는 제 3 장의 규정에 따른 변호사연수의 위임, 위탁, 지정과 관련하여 발생한 비용 등을 해당 지방회, 기관, 단체 또는 학술단체 등에 부과할 수 있다.

② 협회는 일반연수 및 자체연수에 참가한 회원에게 비용 등을 징수할 수 있다.

제24조(특별회계) ① 연수실시와 관련하여 발생한 수입과 지출은 특별회계로 한다.
② 특별회계의 수입은 일반회계전입금, 특별회계 기타 수입으로 충당한다.

부   칙〈2010. 2. 8〉

이 규칙은 공포한 날로부터 시행한다.

부   칙〈2012. 2. 20〉

이 규칙은 공포한 날로부터 시행한다.

부   칙〈2013. 2. 25〉

이 규칙은 2013. 1. 1.부터 시행한다.

부   칙〈2014. 2. 24〉

제 1 조(시행일) 이 규칙은 공포날부터 시행한다.
제 2 조(경과규정) 이 규칙 시행 이전 제 7 조 제 3 항의 신규변호사연수를 2시간 이상 이
수한 회원에게는 추가로 이수한 과목과 시간에 따라 전문연수 또는 윤리연수를 각 이수
한 것으로 한다.

공익활동등에관한규정

제   정 2000. 6. 26.
개   정 2003. 2. 10.
개   정 2006. 2. 13.
개   정 2010. 1. 25.
개   정 2014. 6. 2.

제 1 조(목적) 이 규정은 이 회 회칙 제 9 조의2에 의하여 개인회원의 공익활동 등에 관하여 필요한 사항을 정함을 목적으로 한다.

제 2 조(공익활동의 내용) 공익활동이라 함은 다음 각호에서 정하는 것을 말한다.

1. 시민의 권리나 자유 또는 공익을 위하거나 경제적인 약자를 돕기 위하여 마련된 자선단체, 종교단체, 사회단체, 시민운동단체 및 교육기관 등 공익적 성격을 가진 단체에 대하여 무료 또는 상당히 저렴한 비용으로 법률서비스를 제공하는 활동과 위 공익적 단체의 임원 또는 상근자로서의 활동 중 이 회 또는 지방변호사회가 공익활동으로 인정하는 활동 (2003. 2. 10. 개정)

2. 이 회 또는 지방변호사회의 임원 또는 위원회의 위원으로서의 활동 (2003. 2. 10. 개정)

3. 이 회 또는 지방변호사회가 지정하는 법률상담변호사로서의 활동 (2003. 2. 10. 개정)

4. 이 회 또는 지방변호사회가 지정하는 공익활동 프로그램에서의 활동 (2003. 2. 10. 개정)

5. 국선변호인 또는 국선대리인으로서의 활동 (2003. 2. 10. 개정)

6. 법령 등에 의해 관공서로부터 위촉받은 사항에 관한 활동(다만, 상당한 보수를 받는 경우를 제외) (2003. 2. 10. 개정)

7. 개인에 대한 무료변호 등 법률서비스 제공 행위 또는 입법 연구 등 법률지원활동 가운데 공익적 성격을 가진 것으로서 이 회 또는 지방변호사회가 공익활동으로 인정하는 활동 (2003. 2. 10. 개정), (2010. 1. 25. 개정)

8. 이 회 또는 지방변호사회가 설립한 공익재단에 대한 기부행위 (2010. 1. 25. 신설)

제 3 조(공익활동 등의 실행) ① 개인회원은 제 2 조의 공익활동 중 적어도 하나 이상을 선택하여 연간 합계 30시간 이상 행하여야 한다. 다만, 특별한 사정이 있는 지방변호사회는 위 30시간을 20시간까지 하향 조정할 수 있다.

② 부득이한 사정으로 제 1 항의 공익활동 시간을 완수하지 못한 개인회원은 1시간 당

금 20,000원 내지 30,000원에 해당하는 금액을 소속 지방변호사회에 납부하여야 한다.

③ 법조경력이 2년 미만이거나 60세 이상인 회원, 질병 등으로 정상적인 변호사 업무를 수행할 수 없는 회원과 기타 공익활동을 수행할 수 없는 정당한 사유가 있는 회원은 제 1항의 의무를 면제한다.

제4조(공익활동 의무대체 등) ① 법무법인·법무법인(유한)·법무조합이 구성원 및 소속변호사 전원을 위해 아래 각호의 방법으로 행한 공익활동시간은 그 법무법인·법무법인(유한)·법무조합의 구성원인 개인회원 및 소속변호사인 개인회원에게 배분하여 각 개인회원의 공익활동시간으로 인정할 수 있다. (개정 2014. 6. 2)

　　1. 법무법인·법무법인(유한)·법무조합이 그 구성원인 개인회원 및 소속변호사인 개인회원 전원을 위해 행한 공익활동 (2006. 2. 13. 개정)

　　2. 법무법인·법무법인(유한)·법무조합이 그 구성원인 개인회원 및 소속변호사 전원을 대신하여 공익활동을 행할 변호사를 지정하여 그 변호사가 행한 공익활동 (2006. 2. 13. 개정)

② 제1항 제2호의 경우 법무법인·법무법인(유한)·법무조합의 공익활동 수행 변호사에 대하여는 그가 행한 공익활동시간 중 그에게 배분이 인정된 시간에 한하여 그 수행 변호사 자신의 공익활동시간으로 본다.

③ 제1항 및 제2항의 규정은 공증인가합동법률사무소와 기타 조합형 합동법률사무소의 경우에 준용한다.

④ 제1항 및 제2항의 규정에 의한 공익활동시간의 배분 인정은 그 법무법인·법무법인(유한)·법무조합, 공증인가합동법률사무소 또는 조합형 합동법률사무소의 대표자가 소속 지방변호사회의 허가를 받아야 한다. (2006. 2. 13. 개정)

⑤ 법무법인·법무법인(유한)·법무조합, 공증인가합동법률사무소 또는 조합형 합동법률사무소는 법조경력이 2년 미만이거나 60세 이상인 개인회원을 공익활동 수행 변호사로 지정할 수 있다. (2006. 2. 13. 개정)

제5조(공익활동심사위원회의 설치) 지방변호사회는 소속 개인회원의 공익활동 등에 관하여 필요한 사항을 심사·결정하기 위한 기구로 공익활동심사위원회를 둔다.

제6조(기금의 운용) ① 지방변호사회는 공익활동의 원활한 수행을 위하여 특별기금을 설치 운용한다.

② 제3조 제2항의 규정에 의하여 납부된 돈은 제1항의 특별기금에 입금시킨다.

제7조(협력의무) 개인회원을 고용하고 있는 법인회원 또는 개인회원은 고용된 회원이 공익활동 등에 참여할 수 있도록 협력하여야 한다.

제8조(공익활동 등의 보고) ① 개인회원은 매년 1월 말까지 그 전년도 공익활동 등의 결과를 소속 지방변호사회에 보고하여야 한다.

② 지방변호사회는 매년 2월 말까지 소속회원의 그 전년도 공익활동 등의 결과를 이 회

에 보고하여야 한다.

제 9 조(징계) 지방변호사회 회장은 이 규정에 정한 공익활동을 정당한 이유 없이 수행하지 아니하거나 제 3 조 제 2 항의 규정에 의한 돈을 납부하지 아니한 개인회원에 대하여 협회장에게 징계개시신청을 할 수 있다. (2003. 2. 10. 개정)

제10조(위임) 지방변호사회는 이 규정의 범위내에서 필요한 규칙·규정 또는 세칙을 정한다.

부   칙〈2010. 1. 25〉

이 규정은 공포한 날로부터 시행한다.

부   칙〈2014. 6. 2〉

이 규정은 공포한 날부터 시행한다.

변호사징계규칙

제 정 1993. 5. 24.　개 정 2007. 2. 26.
개 정 1996. 6. 17.　전문개정 2007. 7. 23.
개 정 1998. 6. 8.　개 정 2010. 2. 8.
개 정 2000. 7. 4.　개 정 2012. 2. 20.
개 정 2001. 10. 29.　개 정 2013. 2. 25.
개 정 2002. 11. 25.　개 정 2014. 2. 24.
개 정 2003. 10. 27.　개 정 2014. 10. 13.
개 정 2006. 2. 20.

제1장 통　칙

제1조(목적) 이 규칙은 「변호사법」 및 대한변호사협회 회칙에 의하여 대한변호사협회변호사징계위원회 및 조사위원회의 설치·운영 등에 관하여 필요한 사항과 「변호사법」 제98조의5 제4항에 따른 징계처분의 공개범위 및 시행방법에 관하여 필요한 사항을 정함을 목적으로 한다.

제2조(대한변호사협회변호사징계위원회의 구성) ① 대한변호사협회변호사징계위원회(이하 "징계위원회"라 한다)는 판사 2인, 검사 2인, 변호사 3인, 법학 교수 1인, 경험과 덕망이 있는 자 1인의 위원으로 구성하고, 같은 자격의 예비위원을 동수로 둔다. (개정 2014. 10. 13)

② 판사인 위원 및 예비위원은 법원행정처장의, 검사인 위원 및 예비위원은 법무부장관의 각 추천을 받아 협회장이 위촉하며, 변호사인 위원 및 예비위원은 총회에서 선출하고, 법학 교수 및 경험과 덕망이 있는 자인 위원 및 예비위원은 협회장이 상임이사회의 심의를 거쳐 위촉한다. (개정 2014. 10. 13)

③ 판사, 검사, 변호사인 위원 및 예비위원은 변호사자격을 취득한 때부터 10년을 경과한 자이어야 하며, 변호사인 위원 및 예비위원은 변호사로서 5년 이상 개업한 경력이 있어야 한다.

④ 위원장은 변호사인 위원 중에서 협회장이 추천한 위원 중에서 선임한다.

⑤ 위원장, 위원 및 예비위원의 임기는 2년으로 한다. 다만 보선된 위원장, 위원 및 예비위원의 임기는 전임자의 잔임기간으로 한다.

⑥ 위원장, 위원 및 예비위원에 결원이 생겼을 때에는 조속히 위촉하거나 선출하여야 한다.

⑦ 위원이 사고, 결원, 제척, 기피, 회피 등의 사유로 직무를 수행할 수 없을 때 같은 자

격으로 위촉된 예비위원이 그 직무를 대행하며, 판사, 검사, 변호사인 예비위원의 직무 대행 순서는 위원장이 지정한다. (개정 2014. 10. 13)

제3조(제척, 기피, 회피) ① 위원장·위원 및 예비위원은 자기 또는 8촌 이내의 혈족이나 4촌 이내의 인척 및 배우자에 관한 징계혐의사건, 조사위원회에 관여한 사건 및 지방변호사회의 징계혐의자에 대한 조사에 관여한 사건의 심사에서 제척된다.

② 위원장·위원 및 예비위원에 관하여 심사의 공정을 현저히 해할 우려가 있는 때에는 징계개시청구를 받은 자(이하 "징계혐의자"라 한다)는 기피의 신청을 할 수 있다. 이 경우에 징계위원회는 지체없이 결정하여야 한다.

③ 제2항의 사유가 있을 때에는 위원장·위원 및 예비위원은 회피할 수 있다. 회피의 신청이 있을 때에는 징계위원회는 지체 없이 결정하여야 한다.

제4조(징계위원회의 기구와 직무) ① 위원장은 징계위원회를 대표하며 징계위원회의 업무를 통할한다.

② 위원회는 위원장을 선출할 당시, 그 위원장이 그 직무를 수행할 수 없는 경우 그 직무를 대행할 위원 2인을 순위를 정하여 결정한다. 위원장과 그 대행자로 지명된 자가 모두 직무를 수행할 수 없는 경우에는 위원회는 의결로써 위원장의 직무를 대행할 자를 정한다.

③ 징계위원회에 간사 1인과 서기 약간인을 둔다.

④ 간사는 위원 중에서 호선하며, 서기는 협회장이 사무국의 직원 중에서 임명한다.

⑤ 간사는 위원장의 명을 받아 징계위원회의 심의에 참여하여 의사록 등을 작성하며 서기는 위원장의 명을 받아 심의에 관한 서류의 작성, 송달 기타 사무를 처리한다.

제5조(주임징계위원의 지명) ① 징계위원장은 필요한 때에는 징계사건에 대한 심사를 담당하게 하기 위하여 주임징계위원을 지명할 수 있다.

② 주임징계위원은 징계사건에 관하여 심사기일을 지정하여 혐의사실에 대한 심사를 한 후 심사조서를 징계위원회에 제출하여야 한다.

③ 주임징계위원은 지정받은 징계사건의 심사에 관하여 위원장의 권한을 행사할 수 있다.

④ 제26조의 규정은 주임징계위원의 심사에 준용한다.

제6조(징계위원회의 소집) ① 징계위원회는 위원장이 소집한다.

② 협회장 또는 위원 2인 이상의 소집요구가 있을 때에는 위원장은 징계위원회를 소집하여야 한다.

제7조(비용부담) 징계위원회는 징계결정을 받은 자에 대하여 심의에 소요된 비용의 전부 또는 일부를 부담하게 할 수 있다.

제8조(수당) 협회는 예산의 범위 내에서 심사에 관여한 위원장·위원 및 예비위원에게 수당을 지급할 수 있다.

제 2 장   징계사유와 징계개시청구

제 9 조(징계사유)   변호사에 대한 징계사유는 다음 각호와 같다.

1. 변호사의 직무와 관련하여 2회 이상 금고 이상의 형을 선고받아(집행유예를 선고 받은 경우를 포함한다) 그 형이 확정된 경우(과실범의 경우를 제외한다)

2. 이 규칙에 의하여 2회 이상 정직이상의 징계처분을 받은 후 다시 제 3 호 내지 제 5 호의 징계사유가 있는 자로서 변호사의 직무를 수행함이 현저히 부적당하다고 인정되는 경우

3. 변호사법에 정한 의무를 위반한 경우

4. 협회 또는 소속 지방변호사회의 회칙에 정한 의무를 위반한 경우

5. 직무의 내외를 불문하고 변호사로서의 품위를 손상하는 행위를 한 경우

6. 이 규칙에 의하여 출석, 경위서 및 소명자료제출 등의 요구를 받고도 2회 이상 불 응한 경우

제10조(징계개시의 청구)   협회장은 변호사에게 제 9 조의 징계사유가 있다고 판단하는 때에는 징계위원회에 대하여 징계개시청구(이하 "징계청구"라 한다)를 하여야 한다.

제11조(징계개시의 신청)   ① 지방검찰청 검사장이 검찰업무수행중 변호사에게 징계사유 가 있는 것을 발견한 때에는 협회장에게 해당 변호사에 대한 징계개시신청을 하여야 한다.

② 지방변호사회장이 소속변호사에게 징계사유가 있는 것을 발견한 때에도 제 1 항과 같다.

③ 법조윤리협의회 위원장이 공직퇴임변호사 또는 특정변호사에게 징계사유가 있는 것 을 발견한 때에도 제 1 항과 같다.

제12조(징계개시의 청원 및 재청원)   ① 의뢰인 또는 의뢰인의 법정대리인·배우자·직계 친족 또는 형제자매는 수임변호사 또는 법무법인(「변호사법」 제58조의2 규정에 따른 법 무법인(유한) 및 제58조의18의 규정에 따른 법무조합을 포함한다)의 담당변호사에게 징 계사유가 있는 경우에는 소속 지방변호사회장에게 해당 변호사에 대한 징계개시의 신 청을 청원할 수 있다.

② 지방변호사회장은 제 1 항의 청원이 있는 경우에는 지체 없이 징계개시의 신청 여부 를 결정하고 그 결과와 이유의 요지를 청원인에게 통지하여야 한다.

③ 청원인은 지방변호사회장이 제 1 항의 청원을 기각하거나 청원이 접수된 날부터 3월 이 경과하여도 징계개시의 신청 여부를 결정하지 아니하는 때에는 협회장에게 재청원 할 수 있다. 이 경우 재청원은 제 2 항의 규정에 따른 통지를 받은 날 또는 청원이 접수 되어 3월이 경과한 날부터 14일 이내에 하여야 한다.

제13조(진정 등)   ① 변호사로 하여금 징계를 받게 할 목적으로 제기되는 진정, 고발, 고 소 등은 그 명칭을 불문하고 제12조의 규정에 따른 징계개시 신청의 청원으로 본다.

② 협회가 전항의 진정, 고발, 고소 등을 접수한 경우에는 이를 소속 지방변호사회에 이 첩하여야 한다.

③ 제12조 제3항의 기간은 소속 지방변호사회에 이첩이 완료된 날부터 기산한다.

제14조(협회장의 결정) ① 협회장은 제11조의 규정에 따른 징계개시의 신청이 있거나 제 12조 제3항의 규정에 따른 재청원이 있는 경우에는 지체 없이 징계청구 여부를 결정하 여야 한다.

② 협회장은 징계청구 여부를 결정하기 위하여 필요한 경우에는 조사위원회로 하여금 징계혐의사실에 대하여 조사하도록 할 수 있다.

③ 협회장은 제1항의 결정을 한 때에는 지체 없이 그 결과와 이유를 징계개시 신청인 (징계개시를 신청한 법조윤리협의회 위원장 또는 지방검찰청 검사장을 말한다. 이하 같 다) 또는 재청원인에게 통지하여야 한다.

제15조(이의신청) ① 징계개시 신청인은 협회장이 징계개시의 신청을 기각하거나 징계개 시의 신청이 접수된 날부터 3월이 경과하여도 징계개시의 청구 여부를 결정하지 아니하 는 때에는 징계위원회에 이의신청을 할 수 있다. 이 경우 이의신청은 제14조 제4항의 규정에 따른 통지를 받은 날 또는 징계개시의 신청이 접수되어 3월이 경과한 날부터 14 일 이내에 하여야 한다.

② 징계위원회는 제1항의 규정에 따른 이의신청이 이유 있다고 인정하는 때에는 징계 절차를 개시하여야 하며, 이유 없다고 인정하는 때에는 이의신청을 기각하여야 한다.

③ 징계위원회는 제2항의 결정을 한 때에는 지체 없이 그 결과와 이유를 이의신청인에 게 통지하여야 한다.

제16조(징계청구절차) ① 징계청구를 할 때에는 징계혐의자의 인적사항, 징계혐의사실 등을 기재한 징계개시청구서와 부본 10통 및 조사위원회의 조사기록 또는 지방변호사 회장이나 지방검찰청 검사장의 징계개시신청서를 징계위원회에 제출하여야 한다.

② 협회장은 징계청구를 한 때에는 징계혐의자와 소속 지방변호사회장에게 그 사실을 통지하여야 한다.

③ 협회장은 국가기관의 통보에 의한 변호사의 징계혐의사실에 대하여 징계청구 여부를 결정하였을 때에는 이를 즉시 당해 국가기관에게 통지하여야 한다.

④ 징계사유가 있는 날부터 3년을 경과한 때에는 징계청구를 하지 못한다.

제3장 징계위원회의 심의절차

제17조(징계개시의 통지) ① 징계위원회는 징계청구가 있는 경우 즉시 징계혐의자에게 징계개시통지서와 징계개시청구서 부본 1통을 송달하고, 제15조 제2항의 규정에 따라 징계절차를 개시한 때에는 즉시 징계혐의자에게 징계개시통지서와 이의신청 결정문 등 본 1통을 송달하여야 한다. (2013. 2. 25. 개정)

② 징계개시통지서에는 심의기일에 출석하여 진술할 수 있고, 증거자료 등을 제출할 수 있으며, 특별변호인을 선임할 수 있음과 심사기일의 공개를 신청할 수 있음을 기재하여야 한다.

제18조(징계결정기간)　징계위원회는 징계청구가 있거나 제15조 제 2 항의 규정에 따라 징계절차를 개시한 날부터 6월 이내에 징계에 관하여 결정하여야 한다. 다만 부득이한 사유가 있을 때에는 6월에 한하여 그 기간을 연장할 수 있다.

제19조(심의의 정지)　징계위원회는 징계혐의자가 징계청구된 징계혐의사실로 공소제기되어 있을 때에는 그 사건이 확정될 때까지 심의절차를 정지한다. 다만 공소의 제기가 있는 경우로서 징계사유에 관하여 명백한 증명자료가 있거나 징계혐의자의 심신상실·질병 등의 사유로 형사재판절차가 진행되지 아니할 때에는 징계심의를 진행할 수 있다.

제20조(심의기일의 통지)　① 징계위원회는 징계혐의자에게 심의기일의 일시·장소를 통지하여야 한다. 다만 심의기일에 출석한 징계혐의자에게는 고지할 수 있다.

② 징계위원회는 징계청구가 징계개시 신청인의 신청에 의한 것일 때에는 당해 징계개시 신청인에게도 제 1 항의 통지를 하여야 한다.

③ 최초 심의기일의 통지는 그 기일의 7일 전까지 통지서를 송달하여야 한다.

제21조(심의기일의 비공개)　① 심의기일은 공개하지 아니한다. 다만 징계위원회는 상당하다고 인정하는 자의 방청을 허가할 수 있다.

② 징계혐의자가 공개신청을 한 때에는 공개한다.

제22조(사건의 병합·분리)　징계위원회는 필요한 때에는 징계혐의자의 의견을 들어 수 개의 징계혐의 사건의 심의를 병합하거나 분리할 수 있다.

제23조(징계혐의자의 출석의무)　① 징계혐의자는 심의기일에 출석하여야 한다.

② 징계위원회는 징계혐의자나 그 특별변호인이 심의기일에 출석하지 않는 경우에도 심의절차를 진행하고 심의를 종결할 수 있다.

제24조(특별변호인)　① 징계혐의자는 변호사 또는 학식과 경험이 있는 자를 특별변호인으로 선임하여 사건에 대한 보충진술과 증거제출을 하게 할 수 있다.

② 특별변호인은 징계혐의자를 위하여 독립하여 이 규칙이 정한 행위를 할 수 있다.

제25조(징계혐의자 등의 진술 및 증거제출)　① 징계혐의자는 심의기일에 출석하여 구술 또는 서면으로 진술할 수 있고, 증거서류나 증거물을 제출할 수 있으며, 징계에 관한 의견을 진술할 수 있다. 다만 징계위원회가 그 제출기한을 정한 때에는 그 기한 내에 제출하여야 한다.

② 징계혐의자는 참고인의 심문, 검증 등의 증거방법을 제출할 수 있다.

③ 협회장은 직접 또는 대리인을 통하여 구술 또는 서면으로 징계혐의사건에 대한 의견을 진술할 수 있다.

④ 징계개시 신청인의 신청에 따라 징계청구된 사건에 관하여는 당해 징계개시 신청인

은 제3항의 방법으로 의견을 제시할 수 있다.

제26조(징계위원회의 심의방법) ① 징계위원회는 직권 또는 징계혐의자의 신청에 의하여 징계혐의자를 심문할 수 있고 참고인에게 사실의 진술이나 감정을 요구할 수 있다.

② 징계위원회는 직권 또는 신청에 의하여 필요한 물건이나 장소에 대한 검증을 할 수 있고 서류 기타의 물건의 소지인에게 그 제출을 요구할 수 있다.

③ 징계위원회는 필요한 때에는 직권으로 징계혐의사실에 대한 조사를 담당한 자를 소환하여 의견을 청취할 수 있다.

④ 징계위원회는 필요한 때에 국가기관 등에 대하여 사실조회를 할 수 있다.

⑤ 징계위원회의 위원장은 출석한 징계혐의자 및 선임된 특별변호인에게 최종의견을 진술할 기회를 주어야 한다.

제27조(서류의 열람) 징계혐의자는 심의기록과 증거물 등을 열람 또는 등사할 수 있다.

제28조(심의기일조서 등) ① 심의기일에는 심의조서를 작성하여야 하며, 조서에는 위원장과 간사가 기명날인 또는 서명하여야 한다.

② 조서에는 심의일시·장소, 출석한 위원의 성명, 공개여부, 심의의 경과와 내용 등을 기재하여야 한다.

③ 주임징계위원의 심사기일의 조서에 관하여는 제1항 및 제2항을 준용한다.

제29조(문서의 송달) ① 문서의 송달은 우편 또는 모사전송(FAX)의 방법에 의한다.

② 삭제〈2010. 2. 8〉

③ 삭제〈2010. 2. 8〉

제30조(비밀엄수) 위원장·위원·예비위원·간사·서기 등은 징계위원회의 심의나 결정에 관하여 직무상 알게 된 비밀을 엄수하여야 한다.

제31조(결정) ① 징계위원회는 심의를 종료하였을 때에는 지체 없이 징계사건에 관하여 결정을 하여야 한다.

② 징계위원회의 징계에 관한 결정은 재적위원 과반수의 찬성으로 한다. 다만 과반수의 찬성을 얻은 의견이 없을 때에는 과반수에 달할 때까지 징계혐의자에게 가장 불리한 의견의 수에 순차 유리한 의견의 수를 더하여 그 중 가장 유리한 의견을 합의된 의견으로 한다.

③ 징계위원회는 징계혐의자에게 기본적 인권옹호를 위한 사회공헌활동, 협회 변호사포상규칙에 의한 수상 등 법률문화향상에 기여한 공로가 인정된 때에는 징계양정을 함에 있어 참작할 수 있다. (개정 2014. 2. 24)

제32조(징계결정서의 작성) 징계위원회가 징계에 관하여 결정을 하였을 때에는 징계결정서를 작성하여야 하며, 징계결정서에는 주문과 이유를 기재하고 위원장과 출석한 위원 및 간사가 기명날인 또는 서명하여야 한다.

제33조(결정의 통보 및 통지) ① 징계위원회는 결정을 하였을 때에는 지체 없이 협회장

에게 서면으로 그 결과와 이유를 통보하여야 한다.

② 징계위원회는 지체 없이 결정서를 징계혐의자에게 송달하여야 한다.

③ 징계청구가 징계개시 신청인의 신청에 의한 경우에는 당해 징계개시 신청인에게 징계결정 결과를 통지하여야 한다.

제34조(이의신청) ① 징계위원회의 결정에 불복이 있는 징계혐의자 및 징계개시 신청인은 제33조의 규정에 따른 송달 또는 통지를 받은 날부터 30일 이내에 협회를 경유하여 법무부변호사징계위원회에 이의신청을 할 수 있다.

② 이의신청인은 징계심의기록과 증거물을 열람·등사할 수 있다.

제35조(징계결정의 효력발생) 징계결정은 이의신청기간이 만료한 때 또는 법무부변호사징계위원회의 이의신청에 대한 결정을 송달받은 날부터 효력을 발생한다. (2013. 2. 25. 개정)

제36조(다른 법률의 준용) 서류의 송달, 기일의 지정이나 변경 및 증인·감정인의 선서와 급여에 관한 사항에 대하여는 「형사소송법」과 「형사소송 비용 등에 관한 법률」의 규정을 준용한다.

제 4 장 조사위원회의 설치

제37조(조사위원회의 설치와 구성) ① 협회에 징계혐의사실에 대한 조사를 실시하기 위하여 조사위원회를 둔다. 다만 협회장이 필요하다고 인정할 때에는 특별조사위원회를 둘 수 있다. 특별조사위원회의 직무, 설치, 구성, 운영, 조사절차 등의 필요한 사항은 규정으로 정한다.

② 조사위원회는 10인 이상 30인 이내의 조사위원으로 구성한다.

③ 조사위원은 협회장의 추천으로 이사회에서 선출한다.

④ 위원의 임기는 2년으로 한다.

⑤ 위원 중 결원이 생긴 때에는 즉시 보선한다. 보선된 위원의 임기는 전임자의 잔임기간으로 한다.

⑥ 조사위원의 제척·기피·회피에 관하여는 제 3 조를 준용한다.

제38조(조사위원회의 직무) ① 조사위원회는 협회장의 요구가 있거나 변호사에게 징계사유에 해당하는 혐의가 있다고 인정될 때에는 혐의유무에 대하여 조사를 한 후 그 결과를 협회장에게 보고하여야 한다.

② 〈삭제〉 (2014. 10. 13)

③ 조사위원의 수당 등에 관하여는 제 8 조를 준용한다.

제39조(조사위원회의 기구) ① 조사위원회에는 위원장, 부위원장 및 간사 각 1인을 둔다.

② 위원장, 부위원장 및 간사는 조사위원회에서 선출한다.

③ 위원장은 조사위원회를 대표하고 조사위원회의 사무를 통할한다.

④ 부위원장은 위원장을 보좌하고 위원장이 사고가 있을 때에는 그 직무를 대행한다.

⑤ 간사는 위원장의 명을 받아 위원회의 사무를 처리한다.

⑥ 조사위원회에는 조사업무를 보조하는 서기 약간인을 둘 수 있다. 서기는 사무국 직원 중에서 지명할 수 있다.

⑦ 제30조 규정은 조사위원회의 위원 및 서기에 준용한다.

제40조(조사위원회의 운영) ① 조사위원회는 위원장이 소집한다. 다만 위원장이 선출되지 아니하였을 때에는 협회장이 소집한다.

② 위원장은 협회장 또는 위원 3인 이상의 소집요구가 있을 때에는 조사위원회를 소집하여야 한다.

③ 조사위원회는 재적위원 과반수의 출석과 출석위원 과반수의 찬성으로 결정한다. (개정 2014. 10. 13)

④ 〈삭제〉 (2014. 10. 13)

⑤ 협회장은 조사위원회의 결정 또는 결과보고에 대하여 재조사를 요구할 수 있다. (신설 2014. 10. 13)

제41조(조사위원회의 조사절차) ① 위원장은 징계혐의가 있다고 인정되거나 제14조 제2항의 사유가 있을 때에는 즉시 조사위원회를 소집하여 징계혐의사실에 대한 조사를 하여야 한다. 만일 변호사법위반 등 범죄혐의가 있는 피조사자가 조사에 불응하거나 허위의 자료를 제출하는 때에는 위원장은 위원회의 의결을 거쳐 수사기관에 고발하거나 수사의뢰할 것을 협회장에게 요청할 수 있다.

② 조사위원회는 필요한 경우에는 관계 기관·단체 등에 대하여 자료의 제출을 요청할 수 있으며, 당사자 또는 관계인을 면담하여 사실에 관한 의견을 청취할 수 있다.

③ 조사위원회는 징계혐의사실에 대한 조사를 한 후 그 결과를 조사기록과 함께 협회장에게 보고하여야 한다.

④ 조사위원회는 징계위원회로부터 징계혐의사실에 대한 조사 요청을 받은 경우 이를 조사하여 그 결과를 징계위원회에 보고하여야 한다. (신설 2014. 10. 13)

⑤ 조사위원회의 징계혐의사실에 대한 조사절차와 방법에 관해서는 징계위원회의 심사절차와 방법에 관한 제26조 제1항 내지 제4항, 제29조를 준용한다. (개정 2014. 10. 13)

제41조의2(징계개시신청서 및 재청원서에 대한 경위서 등의 제출 요구) ① 조사위원회는 협회장으로부터 변호사법 제89조의4 제4항, 제89조의5 제3항, 제89조의6 제5항, 동법 제97조의2, 이 규칙 제11조에 의한 징계개시 신청에 대한 조사요구가 있는 경우에는 징계개시신청서의 부본을 첨부하여 피신청인에게 경위서 및 소명자료 제출을 요구할 수 있다. (개정 2014. 10. 13)

② 조사위원회는 협회장으로부터 변호사법 제97조의3 제 3 항, 이 규칙 제12조 제 3 항에 의한 재청원에 대한 조사요구가 있는 경우에는 재청원서의 부본을 첨부하여 피청원인에게 경위서 및 소명자료 제출을 요구할 수 있다. (개정 2014. 10. 13)

③ 피신청인과 피청원인은 조사위원회에 의견서 및 소명자료를 제출할 수 있다. (신설 2014. 10. 13)

제42조(주임조사위원의 지정과 조사)　① 조사위원회는 필요하다고 인정할 때에는 위원 1인 또는 수인을 지정하여 징계혐의사실을 조사하게 할 수 있다.

② 주임조사위원의 조사절차와 방법은 제41조에 의한다.

제 5 장　징계의 집행 및 공고

제43조(징계의 집행)　① 협회장은 징계결정이 효력을 발생하면 즉시 다음 각호에 정한 방법으로 징계처분을 집행하여야 한다.

1. 제명은 징계혐의자의 변호사등록원부에 그 징계결정의 내용을 기재하여 등록을 취소하고 변호사등록원부를 말소한다.
2. 정직은 징계혐의자의 변호사등록원부에 정직개시일과 정직기일을 명시하여 징계결정의 내용을 기재한다.
3. 과태료는 징계결정의 내용을 변호사등록원부에 기재하고, 협회장이 검사에게 의뢰하여 집행한다.
4. 견책은 협회장이 징계혐의자에게 근신자숙하라는 취지의 문서를 송달하고, 징계결정의 내용을 변호사등록원부에 기재한다.

② 영구제명, 제명 및 정직의 경우의 징계집행에 관하여 필요한 사항은 따로 규정으로 정한다.

제44조(보고 및 통지)　① 협회장은 징계처분의 결과를 법무부장관에게 보고하고, 소속 지방변호사회에 통지하여야 한다.

② 협회장은 징계혐의자에게 징계의 집행 사실을 서면으로 통지하여야 한다.

제45조(공고)　협회장은 확정된 징계처분의 내용을 인터넷 홈페이지 및 협회가 발행하는 회지 또는 신문에 공고하여야 한다. (2012. 2. 20. 개정)

제46조(공고방법 등의 지정)　협회장은 징계처분의 확정일로부터 2주일 이내에 인터넷 홈페이지에 게재하고, 해당 징계처분의 확정일 이후 최초로 발간하는 대한변호사협회 발행 정기간행물에 게재하여야 한다. (2012. 2. 20. 개정)

제47조(공고의 범위)　① 이 규칙에 의하여 공고되는 사항은 다음 각 호와 같다. (2012. 2. 20. 개정)

1. 징계처분을 받은 변호사의 성명·생년월일·소속지방변호사회 및 사무실의 주소·명칭[해당 변호사가 법무법인, 법무법인(유한), 법무조합(이하 "법무법인등"이

라 한다)에 소속되어 있거나 그 구성원인 경우에는 그 법무법인등의 주소·명칭]

2. 징계처분의 내용 및 징계사유의 요지(위반행위의 태양 등 그 사유를 구체적으로 알 수 있는 사실관계의 개요를 포함한다)

3. 징계처분의 효력발생일. 다만, 징계의 종류가 정직인 경우에는 정직개시일 및 정직기간(개정 전 제47조 제4호)

② 제1항에 따라 징계처분정보를 인터넷 홈페이지에 게재하는 기간은 최초 게재일부터 기산하여 다음 각 호의 구분에 따른 기간으로 한다. (2012. 2. 20. 신설)

1. 영구제명·제명: 3년

2. 정직: 1년. 다만, 정직기간이 1년보다 장기인 경우에는 그 정직기간으로 한다.

3. 과태료: 6개월

4. 견책: 3개월

5. 법 5조에 의한 등록취소: 취소기간

③ 협회장은 제1항 및 제2항에 따라 징계처분정보를 인터넷 홈페이지에 공개할 경우 홈페이지 최상단 메뉴에 변호사 정보란을, 그 하위 메뉴로 변호사 징계 내역을 두고, 변호사 징계 내역 메뉴에 징계처분정보를 기재하는 방법으로 게재하여야 한다. (2012. 2. 20. 신설)

④ 협회장은 제3항에 따라 설치되는 변호사 징계 내역 메뉴에서 변호사의 성명 및 사무실의 명칭(해당 변호사가 법무법인등에 소속되어 있거나 그 구성원인 경우에는 그 법무법인등의 명칭을 말한다)으로 징계처분정보가 검색될 수 있도록 하여야 한다. (2012. 2. 20. 신설)

제6장 징계정보의 제공

제48조(신청자격) 징계정보의 열람·등사를 신청할 수 있는 자(이하 "신청권자"라 한다)는 다음 각 호의 어느 하나에 해당하는 자로 한다. (2012. 2. 20. 개정)

1. 해당 변호사와 면담하였거나 사건수임 계약을 체결하는 등 변호사를 선임하였거나 선임하려는 자

2. 제1호에 규정된 자의 직계존비속, 동거친족 또는 대리인

제49조(신청방법) ① 신청권자가 징계정보의 열람·등사를 신청하는 경우에는 해당 변호사의 인적사항, 변호사 선임 대상 사건의 개요 및 징계정보의 열람·등사를 신청하는 취지를 적은 신청서에 다음 각 호의 서류를 첨부하여 협회장에게 제출하여야 한다. (2012. 2. 20. 개정)

1. 주민등록증 사본 등 신청권자의 신분을 확인할 수 있는 서류

2. 변호사 선임 대상 사건과 관련하여 해당 변호사의 징계정보가 필요한 사유 등을 적은 선임의사확인서. 다만, 계약서, 선임계 또는 해당 변호사의 동의서 등 위임

계약 등을 체결하였거나 징계정보의 열람·등사에 대한 해당 변호사의 동의가 있었음을 증명하는 서류가 있으면 선임의사확인서를 갈음하여 그 서류를 제출할 수 있다.

3. 제1항 제2호의 신청권자가 신청하는 경우에는 가족관계증명서, 위임장 등 가족관계나 대리관계를 증명할 수 있는 서류

② 신청권자는 신청서 및 그 첨부서류를 협회장에게 직접 제출하거나 우편, 모사전송 또는 이메일 등 정보통신망을 이용하여 징계정보의 열람·등사를 신청할 수 있다. (2012. 2. 20. 개정)

제49조의2(예외사항) ① 협회장은 제49조의 신청이 다음 각 호의 어느 하나에 해당하는 경우에는 그 신청에 따른 징계정보를 제공하지 아니할 수 있다. (2012. 2. 20. 신설)

1. 신청서에 필수적 기재사항을 누락하였거나 제1항에 따른 신청권이 있음을 증명하는 서류를 제출하지 아니한 경우

2. 정당한 이유 없이 수회에 걸쳐 반복적으로 열람·등사를 신청하거나, 징계정보의 제공신청대상 변호사가 사건에 비추어 과도하게 다수인 경우 등 열람·등사 신청의 목적이 변호사를 선임하기 위한 것이 아님이 명백한 경우

② 협회장은 징계정보를 제공하지 아니하기로 결정한 때에는 지체 없이 신청인에게 그 취지 및 사유를 통지하여야 한다. (2012. 2. 20. 신설)

제50조(신청의 처리) 협회장은 정보제공 신청을 받으면 신청일부터 1주일 이내에 해당 변호사에 관한 징계정보 확인서를 제공하여야 한다. (2012. 2. 20. 개정)

제51조(제공방법) ① 정보제공은 직접 수령, 우편, 모사전송 또는 이메일 등 정보통신망을 이용한 방법 중 신청인이 선택한 방법으로 제공하여야한다. (2012. 2. 20. 개정)

② 협회장은 제1항에 따라 정보통신망을 이용하여 정보를 제공하는 경우에는 위조방지를 위한 조치를 하여야 한다. (2012. 2. 20. 개정)

제52조(유의사항) ① 협회가 이 규칙에 따라 정보제공을 하는 경우에는 대상 회원이 아닌 제3자의 명예가 훼손되지 않도록 유의하여야 한다.

② 이 규칙에 따라 정보제공을 받은 신청자는 그 내용을 제3자에게 알리거나 신청목적 이외의 용도로 사용하여서는 아니 된다.

제53조(정보제공 기간) 열람·등사를 신청할 수 있는 징계정보의 범위는 신청일부터 기산하여 다음 각 호의 구분에 따른 기간 이내에 확정된 징계처분정보로 한다. (2012. 2. 20. 개정)

1. 영구제명·제명·법5조에 의한 등록취소: 10년

2. 정직: 7년

3. 과태료: 5년

4. 견책: 3년

제54조(회원의 자기 정보 열람 등) ① 회원은 언제든지 자신의 징계처분 기록에 대한 열람·등사 및 징계처분 여부에 대한 확인서 발급을 신청할 수 있다.

② 회원은 제1항의 기록이 사실과 다른 경우에는 그 기록의 정정을 신청할 수 있다.

③ 협회장은 제2항의 신청이 있는 경우에는 그 신청이 있는 날부터 30일 이내에 정정 여부를 결정하여야 한다.

④ 제3항의 결정이 있을 때까지는 당해 회원의 징계처분의 내용을 공개하지 못한다.

제55조(비용 등 부담) ① 협회는 정보제공과 관련하여 소요된 비용 등을 신청자에게 부과할 수 있다.

② 제1항의 비용 등은 상임이사회의 심의를 거쳐 협회장이 정한다.

부   칙〈2010. 2. 8〉

이 규칙은 공포한 날로부터 시행한다.

부   칙〈2012. 2. 20〉

이 규칙은 공포한 날로부터 시행한다.

부   칙〈2013. 2. 25〉

이 규칙은 공포한 날로부터 시행한다.

부   칙〈2014. 2. 24〉

이 규칙은 공포한 날부터 시행한다.

부   칙〈2014. 10. 13〉

이 규칙은 공포한 날부터 시행한다.

법관의 윤리

법관윤리강령

대법원규칙 제2021호

법관은 국민의 기본적 인권과 정당한 권리행사를 보장함으로써 자유 · 평등 · 정의를 실현하고, 국민으로부터 부여받은 사법권을 법과 양심에 따라 엄정하게 행사하여 민주적 기본질서와 법치주의를 확립하여야 한다.

법관은 이 같은 사명을 다하기 위하여 사법권의 독립과 법관의 명예를 굳게 지켜야 하며 국민으로부터 신뢰와 존경을 받아야 한다. 그러므로 법관은 공정하고 청렴하게 직무를 수행하며, 법관에게 요구되는 높은 수준의 직업윤리를 갖추어야 한다.

이에 우리 법관은 뜻을 모아 법관이 지녀야 할 윤리기준과 행위전범을 마련하여 법관으로서의 자세와 마음가짐을 새롭게 하고자 한다. 모름지기 모든 법관은 이 강령을 스스로의 책임과 규율 아래 잘 지켜 법관의 사명과 책무를 다하여야 할 것이다.

제1조(사법권 독립의 수호)　법관은 모든 외부의 영향으로부터 사법권의 독립을 지켜 나간다.

제2조(품위 유지)　법관은 명예를 존중하고 품위를 유지한다.

제3조(공정성 및 청렴성)　① 법관은 공평무사하고 청렴하여야 하며, 공정성과 청렴성을 의심받을 행동을 하지 아니한다.

② 법관은 혈연 · 지연 · 학연 · 성별 · 종교 · 경제적 능력 또는 사회적 지위등을 이유로 편견을 가지거나 차별을 하지 아니한다.

제4조(직무의 성실한 수행)　① 법관은 맡은 바 직무를 성실하게 수행하며, 직무수행 능력을 향상시키기 위하여 꾸준히 노력한다.

② 법관은 신속하고 능률적으로 재판을 진행하며, 신중하고 충실하게 심리하여 재판의 적정성이 보장되도록 한다.

③ 법관은 당사자와 대리인등 소송 관계인을 친절하고 정중하게 대한다.

④ 법관은 재판업무상 필요한 경우를 제외하고는 당사자와 대리인등 소송 관계인을 법정 이외의 장소에서 면담하거나 접촉하지 아니한다.

⑤ 법관은 교육이나 학술 또는 정확한 보도를 위한 경우를 제외하고는 구체적 사건에 관하여 공개적으로 논평하거나 의견을 표명하지 아니한다.

제5조(법관의 직무외 활동)　① 법관은 품위 유지와 직무 수행에 지장이 없는 경우에 한

하여, 학술 활동에 참여하거나 종교·문화단체에 가입하는 등 직무외 활동을 할 수 있다.

② 법관은 타인의 법적 분쟁에 관여하지 아니하며, 다른 법관의 재판에 영향을 미치는 행동을 하지 아니한다.

③ 법관은 재판에 영향을 미치거나 공정성을 의심받을 염려가 있는 경우에는 법률적 조언을 하거나 변호사등 법조인에 대한 정보를 제공하지 아니한다.

제6조(경제적 행위의 제한) 법관은 재판의 공정성에 관한 의심을 초래하거나 직무수행에 지장을 줄 염려가 있는 경우에는, 금전대차등 경제적 거래행위를 하지 아니하며 증여 기타 경제적 이익을 받지 아니한다.

제7조(정치적 중립) ① 법관은 직무를 수행함에 있어 정치적 중립을 지킨다.

② 법관은 정치활동을 목적으로 하는 단체의 임원이나 구성원이 되지 아니하며, 선거운동등 정치적 중립성을 해치는 활동을 하지 아니한다.

부   칙〈제1544호, 1998. 6. 11〉

제1조 삭제〈2006. 5. 25〉
제2조(시행일) 이 규칙은 공포한 날부터 시행한다.

부   칙〈제2021호, 2006. 5. 25〉

① (시행일) 이 규칙은 공포한 날부터 시행한다.
② (다른 규칙의 개정) 법관윤리강령 일부를 다음과 같이 개정한다.
대법원규칙 제1544호 법관윤리강령중개정규칙 부칙 제1조를 삭제한다.

법관징계법

제 정 1956. 1. 20. 전부개정 1999. 1. 21.
일부개정 1962. 7. 31. 타법개정 1999. 12. 31.
일부개정 1963. 12. 13. 일부개정 2006. 10. 27.
일부개정 1973. 1. 25. 일부개정 2009. 11. 2.
일부개정 1981. 1. 29. 일부개정 2011. 4. 12.
타법개정 1987. 12. 4. 일부개정 2014. 12. 30.

제1조(목적) 이 법은 법관의 징계에 관한 사항을 규정함을 목적으로 한다.

 [전문개정 2011. 4. 12]

제2조(징계 사유) 법관에 대한 징계 사유는 다음 각 호와 같다.

  1. 법관이 직무상 의무를 위반하거나 직무를 게을리한 경우

  2. 법관이 그 품위를 손상하거나 법원의 위신을 떨어뜨린 경우

 [전문개정 2011. 4. 12]

제3조(징계처분의 종류) ① 법관에 대한 징계처분은 정직·감봉·견책의 세 종류로 한다.

 ② 정직은 1개월 이상 1년 이하의 기간 동안 직무집행을 정지하고, 그 기간 동안 보수를 지급하지 아니한다.

 ③ 감봉은 1개월 이상 1년 이하의 기간 동안 보수의 3분의 1 이하를 줄인다.

 ④ 견책은 징계 사유에 관하여 서면으로 훈계한다.

 [전문개정 2011. 4. 12]

제4조(법관징계위원회) ① 법관에 대한 징계사건을 심의·결정하기 위하여 대법원에 법관징계위원회(이하 "위원회"라 한다)를 둔다.

 ② 위원회는 위원장 1명과 위원 6명으로 구성하고, 예비위원 3명을 둔다.

 [전문개정 2011. 4. 12]

제5조(위원장 및 위원) ① 위원회의 위원장은 대법관 중에서 대법원장이 임명하고, 위원은 법관 3명과 다음 각 호에 해당하는 사람 중 각 1명을 대법원장이 각각 임명하거나 위촉한다.

  1. 변호사

  2. 법학교수

  3. 그 밖에 학식과 경험이 풍부한 사람

 ② 예비위원은 법관 중에서 대법원장이 임명한다.

③ 위원장·위원 및 예비위원의 임기는 각각 3년으로 한다.

④ 위원장은 위원회의 사무를 총괄하고 회의를 소집하며, 의결할 때 표결권을 가진다.

⑤ 위원장에게 제10조에 따른 사유 등으로 그 사무를 처리하지 못할 부득이한 사유가 있는 경우에는 대법원장이 지명하는 위원이 그 직무를 대리하고, 위원에게 같은 사유가 있는 경우에는 위원장이 지명하는 예비위원이 그 직무를 대리한다.

[전문개정 2011. 4. 12]

제6조(위원회의 간사) ① 위원회에 간사를 두며, 간사는 법관 중에서 대법원장이 임명한다.

② 간사는 위원장의 명을 받아 징계사건에 관한 기록과 그 밖의 서류의 작성 및 보관에 관한 사무를 담당한다.

[전문개정 2011. 4. 12]

제7조(징계청구와 징계심의의 개시) ① 위원회의 징계심의는 다음 각 호의 사람의 징계청구에 의하여 개시한다.

1. 대법원장
2. 대법관
3. 해당 법관에 대하여 「법원조직법」에 따라 사법행정사무에 관한 감독권을 가지는 법원행정처장, 사법연수원장, 각급 법원장, 법원도서관장

② 제1항에 따른 징계청구권자는 해당 법관에게 징계 사유가 있다고 인정될 때에는 그에 관하여 조사할 수 있다.

③ 징계청구권자는 제2항에 따라 조사한 결과 제2조 각 호의 어느 하나에 해당된다고 인정할 때에는 징계를 청구하여야 한다.

④ 징계의 청구는 위원회에 징계청구서를 제출하는 방식으로 한다.

[전문개정 2011. 4. 12]

제8조(징계 사유의 시효) 징계 사유가 있는 날부터 3년[금품 및 향응 수수(授受), 공금의 횡령(橫領)·유용(流用)의 경우에는 5년]이 지나면 그 사유에 관하여 징계를 청구하지 못한다.

[전문개정 2011. 4. 12]

제9조(징계청구서의 송달) 위원회는 징계청구서의 부본(副本)을 징계가 청구된 법관(이하 "피청구인"이라 한다)에게 송달하여야 한다.

[전문개정 2011. 4. 12]

제10조(제척·기피·회피) ① 위원장 및 위원은 자신 또는 그 친족에 대한 징계사건의 심의·결정에 관여하지 못한다.

② 징계청구인이 위원인 경우에 그 위원은 해당 사건의 심의·결정에 관여하지 못한다.

③ 피청구인은 위원장 또는 위원에게 제1항 또는 제2항의 사유가 있거나 징계결정의

공정을 기대하기 어려운 사정이 있을 때에는 위원회에 그 사실을 서면으로 소명(疏明)하여 기피를 신청할 수 있다.

④ 위원회는 제3항의 신청에 대하여 지체 없이 결정하여야 하며, 기피신청의 대상이 된 위원장 또는 위원은 그 결정에 관여하지 못한다.

⑤ 위원장이나 위원은 제1항부터 제3항까지의 경우에는 회피할 수 있다.

[전문개정 2011. 4. 12]

제11조(예비심의) ① 위원회나 위원장은 필요하다고 인정할 때에는 제13조에 따라 심의를 개시하기 전에 예비심의를 할 것을 결정할 수 있다.

② 예비심의를 할 경우에는 위원장이 위원 중에서 예비심의위원을 지명한다.

③ 예비심의 절차에 관하여는 그 성질에 반하지 아니하는 범위에서 제12조부터 제17조까지, 제19조 및 제22조를 준용한다.

[전문개정 2011. 4. 12]

제12조(피청구인에 대한 출석요구) 징계청구가 있을 때에는 위원장은 심의기일을 정하여 피청구인의 출석을 요구하여야 한다.

[전문개정 2011. 4. 12]

제13조(징계의 심의) ① 위원회는 위원장을 포함한 위원 과반수가 출석한 경우에 심의를 개시한다.

② 위원장은 심의기일에 심의개시를 선언하고, 피청구인에게 징계가 청구된 원인사실과 그 밖에 필요한 사항을 심문(審問)한다.

③ 위원은 위원장에게 알리고 제2항의 심문을 할 수 있다.

④ 징계심의는 공개하지 아니한다.

⑤ 위원회의 심의·결정에 참여한 사람은 직무상 알게 된 비밀을 누설하여서는 아니 된다.

[전문개정 2011. 4. 12]

제14조(피청구인과 징계청구인의 진술권 및 증거제출권) 피청구인과 징계청구인은 서면 또는 구술로 의견을 진술하거나 증거를 제출할 수 있다.

[전문개정 2011. 4. 12]

제15조(변호인 등의 선임) 피청구인은 변호사를 변호인으로 선임하여 징계사건에 대한 보충진술과 증거제출을 하게 할 수 있다. 다만, 위원회의 허가를 받은 경우에는 변호사가 아닌 사람을 특별변호인으로 선임할 수 있다.

[전문개정 2011. 4. 12]

제16조(감정·증인신문 등) 위원회는 직권으로 또는 징계청구인·피청구인·변호인·특별변호인의 신청에 의하여 감정(鑑定)을 명하거나 증인을 신문(訊問)할 수 있으며, 공공기관 등에 사실조회를 하거나 서류의 제출을 요구할 수 있다.

[전문개정 2011. 4. 12]

제17조(피청구인의 불출석) 위원회는 피청구인이 적법한 송달을 받고도 심의기일에 출석하지 아니하거나 진술권을 포기한 경우에는 피청구인의 진술 없이 서면에 의하여 심의할 수 있다.

[전문개정 2011. 4. 12]

제18조(최종의견 진술권) 위원장은 피청구인과 변호인 또는 특별변호인에게 최종의견을 진술할 기회를 주어야 한다.

[전문개정 2011. 4. 12]

제19조(간사의 참여와 심의기록의 작성) 간사는 사건의 심의에 참여하여 심의기록을 작성하고 위원장과 함께 서명 및 날인하여야 한다.

[전문개정 2011. 4. 12]

제20조(징계절차의 정지) ① 징계 사유에 관하여 탄핵의 소추가 있는 경우에는 그 절차가 완결될 때까지 징계절차는 정지된다.

② 위원회는 징계 사유에 관하여 공소가 제기된 경우에는 그 절차가 완결될 때까지 징계절차를 정지할 수 있다.

[전문개정 2011. 4. 12]

제21조(징계청구의 취하) 징계청구인은 징계청구 이후 새로운 사실이 발견되는 등 피청구인이 제2조 각 호의 어느 하나에 해당되지 아니한다고 인정할 만한 사유가 있는 경우에는 제24조에 따른 징계결정이 있기 전까지 징계청구를 취하할 수 있다.

[전문개정 2011. 4. 12]

제22조(「형사소송법」 등의 준용) 서류의 송달, 기일의 지정·변경, 증인·감정인의 선서, 증인·감정인에게 지급하는 비용에 관하여는 이 법 또는 대법원규칙에 특별한 규정이 있는 경우를 제외하고는 「형사소송법」과 「형사소송비용 등에 관한 법률」을 준용한다.

[전문개정 2011. 4. 12]

제23조(위원회의 결정방식) ① 위원회가 징계사건에 관하여 결정하려는 경우에는 위원장을 포함한 위원 과반수의 출석과 출석위원 과반수의 찬성으로 의결한다. 다만, 제10조 제4항 및 제11조 제1항에 따른 결정과 제15조 단서에 따른 허가는 서면에 의하여 위원 과반수의 찬성으로 의결할 수 있다.

② 위원회가 제1항 본문에 따른 징계결정을 할 때 의견이 나뉘어 출석위원 과반수에 이르지 못한 경우에는 과반수에 이르기까지 피청구인에게 가장 불리한 의견의 수에 차례로 유리한 의견의 수를 더하여 그 중 가장 유리한 의견에 따른다.

[전문개정 2011. 4. 12]

제24조(위원회의 징계결정) 위원회는 심의를 종료하였을 때에는 다음 각 호의 구분에 따라 결정을 한다.

1. 징계 사유가 있고 이에 대하여 징계처분을 하는 것이 타당하다고 인정되는 경우: 징계 사유의 경중(輕重), 피청구인의 근무성적, 공적(功績), 뉘우치는 정도, 그 밖의 여러 사정을 종합하여 그에 합당한 징계처분을 하는 결정. 다만, 징계처분을 하지 아니하는 것이 타당하다고 인정되는 경우에는 불문(不問)으로 하는 결정을 할 수 있다.
2. 징계 사유가 인정되지 아니하는 경우: 무혐의 결정

[전문개정 2011. 4. 12]

제25조(징계결정서의 작성 및 송달) ① 위원회가 제24조에 따른 결정을 하였을 때에는 그 이유를 붙인 결정서를 작성하여야 한다.

② 제1항의 결정서에는 위원장과 심의·결정에 관여한 위원이 서명 및 날인하여야 한다.

③ 제1항의 결정서의 정본(正本)은 징계청구인, 피청구인, 징계처분권자에게 각각 송달하여야 한다.

[전문개정 2011. 4. 12]

제26조(징계처분 및 집행) ① 대법원장은 위원회의 결정에 따라 징계처분을 하고, 이를 집행한다.

② 대법원장은 징계처분을 하였을 때에는 이를 관보에 게재한다.

[전문개정 2011. 4. 12]

제27조(불복절차) ① 피청구인이 징계처분에 대하여 불복하려는 경우에는 징계처분이 있음을 안 날부터 14일 이내에 전심(前審) 절차를 거치지 아니하고 대법원에 징계처분의 취소를 청구하여야 한다.

② 대법원은 제1항의 취소청구사건을 단심(單審)으로 재판한다.

[전문개정 2011. 4. 12]

제28조(대법원규칙) 이 법의 시행에 필요한 사항은 대법원규칙으로 정한다.

[전문개정 2011. 4. 12]

부   칙〈제10578호, 2011. 4. 12〉

이 법은 공포한 날부터 시행한다.

부   칙〈제12884호, 2014. 12. 30〉

이 법은 공포한 날부터 시행한다.

검사의 윤리

검사윤리강령

법무부훈령 제581호

검사는 범죄로부터 국민을 보호하고 「법의 지배」를 통하여 인간의 존엄과 권리를 보장함으로써 자유롭고 안정된 민주사회를 구현하여야 할 책임이 있다.

검사는 이 책임을 완수하기 위하여 스스로 높은 도덕성과 윤리 의식을 갖추고 투철한 사명감과 책임감을 바탕으로 이 직무를 수행하여야 한다.

검사는 주어진 사명의 숭고함을 깊이 인식하고 국민으로부터 진정으로 신뢰받을 수 있도록 다음의 윤리 기준과 행동 준칙에 따라 실천하고 스스로 그 결과에 대하여 책임을 진다.

제1조(사명) 검사는 공익의 대표자로서 국법질서를 확립하고 국민의 인권을 보호하며 정의를 실현함을 그 사명으로 한다.

제2조(국민에 대한 봉사) 검사는 직무상의 권한이 국민으로부터 위임된 것임을 명심하여 성실하고 겸손한 자세로 국민에게 봉사한다.

제3조(정치적 중립과 공정) ① 검사는 정치 운동에 관여하지 아니하며, 직무 수행을 할 때 정치적 중립을 지킨다.

② 검사는 피의자나 피해자, 기타 사건 관계인에 대하여 정당한 이유 없이 차별 대우를 하지 아니하며 어떠한 압력이나 유혹, 정실에도 영향을 받지 아니하고 오로지 법과 양심에 따라 엄정하고 공평하게 직무를 수행한다.

제4조(청렴과 명예) 검사는 공·사생활에서 높은 도덕성과 청렴성을 유지하고, 명예롭고 품위 있게 행동한다.

제5조(자기계발) 검사는 변화하는 사회현상을 직시하고 높은 식견과 시대가 요구하는 새로운 지식을 쌓아 직무를 수행함에 부족함이 없도록 하기 위하여 끊임없이 자기계발에 노력한다.

제6조(인권보장과 적법절차의 준수) 검사는 피의자·피고인, 피해자 기타 사건 관계인의 인권을 보장하고 헌법과 법령에 규정된 절차를 준수한다.

제7조(검찰권의 적정한 행사) 검사는 적법한 절차에 의하여 증거를 수집하고 법령의 정당한 적용을 통하여 공소권이 남용되지 않도록 한다.

제8조(검찰권의 신속한 행사) 검사는 직무를 성실하고 신속하게 수행함으로써 국가형

벌권의 실현이 부당하게 지연되지 않도록 한다.

제 9 조(사건의 회피) ① 검사는 취급 중인 사건의 피의자, 피해자 기타 사건 관계인(당사자가 법인인 경우 대표이사 또는 지배주주)과 민법 제777조의 친족관계에 있거나 그들의 변호인으로 활동한 전력이 있을 때 또는 당해 사건과 자신의 이해가 관련되었을 때에는 그 사건을 회피한다.

② 검사는 취급 중인 사건의 사건 관계인과 제 1 항 이외의 친분 관계 기타 특별한 관계가 있는 경우에도 수사의 공정성을 의심받을 우려가 있다고 판단했을 때에는 그 사건을 회피할 수 있다.

제10조(사건 관계인에 대한 자세) 검사는 인권보호수사준칙을 준수하고 피의자, 피해자 등 사건 관계인의 주장을 진지하게 경청하며 객관적이고 중립적인 입장에서 사건 관계인을 친절하게 대하도록 노력한다.

제11조(변호인에 대한 자세) 검사는 변호인의 변호권행사를 보장하되 취급 중인 사건의 변호인 또는 그 직원과 정당한 이유 없이 사적으로 접촉하지 아니한다.

제12조(상급자에 대한 자세) 검사는 상급자에게 예의를 갖추어 정중하게 대하며, 직무에 관한 상급자의 지휘·감독에 따라야 한다. 다만, 구체적 사건과 관련된 상급자의 지휘·감독의 적법성이나 정당성에 이견이 있을 때에는 절차에 따라서 이의를 제기할 수 있다.

제13조(사법경찰관리에 대한 자세) 검사는 수사의 주재자로서 엄정하고 합리적으로 사법경찰관리를 지휘하고 감독한다.

제14조(외부 인사와의 교류) 검사는 직무 수행의 공정성을 의심받을 우려가 있는 자와 교류하지 아니하며 그 처신에 유의한다.

제15조(사건 관계인 등과의 사적 접촉 제한) 검사는 자신이 취급하는 사건의 피의자, 피해자 등 사건 관계인 기타 직무와 이해관계가 있는 자(이하 '사건 관계인 등'이라 한다)와 정당한 이유 없이 사적으로 접촉하지 아니한다.

제16조(직무 등의 부당이용 금지) ① 검사는 항상 공·사를 분명히 하고 자기 또는 타인의 부당한 이익을 위하여 그 직무나 직위를 이용하지 아니한다.

② 검사는 직무와 관련하여 알게 된 사실이나 취득한 자료를 부당한 목적으로 이용하지 아니한다.

제17조(영리행위 등 금지) 검사는 금전상의 이익을 목적으로 하는 업무에 종사하거나 법무부장관의 허가 없이 보수 있는 직무에 종사하는 일을 하지 못하며, 법령에 의하여 허용된 경우를 제외하고는 다른 직무를 겸하지 아니한다.

제18조(알선·청탁 등 금지) ① 검사는 다른 검사나 다른 기관에서 취급하는 사건 또는 사무에 관하여 공정한 직무를 저해할 수 있는 알선·청탁이나 부당한 영향력을 미치는 행동을 하지 아니한다.

② 검사는 부당한 이익을 목적으로 타인의 법적 분쟁에 관여하지 아니한다.

제19조(금품수수금지) 검사는 제14조에서 규정한 직무 수행의 공정성을 의심받을 우려가 있는 자나 제15조에서 규정한 사건관계인 등으로부터 정당한 이유 없이 금품, 금전상 이익, 향응이나 기타 경제적 편의를 제공받지 아니한다.

제20조(특정 변호사 선임 알선 금지) 검사는 직무상 관련이 있는 사건이나 자신이 근무하는 기관에서 취급 중인 사건에 관하여 피의자, 피고인 기타 사건 관계인에게 특정 변호사의 선임을 알선하거나 권유하지 아니한다.

제21조(외부 기고 및 발표에 관한 원칙) 검사는 수사 등 직무와 관련된 사항에 관하여 검사의 직함을 사용하여 대외적으로 그 내용이나 의견을 기고·발표하는 등 공표할 때에는 소속 기관장의 승인을 받는다.

제22조(직무상 비밀유지) 검사는 수사사항, 사건 관계인의 개인 정보 기타 직무상 파악한 사실에 대하여 비밀을 유지하여야 하며, 전화, 팩스 또는 전자우편 그리고 기타 통신수단을 이용할 때에는 직무상 비밀이 누설되지 않도록 유의한다.

제23조(검사실 직원 등의 지도·감독) 검사는 그 사무실의 검찰공무원, 사법연수생, 기타 자신의 직무에 관여된 공무원을 인격적으로 존중하며, 그들이 직무에 관하여 위법 또는 부당한 행위를 하거나 업무상 지득한 비밀을 누설하거나 부당하게 이용하지 못하도록 지도·감독한다.

부　　칙

제 1 조(시행) 이 강령은 1999년 1월 1일부터 시행한다.

부　　칙

제 1 조(시행) 이 강령은 공포한 날부터 시행한다.

제 2 조(지침) 이 강령을 명확하게 해석하고 기준을 분명히 하기 위하여 검사윤리강령운영지침을 정한다.

인권보호수사준칙

제   정 2002. 12. 17. 법무부훈령 제474호
전부개정 2006. 6. 26. 법무부훈령 제556호
일부개정 2015. 4. 2. 법무부훈령 제985호

제1장 총   칙

제1조(목적) 이 준칙은 수사과정에서 모든 사건관계인의 인권을 보호하고 적법절차를 확립하기 위하여 검사를 비롯한 수사업무 종사자가 지켜야 할 기본 준칙을 정함을 목적으로 한다.

제2조(인권보호의 책무) ① 검사는 피의자 등 사건관계인의 인권을 존중하고 적법절차를 지켜 사법정의를 실현하도록 노력하여야 한다.

② 검사는 이 훈령에서 정한 내용이 충실히 이행될 수 있도록 사법경찰관리를 지휘·감독한다.

제3조(가혹행위 등의 금지) ① 어떠한 경우에도 피의자 등 사건관계인에게 고문 등 가혹행위를 하여서는 아니 된다.

② 검사는 가혹행위로 인하여 임의성을 인정하기 어려운 자백을 증거로 사용하여서는 아니 된다. 진술거부권을 고지받지 못하거나 변호인과 접견·교통이 제한된 상태에서 한 자백도 이와 같다.

제4조(차별의 금지) 합리적 이유 없이 피의자 등 사건관계인의 성별, 종교, 나이, 장애, 사회적 신분, 출신지역, 인종, 국적, 외모 등 신체조건, 병력(病歷), 혼인 여부, 정치적 의견 및 성적(性的) 지향 등을 이유로 차별하여서는 아니 된다.

제5조(공정한 수사) ① 검사는 객관적인 입장에서 공정하게 수사하여야 하고, 주어진 권한을 자의적으로 행사하거나 남용하여서는 아니 된다.

② 검사는 사건관계인과 친족이거나 친분이 있는 등 수사의 공정성을 의심받을 염려가 있는 경우에는 사건의 재배당을 요청하거나 소속 상급자에게 보고하는 등 필요한 조치를 취하여야 한다.

제6조(명예·사생활 등의 보호) 검사는 수사의 전 과정에서 피의자 등 사건관계인의 사생활의 비밀을 보호하고 그들의 명예나 신용이 훼손되지 않도록 노력하여야 한다.

제7조(임의수사의 원칙) ① 검사는 수사과정에서 원칙적으로 임의수사를 활용하고, 강제수사는 필요한 경우에 한하여 법이 정한 바에 따라 최소한의 범위 내에서 한다.

② 강제수사가 필요한 경우에도 대상자의 권익 침해의 정도가 더 낮은 수사 절차와 방

법을 강구한다.

제 8 조(수사지휘를 통한 인권보호) ① 검사는 사법경찰관리의 수사과정에서 발생하는 인권침해 여부를 자세히 살펴 그러한 사례가 있는 경우에는 즉시 이를 바로잡게 하는 등 필요한 조치를 취하여야 한다.

② 검사는 사법경찰관리가 불공정한 수사를 한다고 의심되는 경우에는 이를 바로잡게 하거나 송치명령을 하는 등 필요한 조치를 취하여야 한다.

제 9 조(검사 외의 수사업무 종사자의 의무) 검찰수사관이나 그 밖에 검사 외의 수사업무 종사자는 이 훈령에서 검사의 의무로 규정한 사항이라 하더라도 그 내용이 자신의 직무와 관련이 있는 경우에는 이를 지켜야 한다.

제10조(인권교육의 실시) 검찰청에서는 인간의 존엄과 가치에 대한 이해도를 높이고 인권 감수성을 제고하기 위하여 검사를 비롯한 수사업무 종사자에 대하여 수시로 인권교육을 실시하여야 한다.

제 2 장 수사절차에서의 인권보호

제 1 절 수사의 착수

제11조(내사·수사 착수시의 유의사항) ① 언론보도, 익명이나 가공인물의 신고·제보, 풍문 등으로 범죄정보를 입수하였을 때에는 그 신빙성 유무를 신중하게 검토하여 내사·수사의 착수 여부를 결정하여야 한다.

② 신고·제보에 의하여 내사·수사에 착수하려고 할 때에는 신고자·제보자와 피내사자·피의자의 관계, 신고·제보의 동기 등을 면밀히 살펴 그 신빙성 유무를 판단하여야 한다.

③ 범죄정보 자체의 신빙성이 없거나 명백히 내사·수사의 가치가 없는 정보에 의하여 내사·수사를 진행하여서는 아니 된다.

제12조(내사·수사의 부당한 장기화 지양) 내사·수사한 결과 범죄혐의가 없다고 인정되면 신속히 내사·수사를 종결함으로써 피내사자·피의자가 불안정한 지위에서 벗어날 수 있도록 하여야 한다.

제13조(출국금지 등의 억제) 검사는 수사상 부득이한 사유가 있는 경우에만 출국금지나 출국정지를 요청하고, 그 사유가 없어진 경우에는 즉시 해제를 요청하여야 한다.

제 2 절 체포·구속

제14조(체포·구속의 최소화) 체포·구속은 헌법상 무죄추정의 원칙에 따라 형사소송의 목적을 달성하기 위하여 필요한 최소한의 범위에 그쳐야 하고, 남용하여서는 아니 된다.

제15조(체포 여부 결정시의 유의사항) 체포 여부를 결정할 때에는 다음 각 호의 사항에

유의하여야 한다.

1. 피의자가 죄를 범하였다고 의심할 만한 상당한 이유가 있더라도 정당한 이유 없이 출석 요구에 불응하거나 불응할 우려가 있는 경우에만 체포하여야 한다.

2. 긴급체포는 체포영장을 발부받을 시간적 여유가 없는 때에 한하여 예외적으로 하여야 한다.

3. 체포는 자백을 강요하기 위한 수단으로 남용되어서는 아니 된다.

제16조(구속수사 기준 등) ① 검사는 법치주의를 확립하고 형사사법에 대한 국민의 신뢰를 제고하기 위하여 수립·시행하는 구속수사 기준에 따라 엄정하고 신중하게 구속 여부를 판단하여야 한다.

② 구속 여부를 판단할 때에는 다음 각 호의 사항에 유의하여야 한다.

1. 피의자의 범죄혐의가 객관적인 증거에 의해 소명되었는지 충분히 검토한다.

2. 범행의 성격, 예상되는 선고형량, 피의자의 성행, 전과, 가족관계, 직업, 사회적 관계, 범행 후의 정황 등을 종합적으로 고려하여 도망이나 증거 인멸의 염려 등 구속사유가 있는지 신중하게 판단한다.

3. 피의자가 범행을 부인하거나 진술거부권을 행사한다는 이유 또는 그 사건이 여론의 주목을 받는다는 이유만으로 곧바로 도망이나 증거 인멸의 염려가 있다고 단정하지 않는다.

제17조(구속영장청구 전 피의자 면담·조사) 검사는 사법경찰관으로부터 신청을 받아 구속영장 청구 여부를 판단하는 경우에 인권침해가 의심되거나 그 밖에 구속 사유를 판단하기 위하여 필요하다고 인정할 때에는 피의자를 면담·조사하여야 한다.

제18조(구속영장청구서 등 작성시의 유의사항) 검사는 긴급체포서나 체포영장·구속영장청구서에 긴급체포·체포 또는 구속의 사유를 구체적으로 기재하여야 한다.

제19조(체포·구속시의 준수사항) 피의자를 체포·구속하는 경우에는 다음 각 호의 사항을 지켜야 한다.

1. 체포·구속되는 피의자의 인적사항을 확인한다.

2. 피의자에게 체포·구속하는 공무원의 소속과 성명, 범죄사실의 요지, 체포·구속의 이유와 변호인을 선임할 수 있음을 알려주고 변명할 기회를 준다.

3. 체포·구속영장을 피의자에게 제시한다. 다만, 영장을 소지하지 아니한 경우에 급속을 요하는 때에는 범죄사실의 요지와 영장이 발부되었음을 알리고 집행할 수 있으나, 그 집행을 마친 후에는 신속히 영장을 제시한다.

4. 체포·구속되는 피의자가 자해하거나 다른 사람의 신체를 해칠 수 있는 독극물이나 흉기 등을 가지고 있는지 확인한다.

5. 체포·구속하는 과정에서 주변 사람들에게 불안감이나 위화감을 주지 않도록 노력한다.

제20조(체포 등의 신속한 통지) ① 검사는 피의자를 체포·구속한 경우에는 24시간 이내에 변호인이 있으면 변호인에게, 변호인이 없으면 피의자의 법정대리인·배우자·직계친족·형제자매·호주 중 피의자가 지정한 자에게 죄명, 체포·구속한 일시와 장소, 범죄사실의 요지, 체포·구속의 이유와 변호인을 선임할 수 있다는 취지를 서면으로 통지하여야 한다.

② 제1항의 서면통지와는 별도로 체포·구속하여 인치(引致)한 즉시 전화나 팩시밀리 등을 이용하여 이를 통지한다. 다만, 공범의 도피나 증거 인멸의 우려 등 특별한 사정이 있거나 체포·구속 당시 제1항에서 정한 자에게 이미 통지한 때에는 그러하지 아니하다.

제21조(지명수배의 신속한 해제) 검사는 지명수배자를 검거 또는 인수하였거나 지명수배자가 검찰에 자진출두하였을 때에는 즉시 지명수배를 해제하여야 한다.

제22조(구속의 취소) 검사는 구속 후 실질적인 피해 회복 등 사정변경으로 인하여 피의자에게 증거인멸이나 도망의 염려 등 구속사유가 없어졌다고 판단되는 경우에는 구속취소 등의 적절한 조치를 취하여야 한다.

제23조(구속사건의 신속한 처리) ① 검사는 사건의 진상 규명을 위하여 계속 수사가 필요한 경우에만 구속기간의 연장을 신청하여야 한다.

② 구속기간이 끝나기 전이라도 수사가 마무리된 경우에는 신속히 사건을 처리하여야 한다.

제24조(구치감의 시설 기준) ① 구치감은 수용자의 인권과 건강을 위하여 적정한 수준의 공간과 채광·통풍·난방을 위한 시설을 갖추어야 한다.

② 구치감과 화장실 등 부속시설은 청결하고 위생적으로 유지·관리되어야 한다.

제3절 압수·수색·검증 등

제25조(압수·수색영장 청구시의 유의사항) ① 압수·수색·검증은 수사상 필요한 경우에 최소한의 범위 내에서 하여야 한다.

② 검사는 압수·수색·검증영장 청구서에 압수할 물건, 수색 또는 검증할 장소, 신체나 물건 및 압수·수색·검증의 사유를 기재하고, 그 필요성과 관련된 구체적·직접적인 소명자료를 기록에 첨부하여야 한다.

③ 피의자가 아닌 자의 신체·물건·주거, 그 밖의 장소를 수색하기 위한 영장을 청구할 때에는 압수할 물건의 존재 및 사건 관련성에 대한 엄격한 소명자료를 첨부하여야 한다.

제26조(압수·수색시의 준수사항) 압수·수색과 관련하여 다음 각 호의 사항을 지켜야 한다.

1. 압수·수색의 대상자에게 압수·수색영장을 제시하고, 압수·수색의 사유를 설명

한다.

2. 영장이 없이 압수·수색을 하는 경우에는 그 사유를 알려준다.

3. 원칙적으로 주간에 실시하되, 부득이한 경우 그 취지가 기재된 영장에 의하여 야간에 할 수 있다.

4. 압수·수색 과정에서 사생활과 명예, 주거의 평온을 최대한 보장하고, 특히 매장·사무실 등 해당 사건과 관계없는 사람들이 있는 곳을 압수·수색할 때에는 그 사람들이 불편을 느끼지 않도록 노력한다.

5. 압수물이 문서인 경우에 사본이나 사진 등으로 그 목적을 달성할 수 있으면 이를 활용한다.

6. 수사에 필요한 물건만을 압수하고, 다른 물건이 압수 대상물과 섞여 있는 등 부득이한 사유로 압수가 된 경우에는 지체 없이 돌려준다.

7. 압수한 물건에 대하여는 신속히 압수목록을 교부한다.

8. 압수한 서류 등은 신속히 검토하고 압수를 계속할 필요가 없으면 수사가 종결되기 전이라도 이를 돌려주는 등 대상자의 불편을 최소화하도록 노력한다.

9. 회계장부 등 기업의 영업활동에 반드시 필요한 서류 등은 특히 신속히 돌려주도록 노력하여야 하며, 장기간의 압수로 영업 등에 중대한 지장이 있는 경우에는 사본을 교부한다.

제27조(컴퓨터 등 압수·수색) 컴퓨터를 압수·수색하는 경우에는 가능하면 프린터 출력물이나 저장장치만을 압수하고, 부득이한 경우에만 컴퓨터 본체를 압수하여야 한다.

제28조(신체의 수색·검증) ① 신체를 수색·검증하는 경우에는 대상자가 수치심을 느끼거나 그의 명예가 훼손되지 않도록 장소·방법 등을 신중히 선택하여야 하고, 특히 탈의 상태로 신체를 검사하는 경우에는 다른 사람들이 볼 수 없도록 가려진 장소에서 실시하여야 한다.

② 여자의 신체에 대하여 수색·검증할 때에는 성년의 여자를 참여하게 하여야 한다.

제29조(사체 검시·부검) 사체를 검시하거나 부검하는 경우에는 다음 각 호의 사항에 유의하여야 한다.

1. 변사자나 유족에게 최대한 예의를 갖춘다.

2. 사인을 명확하게 규명하여 범죄가 암장(暗葬)되지 않도록 가급적 의사 등 법의학 지식이 있는 자를 참여시킨다.

3. 신속하게 절차를 진행하여 유족의 장례절차에 지장을 초래하지 않도록 노력한다.

제30조(금융거래자료 추적) 금융거래자료를 추적하는 경우에는 다음 각 호의 사항에 유의하여야 한다.

1. 범죄혐의 유무를 확인하기 위하여 필요한 경우에 한한다.

2. 대상자와 유효기간은 혐의 유무의 입증에 필요한 최소한으로 한다.

3. 해당 계좌와 그 직전 직후로 연결된 계좌에 대하여만 압수·수색영장을 청구한다.

제31조(통신제한조치 등의 최소화) 검사는 수사상 필요한 최소한의 범위 내에서 통신제한조치나 통신사실 확인자료제공의 허가를 청구하여야 한다.

제32조(압수한 물건의 부당한 사용 금지 등) ① 압수한 물건은 정당한 직무 이외의 용도로 사용하여서는 아니 된다.

② 압수·수색·검증 과정에서 알게 된 사실은 직무 이외에 부당하게 이용하거나 타인에게 누설하여서는 아니 된다.

제 4 절 피의자신문

제33조(출석 요구) 피의자에게 출석을 요구할 때에는 다음 각 호의 사항에 유의하여야 한다.

1. 출석 요구 방법, 출석 일시 등을 정할 때 피의자의 명예 또는 사생활이 침해되거나 생업에 지장을 주지 않도록 노력한다.

2. 기업체나 그 대표자를 양벌규정에 따라 처벌하는 경우에는 가능한 한 우편진술서 등을 활용하여 기업 활동이 위축되지 않도록 한다.

3. 피의자에 대하여 불필요하게 여러 차례 출석 요구를 하지 않는다. 특히 진술을 거부하거나 범행을 부인하는 피의자에게 자백을 강요하기 위한 수단으로 불필요하게 반복적인 출석 요구를 하여서는 아니 된다.

제34조(진술거부권 고지) 검사는 신문하기 전에 피의자에게 진술을 거부할 수 있는 권리가 있음을 구두로 알리고, 진술거부권고지확인서에 피의자의 서명을 받아 기록에 첨부한다.

제35조(변호인의 접견·교통 보장) ① 검사는 피의자와 변호인 또는 변호인이 되려는 자와의 접견·교통을 보장하여야 한다.

② 체포·구속된 사람을 소환하였거나 조사하고 있는 중에도 제1항의 접견·교통은 보장되어야 한다.

제36조(피의자신문시 변호인의 참여) ① 검사는 신문하기 전에 피의자에게 변호인을 참여시킬 수 있음을 미리 알려주어야 한다.

② 검사는 피의자나 그 법정대리인·배우자·직계친족·형제자매 또는 변호인이 신청할 경우에는 피의자 신문에 변호인의 참여를 허용하여야 한다.

③ 변호인이 신문을 방해하거나 수사기밀을 누설하는 경우 또는 그 염려가 있는 경우 등 정당한 사유가 있는 때를 제외하고는 제2항의 참여를 불허하거나 퇴거를 요구할 수 없다.

④ 피의자신문에 참여하려고 하는 변호인이 2인 이상일 때에는 피의자가 피의자신문에 참여할 대표변호인 1인을 지정하고, 지정이 없는 경우 검사가 1인을 지정할 수 있다.

제37조(가족 등의 참관) 검사는 피의자가 미성년자이거나 신체적·정신적 장애 등의 사정으로 자신의 권리를 제대로 행사하지 못할 염려가 있는 경우에는 수사에 특별한 지장이 없고 피의자의 의사에 반하지 않는 한 가족 등 피의자를 보호할 수 있는 자의 참관을 허용하여야 한다.

제38조(피의자의 조사) 피의자를 조사하는 경우에는 다음 각 호의 사항을 지켜야 한다.

1. 피의자를 조사하기 전에 범죄 혐의 유무에 대한 증거를 충분히 수집하고, 자백을 받기 위하여 강압적이거나 무리한 조사를 하지 않는다.
2. 피의자를 소환한 즉시 조사하고, 부득이한 사유로 조사의 시작이 늦어져 기다리게 하거나 조사를 하지 못하는 경우에는 피의자에게 그 사유를 설명하고 이해를 구한다.
3. 조사 중 폭언, 강압적이거나 모욕적인 발언 또는 공정성을 의심받을 수 있는 언행을 하여서는 아니 된다.
4. 피의자에게 혐의사실에 대하여 해명할 기회를 충분히 주고, 피의자가 제출하는 자료를 예단 없이 조사한다.
5. 피의자의 사생활에 대한 조사는 수사상 꼭 필요한 경우에만 한다.
6. 분쟁을 종국적으로 해결하고 사건관계인 모두의 권익에 도움이 되는 경우에는 합의를 권유할 수 있으나, 부당하게 합의를 강요하는 언행을 하지 않는다.
7. 칼이나 송곳 등 신체를 해치는 데에 사용될 우려가 있는 물건을 피의자 근처에 놓아두지 않는다.

제39조(구속피의자 등의 조사) 검사는 구속된 피의자 등 구금시설에 수용 중인 사건관계인(이하 "구속피의자 등"이라 한다)을 조사하는 경우에 다음 각 호의 사항에 유의하여야 한다.

1. 구속피의자 등을 불필요하게 소환하여 변호인이나 가족 등의 접견·교통에 지장을 초래하는 일이 없도록 하여야 한다.
2. 구속피의자 등과 대질조사를 하여야 할 사람이 있거나 자료를 보면서 조사하여야 할 경우에는 조사받을 사람이 정해진 시간에 출석할 수 있는지 여부나 필요한 자료가 갖추어졌는지를 확인한 후 구속피의자 등을 소환한다.
3. 소환한 구속피의자 등에 대하여는 신속히 조사하여야 하며, 부득이한 사유로 장시간 구치감에 대기시키거나 조사를 하지 않고 구금시설로 되돌려 보낼 경우에는 그 사유를 설명하여 준다.
4. 관할지역 외의 구속피의자 등에 대한 이감 조사는 대질조사나 장기간의 조사가 필요할 때 등 불가피한 경우에만 하여야 하며, 그 외의 경우에는 사건을 관할 검찰청에 이송하거나 출장·공조수사를 활용한다.

제40조(심야조사 금지) ① 검사는 자정 이전에 피의자 등 사건관계인에 대한 조사를 마

치도록 한다.

② 제1항의 규정에도 불구하고 조사받는 사람이나 그 변호인의 동의가 있거나, 공소시효의 완성이 임박하거나, 체포기간 내에 구속 여부를 판단하기 위해 신속한 조사의 필요성이 있는 등 합리적인 이유가 있는 경우에는 인권보호관의 허가를 받아 자정 이후에도 조사할 수 있다.

제41조(참여직원 등의 단독조사 금지) ① 검사는 참여주사를 비롯한 검사실 수사업무 종사자가 검사가 없는 자리에서 사건관계인을 조사하지 않도록 하여야 한다.

② 검사는 조사를 마친 경우에는 조사를 받은 사건관계인에게 조서에 기재된 내용이 정확한지 확인하여야 한다.

제42조(휴식시간 부여 등) ① 검사는 조사에 장시간이 소요되는 경우 조사 도중에 적절한 휴식시간을 주어 피의자가 피로를 회복할 수 있도록 하여야 한다.

② 피의자가 조사 도중에 휴식시간을 달라고 요청하는 때에는 그 때까지 조사에 소요된 시간, 피의자의 건강상태 등을 고려하여 적정하다고 판단될 경우 이를 허락하여야 한다.

③ 검사는 조사 중인 피의자의 건강상태에 이상이 발견되면 의사의 진료를 받게 하거나 휴식을 취하게 하는 등 필요한 조치를 취하여야 한다.

④ 제1항 내지 제3항의 규정은 피내사자, 피해자, 참고인 등 다른 사건관계인을 조사하는 경우에 준용한다.

제43조(자백 편중 수사의 지양) ① 검사는 피의자의 자백이 경험법칙에 위배되는 등 합리성이 의심되는 경우에는 자백하게 된 경위를 따져 그 신빙성 유무를 검토하여야 한다.

② 공범의 진술이 피의자의 혐의를 인정할 유일한 증거인 경우에는 그 증명력 판단에 더욱 신중해야 한다.

제5절 범죄피해자 및 참고인

제44조(범죄피해자의 진술권 보장 등) ① 검사는 수사과정에서 범죄피해자가 사실관계나 양형(量刑)에 대한 의견 등을 충분히 진술할 수 있도록 기회를 주고, 피해자가 제출하는 증거자료에 대하여 예단 없이 공정하게 조사하여야 한다.

② 검사는 피해자가 원할 경우에는 공판절차에서 해당 사건에 관한 의견을 충분히 진술할 수 있도록 법원에 증인을 신청하는 등 필요한 조치를 취하여야 한다.

③ 피해자가 해당 사건에 관하여 상담을 요청하는 경우에는 이에 성실히 응하여야 한다.

제45조(피해자에 대한 정보 제공) ① 검사는 피해자의 요청이 있는 경우 공소제기 · 불기소 · 기소중지 · 참고인중지 · 이송 등 수사결과에 대한 정보를 제공하여야 한다.

② 제1항의 경우에 정보 제공을 요청하는 사람이 피해자인지 여부가 확인되지 아니하

는 경우 또는 정보 제공으로 사건관계인의 명예나 사생활의 비밀 또는 생명·신체의 안전이나 생활의 평온을 해칠 우려가 있는 경우에는 그 사유를 설명하고 정보 제공 요청에 응하지 아니할 수 있다.

제46조(2차 피해 방지) 검사는 수사와 공판과정에서 다음 각 호의 사항에 유의하여 피해자가 추가적인 피해를 입지 않도록 노력하여야 한다.

  1. 피해자의 인격과 사생활을 존중하고 피해자가 입은 정신적·육체적 고통을 충분히 고려한다.
  2. 피해자를 정당한 사유 없이 반복적으로 조사하거나 증인으로 신청하여 고통이 더해지는 일이 없도록 한다.
  3. 피해자가 피의자나 그 가족 등과의 접촉을 원하지 않는 경우 별도의 대기실에서 기다리도록 하는 등의 조치를 취한다.
  4. 피해자의 고통이 더해질 우려가 있는 경우 불가피한 사정이 없으면 피의자와의 대질조사를 지양한다.

제47조(가족 등 신뢰관계에 있는 자의 동석) 검사는 피해자나 기타 참고인이 다음 각 호의 어느 하나에 해당하는 경우에는 수사에 특별한 지장이 없고 본인의 의사에 반하지 않는 한 가족 등 신뢰관계에 있는 자의 동석을 허용하여야 한다.

  1. 미성년자이거나 신체적·정신적 장애 등의 사정으로 자신의 권리를 제대로 행사하지 못할 염려가 있는 경우
  2. 심리적인 안정을 위하여 필요한 경우

제48조(전용조사실 이용 등) ① 피해자가 범행 당시의 충격이나 불안감, 수치심 등으로 공개된 장소에서 충분한 진술을 할 수 없다고 인정되는 경우에는 가급적 전용조사실을 이용한다.

② 성폭력 피해자가 16세 미만의 아동이거나 신체적·정신적 장애로 사물을 변별하거나 의사를 결정할 능력이 미약한 때에는 피해자의 진술내용과 조사과정을 비디오녹화기 등 영상물 녹화장치로 촬영하여 보존한다. 다만, 피해자나 법정대리인이 이를 원하지 않는 경우에는 그러하지 아니하다.

③ 제2항의 경우에 피해자나 법정대리인이 영상물 촬영 과정에서 작성한 조서 사본의 교부를 신청할 때에는 이에 응하여야 한다.

제49조(피해자등의 신변 보호) ① 검사는 「특정범죄신고자 등 보호법」에 정해진 특정범죄를 수사하는 과정에서 보복이 우려되는 경우에는 법에 따라 신고자나 피해자 및 그 가족 등의 신변 보호를 위하여 필요한 조치를 취하여야 한다.

② 제1항의 경우 외에도 피해자가 형사소송절차에서의 진술·증언과 관련하여 보복을 당할 우려가 있는 경우에는 이를 방지하기 위하여 적절한 조치를 강구하여야 한다.

제50조(피해자의 권리 고지와 유익한 정보 제공) ① 검사는 피해자를 조사할 때 법정에

서의 진술권, 수사결과에 대한 정보 요청권 등 피해자의 권리를 알려주어야 한다.

② 검사는 압수물 환부·가환부, 배상명령, 형사재판상 화해, 범죄피해자구조, 교통사고피해자보상 등 당해 피해자가 피해를 회복하는 데에 도움이 될 수 있는 제도를 안내한다.

③ 검찰청에서는 피해자지원센터나 법률구조공단의 위치와 연락처 등 피해자에게 유익한 정보를 제공하기 위하여 안내 자료를 비치하는 등 필요한 노력을 하여야 한다.

제51조(성폭력 등 피해자의 보호) ① 성폭력·성매매·가정폭력(이하 '성폭력 등'이라 한다) 범죄의 피해자를 조사하는 경우에는 특히 다음 각 호의 사항에 유의하여야 한다.

1. 피해자의 나이, 심리상태, 후유장애의 유무 등을 신중하게 고려하여 조사과정에서 피해자의 인격이나 명예가 손상되거나 사적인 비밀이 침해되지 않도록 주의한다.

2. 피해자가 편안한 상태에서 진술할 수 있도록 조사환경을 조성하고 조사 횟수는 필요 최소한으로 한다.

3. 피해자를 소환하거나 조사할 때에는 피해사실이 다른 사람에게 노출되지 않도록 주의한다.

4. 피해자에게 친절하고 온화한 태도로 질문하고, 피해자를 비난하는 발언이나 피해자가 수치심을 느낄 수 있는 저속한 표현을 삼간다.

5. 성매매 피해자에게는 선불금 등 성매매와 직접 관련된 채권이 법률적으로 무효라는 사실과 지원시설 등을 이용할 수 있음을 본인이나 법정대리인 등에게 미리 알려준다.

6. 성적 수치심을 불러일으킬 수 있는 신체의 전부 또는 일부를 촬영한 사진이나, 영상물(CD, 비디오테이프 등)이 증거자료로 제출된 경우에는 이를 수사기록과 분리·밀봉하여 수사기록 말미에 첨부하거나 압수물로 처리하는 등 일반인에게 공개되지 않도록 한다.

7. 피해자의 사생활 보호를 위하여 필요하거나 선량한 풍속을 해칠 우려가 있는 등 상당한 이유가 있을 때에는 재판을 비공개로 진행하여 줄 것을 법원에 요청한다.

② 검찰청에서는 성폭력 등 범죄에 대하여 전담검사를 지정·운영하고, 성폭력 등 범죄의 수사업무에 종사하는 자에 대하여 수시로 필요한 교육·훈련을 실시하여야 한다.

제52조(피해자·참고인의 조사) ① 피해자나 기타 참고인을 소환하였을 때에는 즉시 조사하되, 부득이한 사정으로 조사가 늦어지거나 조사를 하지 못할 경우에는 그 사유를 설명하고 이해를 구하여야 한다.

② 피해자나 기타 참고인이 원거리에 거주하는 경우에는 우편진술서나 공조수사를 적극 활용하여야 한다.

③ 피해자나 기타 참고인에 대하여 정황이나 정상을 간단히 조사할 필요가 있는 경우에는 전자우편이나 전화청취서 등의 활용을 우선적으로 고려하여야 한다.

④ 반드시 조사가 필요한 피해자나 기타 참고인이 출석을 거부하더라도 정중하게 협조를 요청하여야 하며, 강압적인 언사 등으로 출석을 강요하여서는 아니 된다.

⑤ 피해자나 기타 참고인의 사생활에 대한 조사는 수사상 꼭 필요한 경우에 한한다.

제6절　소년·장애인·외국인

제53조(소년) ① 검사는 소년(만 20세 미만의 자를 말한다)인 피의자에 대하여 심신상태, 성행, 경력, 가정상황, 그 밖의 환경을 정확하게 조사하고 피의자의 비행 원인을 과학적으로 진단한 후 그에 따라 적절히 처분하여 피의자가 건전한 사회인으로 복귀할 수 있도록 노력하여야 한다.

② 소년을 조사하는 경우에는 나이, 지적 능력, 심신상태 등을 이해하고 조사에 임하여야 하며, 친밀하고 부드러운 어조로 조사하여야 한다.

제54조(구속의 억제 등) ① 소년에 대한 구속수사는 당사자의 심신이나 장래에 큰 영향을 미칠 수 있음을 고려하여 특히 신중해야 한다.

② 소년인 피의자가 체포·구속된 경우에는 다른 사건보다 우선하여 그 사건을 조사하는 등 신속한 수사를 위하여 노력하여야 한다.

제55조(장애인) ① 청각 및 언어장애인이나 그 밖에 의사소통이 어려운 장애인을 조사하는 경우에는 수화·문자통역을 제공하거나 의사소통을 도울 수 있는 사람을 참여시켜야 한다.

② 장애인인 피의자에게는 대한법률구조공단의 법률구조 신청이 가능함을 안내하여 준다.

제56조(외국인에 대한 통역) 외국인을 조사하는 경우에는 당사자가 이해할 수 있는 언어로 통역해주어야 한다.

제57조(외국 영사관원과의 접견·통신) ① 외국인을 체포·구속하는 경우에는 우리나라 주재 본국 영사관원과 자유롭게 접견·통신할 수 있고, 체포·구속된 사실을 영사기관에 통지하여 줄 것을 요청할 수 있다는 사실을 알려야 한다.

② 체포·구속된 외국인이 제1항에 따른 통지를 요청할 경우에는 지체 없이 해당 영사기관에 체포·구속된 사실을 통지하여야 한다.

제7절　사건의 처분 및 공판

제58조(사건의 결정) 검사는 사건을 결정할 때에 다음 각 호의 사항에 유의하여야 한다.

　1. 진상을 제대로 규명하였는지, 사건관계인에게 의견을 진술할 기회를 충분히 주었는지, 또는 억울한 사정이 없는지 등을 검토한다.

　2. 사건의 발단이나 경위 등을 살펴 억울함이 없도록 하고, 특히 부당한 폭행에 대항

하는 등 그 동기에 상당한 이유가 있는 폭력 사범 등에 대하여는 정황이나 사정을 충분히 고려한다.

3. 민사소송이나 분쟁 해결을 위한 다른 절차가 진행 중이거나 피해에 상당하는 금액이 공탁된 경우에는 그 사실을 고려한다.

4. 피의자가 관련 사건으로 이미 처벌을 받은 경우에는 병합 수사나 재판을 받지 못하여 받게 되는 불이익을 고려한다.

5. 재기(再起) 사건이나 이송된 사건은 신속히 종국 처분을 한다.

6. 수사 결과 인권보호를 위하여 법을 개정할 필요가 있는 사항은 개선을 적극적으로 건의하며, 판례의 변경이 필요하다고 판단될 때에는 수사공소심의위원회에 회부하여 필요한 조치를 취한다.

제59조(고소 · 고발사건의 불기소처분) 검사는 고소 · 고발사건을 불기소처분할 경우에 다음 각 호의 사항에 유의하여야 한다.

1. 고소 · 고발이 취소되지 않은 사건은 처분 전에 고소 · 고발인에게 구두나 서면으로 의견을 진술할 기회를 준다. 다만, 법리상 기소할 수 없음이 명백하거나 수사과정에서 그와 같은 기회가 주어진 경우에는 그러하지 아니하다.

2. 고소 · 고발사실에 대하여 혐의를 인정하기 어려운 경우에도 다른 범죄의 성립 여부를 검토하여 사건을 종국적으로 해결하도록 한다.

3. 불기소 결정문을 작성할 때에는 쉬운 문장을 사용하고 사실과 주요 쟁점에 대한 판단이 빠지지 않도록 하여 사건관계인이 쉽게 이해할 수 있고 처분결과를 충분히 납득할 수 있도록 한다.

제60조(고소 · 고발사건의 각하) 검사는 고소인 또는 고발인의 진술이나 고소장 또는 고발장에 의하여 혐의없음 · 죄가안됨 · 공소권없음 사유에 해당함이 명백한 사건은 즉시 각하하여야 하며, 사건관계인을 불필요하게 소환하거나 그 처리를 지연하여서는 아니된다.

제61조(사건의 종국적 · 근원적 해결) ① 검사는 다음 각호의 사항에 유의하여 기소중지, 참고인중지, 이송 등의 중간처분을 최대한 억제하여야 한다.

1. 피의자나 참고인의 소재에 대한 수사를 철저히 한다.

2. 참고인중지 처분을 하는 경우에는 먼저 그 참고인의 진술이 사건의 진상 규명에 꼭 필요한지 여부를 판단한다.

3. 피의자나 참고인의 소재불명으로 기소중지 처분이나 참고인중지 처분을 하는 경우라도 그 외의 증거에 대한 조사를 철저히 하여 피의자나 참고인의 소재가 발견된 후에 또다시 수사가 지연되지 않도록 노력하여야 한다.

4. 참고인중지 처분을 한 경우에는 정기적으로 참고인 소재수사를 한다.

5. 공조수사의 방법으로 종국처분을 할 수 있는 사건은 참고인이 관할구역 밖에 거

주한다는 이유로 이송하지 않는다.

② 동일 또는 관련 사건에 대하여 복수의 수사기관에서 수사 중일 때에는 사건의 이송 등 병합에 필요한 조치를 취하여 사건을 종국적으로 해결할 수 있도록 노력하여야 한다.

제62조(공판)　검사는 공소제기 후나 공판과정에서 다음 각호의 사항에 유의하여야 한다.

1. 기소한 이후에도 피고인에게 유리한 증거나 자료가 발견되고 그것이 진실에 부합하는 경우에는 이를 재판부에 제출한다.

2. 피해 회복 여부 등 피해자와의 관계, 범행 후의 정황 등 공소제기 후의 사정까지 구형에 반영하여 적정한 판결이 선고될 수 있도록 노력한다.

3. 판결이 번복될 여지가 없다고 판단되는 사건은 상소하지 않는다. 다만 법률 해석상 다툼이 있어 새로운 판례의 정립이 필요하다고 판단되는 경우는 그러하지 아니하다.

제63조(형사보상제도의 안내)　검사는 형사보상법상의 보상청구 자격이 인정된다고 판단되는 피의자나 피고인에게 보상을 청구할 수 있도록 안내한다.

제8절　수사상황의 공개 등

제64조(수사상황의 공개 금지)　① 피의자를 기소하기 전에 수사 중인 사건의 혐의사실을 외부에 공개하여서는 아니 된다.

② 사건관계인의 소환 여부와 소환 일시, 귀가시간 및 구속영장 집행시간 등 수사상황이나, 구속영장 등 수사관련 서류 및 증거물도 그 사건의 기소 전에 공개하여서는 아니 된다.

③ 제1항과 제2항의 규정에도 불구하고 국민의 알권리 보장, 언론사의 과다한 취재경쟁으로 인한 오보의 방지, 범죄로 인한 피해의 방지와 범죄의 예방 등 중대한 공익상의 필요성이 인정되는 경우에는 수사상황을 공개할 수 있다. 다만 이 경우에도 그 공개 범위는 필요한 최소한의 범위 내여야 한다.

제65조(수사상황 등의 공개방법)　검사는 수사상황이나 수사결과(이하 '수사상황 등'이라 한다)를 공개하는 경우에 국민의 알권리 보장 등 공익상의 필요성, 사건관계인의 명예나 사생활 보호, 공정한 재판을 받을 권리 보호, 수사의 효율적 수행 등이 조화를 이룰 수 있도록 노력하여야 하며, 다음 각 호의 사항에 유의하여야 한다.

1. 수사상황 등의 공개는 공보담당관이 한다.

2. 수사상황 등의 공개는 미리 검찰청의 장의 승인을 받아 작성한 공보자료에 의하여야 한다. 다만, 긴급을 요하거나 기타 부득이한 사유가 있는 경우에는 그러하지 아니하다.

3. 원칙적으로 사건관계인의 익명을 사용하되, 고위공직자, 정치인 등 사회저명인사

가 관련되거나 불특정다수의 생명·재산·명예에 관계되는 대형사건으로서 국민의 의혹 또는 불안을 해소하거나 기타 공익을 위하여 불가피한 경우에는 필요 최소한의 범위 내에서 실명을 사용한다.

4. 혐의사실과 직접 관련이 없는 피의자의 인격이나 사생활에 관한 사항, 명예 또는 사생활의 비밀이 침해되거나 보복당할 우려가 있는 피해자 기타 참고인의 신상에 관한 사항은 공개되지 않도록 한다.

5. 수사상황 등에 대한 잘못된 보도로 인해 사건관계인의 명예나 사생활의 비밀 등 인권이 침해된 경우에는 정정보도 청구, 반론보도 청구 등을 통해 사건관계인의 침해된 인권이 회복될 수 있도록 적극 노력한다.

6. 제64조 제3항에 따라 기소 전에 수사상황을 공개하는 경우에는 유죄의 예단을 불러일으킬 염려가 있는 표현을 사용하여서는 아니 되며, 객관적으로 확인된 사실을 넘어 주관적인 가치평가, 범행 동기, 구체적인 방법 등을 포함하여서는 아니 된다.

제66조(수사광경의 촬영 금지 등) ① 검사는 공익상 특히 필요한 경우를 제외하고는 언론기관이나 그 밖의 제3자에게 수사광경을 촬영·녹화·중계방송하도록 하여서는 아니 된다.

② 제1항의 경우에 공익상 특히 필요하여 촬영 등을 허용하는 경우에는 사전에 해당 검찰청의 장의 승인을 받아야 한다.

③ 피의자 등 사건관계인이 원하지 않는 경우에는 언론기관이나 그 밖의 제3자와 면담 등 접촉을 하게 하여서는 아니 된다.

제3장 인권보호를 위한 제도

제67조(인권보호관의 지정·운영) ① 수사과정에서 사건관계인의 인권보호와 적법절차의 보장을 강화하기 위하여 검찰청에 인권보호관을 둔다.

② 대검찰청에는 감찰부장을 인권보호관으로 지정하고, 고등검찰청과 지방검찰청 및 차장검사가 있는 지청에는 차장검사(차장검사가 여러 명일 때에는 제1차장검사)를 인권보호관으로 지정하며, 그 외의 지청에는 지청장을 인권보호관으로 지정한다.

③ 인권보호관은 부부장검사 이상의 검사를 인권보호담당관으로 지정한다. 다만, 부부장검사 이상의 검사가 없는 검찰청에는 검사를 인권보호담당관으로 지정할 수 있다.

제68조(인권보호관의 직무) 인권보호관은 인권 관련 제도의 개선, 인권 개선에 필요한 실태 및 통계 조사, 인권교육, 심야조사의 허가와 이 훈령에 위배되는 사항에 대한 시정 등 인권보호와 관련된 조치를 시행한다.

제69조(인권보호담당관의 직무) ① 인권보호담당관은 인권보호관의 직무를 보좌하며, 필요한 경우에는 인권보호관의 지시나 위임을 받아 제68조의 조치를 할 수 있다.

② 인권보호담당관은 인권보호와 관련한 상담 업무를 수행한다.

제70조(인권침해 신고의 처리절차) ① 피의자 등 사건관계인이 검사를 비롯한 수사업무 종사자의 직무집행과 관련하여 이 준칙의 위반 기타 인권침해에 관한 신고를 한 경우에는 이를 내사사건이나 진정사건으로 수리하여 처리한다.

② 인권보호관은 인권침해 사건의 수리와 그 처리상황 등을 감독하여야 한다.

③ 각급 검찰청의 장은 중요한 인권침해 사건을 수리하거나 처리한 경우에는 지체 없이 검찰총장과 법무부장관에게 보고하여야 한다.

제71조(불이익 금지) 검사를 비롯한 수사업무 종사자는 사건관계인이 인권침해 신고나 그 밖에 인권 구제를 위한 행위를 하였다는 이유로 부당한 대우를 하거나 기타 불이익을 주어서는 아니 된다.

제72조(인권보호 제도의 안내) 검찰청에서는 피의자 등 사건관계인이 수사절차에서 갖는 권리와 그 권리가 침해되었을 때의 구제방법을 안내하기 위하여 관련사항을 정리한 자료를 비치하는 등 필요한 조치를 취하여야 한다.

제73조(인권에 관한 의견 청취) ① 검찰청의 장은 피의자 등 사건관계인의 인권보호·향상에 관한 국가인권위원회나 각종 인권단체의 권고 기타 일반 국민의 의견을 경청하고 이를 인권에 관한 각종 제도의 개선에 반영하도록 노력하여야 한다.

② 인권보호·향상에 관한 의견을 적극적으로 청취하기 위하여 '검찰시민옴부즈맨 제도', '검찰시민모니터 제도' 등을 적극 활용한다.

부 칙

제1조(시행일) 이 훈령은 2006년 7월 1일부터 시행한다.

부 칙〈제985호, 2015. 4. 2〉

제1조(시행일) 이 훈령은 발령한 날부터 시행한다.

제2조(재검토기한) 「훈령·예규 등의 발령 및 관리에 관한 규정」(대통령훈령 제334호)에 따라 이 훈령 발령 후의 법령이나 현실여건의 변화 등을 검토하여 이 훈령의 폐지, 개정 등의 조치를 하여야 하는 기한은 2018년 3월 25일까지로 한다.

검사징계법

제   정 1957. 2. 15.   타법개정 2005. 3. 31.
일부개정 1962. 9. 24.   일부개정 2006. 10. 27.
일부개정 1963. 12. 16.   일부개정 2009. 11. 2.
타법개정 1986. 12. 31.   일부개정 2014. 5. 20.
타법개정 1999. 12. 31.   일부개정 2016. 1. 6.
타법개정 2004. 1. 20.

제 1 조(목적) 이 법은 검사(檢事)에 대한 징계에 필요한 사항을 규정함을 목적으로 한다.

제 2 조(징계 사유) 검사가 다음 각 호의 어느 하나에 해당하면 그 검사를 징계한다.

   1. 「검찰청법」 제43조를 위반하였을 때

   2. 직무상의 의무를 위반하거나 직무를 게을리하였을 때

   3. 직무 관련 여부에 상관없이 검사로서의 체면이나 위신을 손상하는 행위를 하였을
     때

제 3 조(징계의 종류) ① 징계는 해임(解任), 면직(免職), 정직(停職), 감봉(減俸) 및 견책
(譴責)으로 구분한다.

② 삭제〈2006. 10. 27〉

③ 정직은 1개월 이상 6개월 이하의 기간 동안 검사의 직무 집행을 정지시키고 보수를
지급하지 아니하는 것을 말한다.

④ 감봉은 1개월 이상 1년 이하의 기간 동안 보수의 3분의 1 이하를 감액하는 것을 말
한다.

⑤ 견책은 검사로 하여금 직무에 종사하면서 그가 저지른 잘못을 반성하게 하는 것을
말한다.

제 4 조(검사 징계위원회) ① 징계 사건을 심의하기 위하여 법무부에 검사 징계위원회(이
하 "위원회"라 한다)를 둔다.

② 위원회는 위원장 1명을 포함한 7명의 위원으로 구성하고, 예비위원 3명을 둔다.

제 5 조(위원장의 직무와 위원의 임기 등) ① 위원장은 법무부장관이 된다.

② 위원은 다음 각 호의 사람이 된다.

   1. 법무부차관

   2. 법무부장관이 지명하는 검사 2명

   3. 법무부장관이 변호사, 법학교수 및 학식과 경험이 풍부한 사람 중에서 위촉하는
     각 1명

③ 예비위원은 검사 중에서 법무부장관이 지명하는 사람이 된다.

④ 제 2 항 제 3 호의 위원의 임기는 3년으로 한다.

⑤ 위원장은 위원회의 업무를 총괄하며, 회의를 소집하고 그 의장이 된다.

⑥ 위원장이 부득이한 사유로 직무를 수행할 수 없을 때에는 위원장이 지정하는 위원이 그 직무를 대리하고, 위원장이 지정한 위원이 부득이한 사유로 직무를 수행할 수 없을 때에는 위원장이 지명하는 예비위원이 그 직무를 대리한다.

제 6 조(위원회의 사무직원) ① 위원회에 간사 1명과 서기 몇 명을 둔다.

② 간사는 법무부 검찰국 검찰과장이 되고, 서기는 법무부 검찰국 검찰과 소속 공무원 중에서 위원장이 위촉한다.

③ 간사 및 서기는 위원장의 명을 받아 징계에 관한 기록과 그 밖의 서류의 작성 및 보관에 관한 사무에 종사한다.

제 7 조(징계의 청구와 개시) ① 위원회의 징계심의는 검찰총장의 청구에 의하여 시작한다.

② 검찰총장은 검사가 제 2 조 각 호의 어느 하나에 해당하는 행위를 하였다고 인정할 때에는 제 1 항의 청구를 하여야 한다.

③ 검찰총장인 검사에 대한 징계 및 제 7 조의2에 따른 징계부가금 부과(이하 "징계등"이라 한다)는 법무부장관이 청구하여야 한다. 〈개정 2014. 5. 20〉

④ 징계의 청구는 위원회에 서면으로 제출하여야 한다.

제 7 조의2(징계부가금) ① 제 7 조에 따라 검찰총장이 검사에 대하여 징계를 청구하거나 법무부장관이 검찰총장인 검사에 대하여 징계를 청구하는 경우 그 징계 사유가 금품 및 향응 수수(授受), 공금의 횡령(橫領)·유용(流用)인 경우에는 해당 징계 외에 금품 및 향응 수수액, 공금의 횡령액·유용액의 5배 내의 징계부가금 부과 의결을 위원회에 청구하여야 한다.

② 제 1 항에 따른 징계부가금의 조정, 감면 및 징수에 관하여는 「국가공무원법」 제78조의2 제 2 항 및 제 3 항을 준용한다.

[본조신설 2014. 5. 20]

제 7 조의3(재징계 등의 청구) ① 검찰총장(검찰총장인 검사에 대한 징계등의 경우에는 법무부장관을 말한다)은 다음 각 호의 어느 하나에 해당하는 사유로 법원에서 징계등 처분의 무효 또는 취소 판결을 받은 경우에는 다시 징계등을 청구하여야 한다. 다만, 제 3 호의 사유로 무효 또는 취소 판결을 받은 감봉·견책 처분에 대해서는 징계등을 청구하지 아니할 수 있다.

1. 법령의 적용, 증거 및 사실 조사에 명백한 흠이 있는 경우

2. 위원회의 구성 또는 징계등 의결, 그 밖에 절차상의 흠이 있는 경우

3. 징계양정 및 징계부가금이 과다(過多)한 경우

② 검찰총장(검찰총장인 검사에 대한 징계등의 경우에는 법무부장관을 말한다)은 제1항에 따른 징계등을 청구하는 경우에는 법원의 판결이 확정된 날부터 3개월 이내에 위원회에 징계등을 청구하여야 하며, 위원회에서는 다른 징계사건에 우선하여 징계등을 의결하여야 한다.

[본조신설 2014. 5. 20]

제8조(징계혐의자에 대한 부본 송달과 직무정지) ① 위원회는 징계청구서의 부본(副本)을 징계혐의자에게 송달하여야 한다.

② 법무부장관은 필요하다고 인정할 때에는 징계혐의자에게 직무 집행의 정지를 명할 수 있다.

③ 검찰총장은 해임, 면직 또는 정직 사유에 해당한다고 인정되는 사유로 조사 중인 검사에 대하여 징계청구가 예상되고, 그 검사가 직무 집행을 계속하는 것이 현저하게 부적절하다고 인정되는 경우에는, 법무부장관에게 그 검사의 직무 집행을 정지하도록 명하여 줄 것을 요청할 수 있다. 이 경우 법무부장관은 그 요청이 타당하다고 인정할 때에는 2개월의 범위에서 직무 집행의 정지를 명하여야 한다. 〈개정 2016. 1. 6〉

④ 법무부장관은 제2항 또는 제3항에 따라 직무 집행이 정지된 검사에 대하여, 공정한 조사를 위하여 필요하다고 인정하는 경우에는 2개월의 범위에서 다른 검찰청이나 법무행정 조사·연구를 담당하는 법무부 소속 기관에서 대기하도록 명할 수 있다. 〈신설 2016. 1. 6〉

제9조(징계혐의자의 출석) 위원장은 징계를 청구받으면 징계심의의 기일을 정하고 징계혐의자의 출석을 명할 수 있다.

제10조(징계혐의자의 출석과 심문) 위원회는 심의기일에 심의를 시작하고, 징계혐의자에게 징계청구에 대한 사실과 그 밖에 필요한 사항을 심문(審問)할 수 있다.

제11조(징계혐의자의 진술과 증거 제출권) 징계혐의자가 위원장의 명에 따라 심의기일에 출석하였을 때에는 서면 또는 구술로 자기에게 유리한 사실을 진술하고, 증거를 제출할 수 있다.

제12조(특별변호인의 선임) 징계혐의자는 변호사 또는 학식과 경험이 있는 사람을 특별변호인으로 선임(選任)하여 사건에 대한 보충진술과 증거 제출을 하게 할 수 있다.

제13조(감정 또는 증인심문 등) 위원회는 직권으로 또는 징계혐의자나 특별변호인의 청구에 의하여 감정(鑑定)을 명하고 증인을 심문하며, 행정기관이나 그 밖의 기관에 대하여 사실의 조회 또는 서류의 제출을 요구할 수 있다.

제14조(징계혐의자의 불출석) 위원회는 징계혐의자가 위원장의 출석명령을 받고 심의기일에 출석하지 아니한 때에는 서면으로 심의할 수 있다.

제15조(예비심사) ① 위원회는 사건심의에 필요하다고 인정할 때에는 위원을 지정하여 예비심사를 하게 할 수 있다.

② 제1항의 예비심사의 경우에는 제10조부터 제14조까지의 규정을 준용한다.

제16조(최종 의견의 진술권) 위원장은 명에 따라 출석한 징계혐의자와 선임된 특별변호인에게 최종 의견을 진술할 기회를 주어야 한다.

제17조(제척 사유) ① 위원장과 위원은 자기 또는 자기의 친족이거나 친족이었던 사람에 대한 징계 사건의 심의에 관여하지 못한다.

② 징계를 청구한 사람은 사건심의에 관여하지 못한다.

제18조(징계의결) ① 위원회는 사건심의를 마치면 위원 과반수의 찬성으로 징계를 의결한다.

② 검찰총장은 제1항에 따른 징계의결에 앞서 위원회에 의견을 제시할 수 있다.

③ 위원장은 의결에서 표결권(表決權)을 가지며, 찬성과 반대가 같은 수인 경우에는 결정권을 가진다.

제19조(징계양정) 위원회는 징계혐의자의 평소의 행실과 직무성적을 고려하고, 징계 대상 행위의 경중(輕重)에 따라 징계의 여부 또는 징계의 종류와 정도를 정하여야 한다.

제20조(간사의 참여와 심의기록의 작성) ① 간사는 사건심의에 참여하여 심의기록을 작성하고 위원장과 함께 심의기록에 서명날인하여야 한다.

② 예비심사에 참여한 간사는 심사기록을 작성하고 심사에 관여한 위원과 함께 심사기록에 서명날인하여야 한다.

제21조(무혐의의결) 위원회가 징계의 이유가 없다고 의결하였을 때에는 사건을 완결하고, 그 내용을 징계혐의자와 징계청구자에게 알려야 한다.

제22조(징계결정서의 작성) ① 위원회가 징계를 의결하였을 때에는 결정서를 작성하여 위원장과 심의에 관여한 위원이 함께 결정서에 서명날인하여야 한다.

② 징계의 의결요지서는 제23조에 따른 징계 집행권자, 징계혐의자 및 징계청구자에게 각각 송달하여야 한다.

제23조(징계의 집행) ① 징계의 집행은 견책의 경우에는 징계처분을 받은 검사가 소속하는 검찰청의 검찰총장·고등검찰청검사장 또는 지방검찰청검사장이 하고, 해임·면직·정직·감봉의 경우에는 법무부장관의 제청으로 대통령이 한다.

② 검사에 대한 징계처분을 한 때에는 그 사실을 관보에 게재하여야 한다.

제24조(징계심의 정지) 징계 사유에 관하여 탄핵의 소추 또는 공소의 제기가 있을 때에는 그 사건이 완결될 때까지 징계심의를 정지한다. 다만, 공소의 제기가 있는 경우로서 징계 사유에 관하여 명백한 증명자료가 있거나, 징계혐의자의 심신상실(心神喪失) 또는 질병 등의 사유로 형사재판 절차가 진행되지 아니할 때에는 징계심의를 진행할 수 있다.

제25조(징계 사유의 시효) ① 징계등은 징계등의 사유가 있는 날부터 3년(금품 및 향응 수수, 공금의 횡령·유용의 경우에는 5년)이 경과하면 이를 청구하지 못한다.

② 제24조 본문에 따라 징계 절차를 진행하지 못하여 제1항의 기간이 지나거나 그 남은 기간이 1개월 미만인 경우에는 제1항의 기간은 제24조에 따른 사건이 완결된 날부터 1개월이 지난 날에 끝나는 것으로 본다.

③ 징계등 처분의 무효 또는 취소 판결에 따른 징계등 사유의 시효 정지에 관하여는 「국가공무원법」 제83조의2 제3항을 준용한다.

[전문개정 2014. 5. 20]

제26조 (「형사소송법」 등의 준용) 서류 송달, 기일의 지정 또는 변경, 증인·감정인의 선서와 급여에 관하여는 「형사소송법」과 「형사소송비용 등에 관한 법률」을 준용한다.

제27조 삭제 〈2009. 11. 2〉

부   칙〈제9817호, 2009. 11. 2〉

① (시행일) 이 법은 공포한 날부터 시행한다.

② (징계시효 연장에 관한 경과조치) 이 법 시행 전에 징계 사유가 발생한 자에 대하여는 제25조의 개정규정에도 불구하고 종전의 규정에 따른다.

부칙 〈법률 제12585호, 2014. 5. 20〉

제1조(시행일) 이 법은 공포한 날부터 시행한다. 다만, 제7조의3의 개정규정은 공포 후 3개월이 경과한 날부터 시행한다.

제2조(징계부가금에 관한 적용례) 제7조의2의 개정규정은 이 법 시행 후 징계 사유가 발생한 경우부터 적용한다.

제3조(재징계 등의 청구에 관한 적용례) 제7조의3의 개정규정은 같은 개정규정 시행 후 징계등 처분의 무효 또는 취소 판결을 받은 경우부터 적용한다.

제4조(징계등 사유의 시효 정지에 관한 적용례) 제25조의 개정규정은 이 법 시행 후 징계등 사유의 시효기간이 만료되는 경우부터 적용한다.

부칙 〈법률 제13709호, 2016. 1. 6〉

이 법은 공포한 날부터 시행한다.

2016년

법조윤리 법령집

초판발행	2011년 2월 28일
2012년판 발행	2012년 2월 20일
2014년판 발행	2014년 3월 30일
2016년판 인쇄	2016년 3월 15일
2016년판 발행	2016년 3월 30일

엮은이	이상수·한인섭·김재원
	한상희·정한중·김희수
펴낸이	안종만
편 집	김선민
기획/마케팅	조성호
표지디자인	조아라
제 작	우인도·고철민
펴낸곳	(주) 박영사
	서울특별시 종로구 새문안로3길 36, 1601
	등록 1959. 3. 11. 제300-1959-1호(倫)
전 화	02)733-6771
f a x	02)736-4818
e-mail	pys@pybook.co.kr
homepage	www.pybook.co.kr
ISBN	979-11-303-2883-6 93360

copyright©이상수 외, 2016, Printed in Korea

정 가   6,000원